r ist außerdem erschienen:

le,
y-Verlag

TRINITY-Verlag
Postfach 8
A-1015 Wien
trinity@matrix-code.com
www.matrix-code.com

Druck:
Ebner & Spiegel, Ulm
Satz und Layout:
Trinity-Verlag

ISBN 3-9501801-3-3

Morp

Vom Auto
Matrix-Co
2003, Trinit

DIE REALITÄTENM

Physik des Bewuß

TRINITY

DIE MATRIX DES BUCHES

VORWORT

Ich schätze mich glücklich, Ihnen ein Werk vorzustellen, das meiner Ansicht nach eine bahnbrechende Wirkung im Bereich der Wissenschaft haben wird. Es wird dem empirischen Materialismus und Behaviorismus seine Existenzberechtigung entziehen und zwar auf eine leise, aber um so zwingendere Art. Ein altes Paradigma – aus der Not geboren, es gab nämlich nichts Besseres – wird ersetzt durch einen gelungenen wissenschaftlichen Erklärungsweg, der zudem den Vorteil hat, daß die Rechnung im wahrsten Sinne des Wortes aufgeht und Basis wird für eine berechenbare Humanität und Menschenfreundlichkeit. In der Geschichte war oft Unwissenheit die Ursache für Machtexzesse und Grausamkeiten. Dumpfer sich selbst beschränkender Materialismus wird in Zukunft nicht mehr ohne Widerspruch bleiben können, außer als eine Faulheit nicht weiterrechnen zu wollen. Der Lack des hohen Lehrstuhls mancher Akademiker ist ab und wird ersetzt, zwangsläufig durch die Besinnung der wissenschaftlichen Gemeinde auf gemeinsames dazulernen vom Studenten bis zum Ordinarius. Der Lohn wird sein, wie der weite Blick vom Gipfel, nach einem mühsamen Aufstieg. Natürlich kann man für sich auch beschließen, gleich im Tal zu bleiben und die Transzendenz zu meiden, man muß schließlich ohnehin wieder absteigen. In einer Epoche massiver Umwälzungen kann dieses Werk jedoch Antwort auf die Fragen nach dem *warum* der menschlichen Existenz geben. Die Antwort darauf, die persönliche Verantwortung, wird durch die sichtbare effektive Verknüpfung mit den Wesenheiten und Wirkmächten, die uns umgeben, für das soeben wieder Anschluß findendes „Individuum" akzeptierbar. Eine neue Seite im Buch des menschlichen Bewußtseins ist aufschlagen, lesen wir darin!

Dr. med. L. S.

VORWORT VON MORPHEUS

Dieses Buch setzt sich im Schwerpunkt mit dem Thema „Befreiung des Geistes“ auseinander. Das tatsächliche Verstehen der Beschaffenheit des Denkens ermöglicht uns den Weg zur wahren Freiheit. In den Matrix-Filmen kamen einige bedeutsame Dialoge vor, wie zum Beispiel: *„Wir können niemals hinter die Entscheidungen blicken, die wir nicht verstehen“*, sagte das Orakel zu Neo. Der überwiegend extrem eingeschränkte „Freie Wille“ kommt nur deswegen scheinbar zum Tragen, weil wir die Hintergründe hierzu nicht verstehen (*„Das Wieso ist die wahre Quelle der Macht.“* Merowinger). Im Dialog zwischen dem Merowinger und Neo ging es um diesen Punkt – die eigenen Wahlmöglichkeiten.

Neo: *„Alles beginnt mit einer Entscheidung.“*

Merowinger: *„Nein, falsch... Entscheidung ist eine Illusion, entstanden zwischen denen mit Macht und ohne...“*.

Sind hiermit die *Elohim* aus dem Alten Testament gemeint oder die *Anunnaki*, wie sie in den sumerischen Schrifttafeln beschrieben werden? Bei diesen handelt es sich um die Wesen, die einst „vom Himmel“ kamen und den *homo sapiens* schufen, damit er ihnen im Garten Eden (als „primitiver Arbeiter“ – Sklave) dient. Sind sie es, die Macht über uns haben und uns seit Jahrtausenden steuern?

In jedem Fall wird mit dieser Aussage die Ausgrenzung des „Freien Willens“ beschrieben. Der Merowinger hierzu weiter: *„Kausalität... es gibt kein Entrinnen davon, unsere einzige Hoffnung ist, zu verstehen... das Wieso zu verstehen, das Wieso ist das, was uns von ihnen unterscheidet.“*

Die Kausalität kann als ein Hauptmerkmal des Ur-Programms, welches das materielle Sein erschuf, den gesamten Kosmos, verstanden werden. Tatsächlich liegt die geistige Seinsebene außerhalb dieser Kausalität. Der Merowinger äußert sich hierzu: *„Das Wieso ist die wahre Quelle der Macht.“*

Im tatsächlichen Verständnis dieser Hintergründe liegt der Schlüssel zur Befreiung des Geistes!

DANK UND SINN

Auf meinem unwegsamen Feldzug durch das Labyrinth der geistlosen Naturwissenschaft (im wahrsten Sinne des Wortes) stieß ich erfreulicherweise auf einige Arbeiten von außergewöhnlichen Naturforschern. Sie waren auf meiner Reise diejenigen, die meine inzwischen aufgekommene Resignation mit neuem Elan belebten. Ohne einen Louis de Broglie, Richard Feynman, Jean-Emile Charon und Burkhard Heim, ebenso einen Ulrich Warnke, William Tiller, Roger Penrose, Jack Sarfatti und David Lapierre wären meine Fragen unbeantwortet geblieben und letztlich dieses Buch nicht entstanden. Als besonders herausragende Zusammenfassungen im themenbezogenen Kontext möchte ich die Arbeiten von Ulrich Warnke, André Waser und Werner Held benennen, die in diese Publikation mit einflossen. Ihnen gilt mein ganz besonderer Dank und meine höchste Anerkennung, schaffen sie es doch, eine Naturwissenschaft im ganzheitlichen Sinne, transparent und deutlich darzustellen.

Ich möchte jedem Leser dieses Buches nahelegen, seine neu erworbenen Erkenntnisse zu vertiefen und sich der Arbeiten dieser Pioniere zuzuwenden. Des weiteren sind im Glossar diejenigen Basisliteraturquellen aufgeführt, die als Grundlage für dieses Buch dienten.

Morpheus

EINLEITUNG

„Mit der Ruhe der Seele und einem gelassenen Herzen wirst du auch die schwierigsten Hürden meistern.“

Kennen wir nicht alle die Bedeutung dieser Aussage, verstehen sie, lesen Ähnliches in unterschiedlichen Formulierungen wieder und wieder? Doch was ändert sich dabei für uns tatsächlich? Besteht überhaupt eine Aussicht auf Befreiung, Weisheit oder Erleuchtung durch unsere gelesenen Bücher, besuchten Seminare, möglicherweise persönlichen Begegnungen mit Meistern oder gar Erleuchteten? Wissen wir überhaupt, wonach wir suchen?

Wir Menschen sind eingebunden in unsere persönlichen Lebensprozesse, die uns vergessen machen, über die genaueren Wirkungsmechanismen und Wechselwirkungen unseres Erschaffungsorgans Gehirn und seine Realität nachzudenken. Unsere Alltäglichkeit, die sich im Rhythmus der Routine zu einer Normalität ausprägt, führt durch ihre scheinbare Selbstverständlichkeit zu einem Leben, welches uns zu roboterhaften Entitäten degradiert. Ein Leben, welches uns unbemerkt zu Reagierenden macht, führt naturgemäß zu einer inneren Vereinsamung. Diese Vereinsamung führt, wiederum unbemerkt, zu einem kompensatorischen Verhalten durch Pseudo-Freuden. Wir kennen es doch alle: Unsere erfüllten Wünsche oder erfüllten Ziele sind in der Regel nicht von dauerhafter Glückseligkeit begleitet. Kaum erreichte Ziele führen automatisch zu einer Neuorientierung an weiteren Höhepunkten.

Nur manchmal, wenn beispielsweise traumatische „Schicksalsschläge“ uns an die Grenzen des Schmerzes führen, kann dieser *circulus vitiosus* unterbrochen werden. Innerhalb dieser Erfahrungen besteht die Möglichkeit einer Standpunktbestimmung, die eine komplexere Sichtweise ermöglicht. Hier verlieren wir, zumindest kurzzeitig, unsere „eindimensionale“ Perspektive. Das erfahrene Leid und die scheinbare Unlösbarkeit der entsprechenden Situation zeichnet unserem Verstand seine eigene Grenze auf. Hier offenbart sich das Phänomen, das wir mit „loslassen“ beschreiben. Erst in dem Moment, in dem sich die Hochherrschaft des Verstandes aus seiner dominierenden Rolle zurückzieht, eröffnen sich dem unpersönlichen Selbst Aspekte der Ganzheitlichkeit des Seins.

Bereits im alten China (und Japan) setzten Zen-Meister sogenannte *Koans* ein, um ihre Schüler zu einer blitzartigen Erleuchtung zu führen. *Koans* sind Meditationsaufgaben, die nicht durch logische Überlegungen gelöst werden können, und werden sehr wirkungsvoll eingesetzt, um die Begrenzungen von Ego und Intellekt zu durchbrechen. Diese über 2500jährige Weisheit enthält einen Erfahrungsschatz, welcher unserer neuzeitlichen Gesellschaft verloren gegangen zu sein scheint.

Auch wenn wir nicht unbedingt als „Erleuchtete" aus unseren Lebenskrisen entsprungen sein mögen, so befanden wir uns möglicherweise doch sehr nahe am Ziel auf unserer Suche nach erlösender Glückseligkeit. Diese Glückseligkeit hat etwas mit Befreiung zu tun. All das, was wir unter dem Begriff Freiheit zu verstehen glauben, ist doch letztlich eine Freiheit, die von einem Pseudo-Selbst geführt wird, und die es zu erreichen gilt. Diese Befreiung eröffnet eine Perspektive der Wahrnehmung, welche das Erkennen naturgegebener Zusammenhänge zwischen uns, und dem Ganzen ermöglicht. Eine ganzheitliche Sichtweise führt im Idealfall zu einer Erkenntnis, die unsere Denk- und Handlungsweise fundamental verändert. Erkennen und auflösen sind die Etappen zur wahrhaften Befreiung. Aus dieser Befreiung agieren wir weder als Suchende noch als automatisierte Wesen, die sich als aktiver Teil eines kosmischen Ganzen verstehen. Hier existiert weder Bedarf noch Wunsch, hier pulsiert lebendige Freude in schöpferischer Aktion.

Das Hindernis liegt jedoch in unserer beschränkten Wahrnehmungsfähigkeit, die bekanntlich von unserem Ego bestimmt wird. Dieses verstanddominierte Ego scheint zu „erkennen", wo seine Hochherrschaft in Gefahr ist. In Funktion einer leitenden Regie wird es sich seiner Möglichkeiten bedienen, seinem „naiven Partner", dem unpersönlichen Selbst, glaubhaft eine Unnützlichkeit dieses „Erlösungsmodells" vorzugaukeln. Sein Einflußbereich reicht gar so weit, daß er – in „besonderer Gefahr" – sogar körperliche Beschwerden hervorzaubert.

Wie ist es nun dennoch möglich, diesem *circulus vitiosus* zu entkommen, ohne sich der mühseligen Tortur eines Koans zu bedienen, oder auf weitere Traumata zu warten? Nach dem Motto „erkennen und auflösen" wird in den folgenden Kapiteln ein Schwerpunkt auf die genaueren Wirkungsmechanismen und Wechselwirkungen unseres Gehirns und unserer Realität gesetzt.

Hierzu werden Sachverhalte aus unterschiedlichen Fachbereichen der Natur- und Geisteswissenschaft herangetragen, die in einigen Passagen zu schockierenden Reaktionen des Lesers führen können. Diese Reaktionen sollten als ein untrügliches Zeichen für das Erreichen eines ersten Etappenzieles zur Auflösung der eingefahrenen Muster gedeutet werden. Sicherlich wird unser Ego immer wieder, auf seine, ihm eigene Verstandesart, uns relativierende oder herunterspielende Argumente hierzu anbieten, jedoch wird sich ebenfalls etwas innerhalb unserer Wahrnehmung verändern, etwas, was uns erkennen läßt, daß außer dem, mit dem wir uns bisher identifiziert hatten, es für *uns selbst* hielten, existiert – quasi ein anderer Seins-Aspekt von uns. Das, was wir bisher für *uns selbst* hielten, war/ist letztlich nichts anderes als eine gedeutete, künstlich erschaffene Wesensart, die uns vorspielte, daß außer diesem Aspekt von uns nichts anderes existiert.

Innerhalb dieses Erkenntnisprozesses, welcher in der Regel von tiefen Emotionen begleitet sein wird, ist erkennbar, daß der Prozeß der Auflösung bereits begonnen hat. Dieser Auflösungsprozeß entspricht zunächst einer Demaskierung unseres künstlichen Selbstes. Sie legt den wahrhaften, den naturgegebenen Aspekt frei, der uns tatsächlich ausmacht. Unabhängig von unserer bewußt erfahrenen Seinsform gestalten unsere Gedanken unsere Realität. Der bedeutungsvolle Unterschied hierbei besteht allerdings darin, ob wir uns unseres Erschaffungspotenzials tatsächlich bewußt sind oder nicht! Unsere allgemeine Realitätsbühne repräsentiert das, was wir bisher selbst (mit-)erschaffen haben. Selbst wenn uns eine solche Aussage in diesem Moment plausibel erscheinen mag, so behaupte ich, daß uns die tatsächliche Bedeutung und Tragweite hiervon nicht bewußt ist.

An dieser Stelle mag es uns noch erstaunlich erscheinen, daß all das, was wir bisher durch unsere inneren Bilder und Gedanken manifestiert haben, was also unserer „Realitätsbühne“ entspricht, erheblich von dem abweichen würde, wenn wir diese Bühne nicht durch unsere Verstandes/Ego-Ebene erschaffen hätten. Bewußte, emotionsgetragene Vorstellungen, die einer ausgeglichenen Einheit zwischen Verstand und intuitivem Selbst entspringen, werden sich ungleich schneller und prägender manifestieren, als einseitig verstandesgetragene Gedankenbilder.

Wenn ich beispielsweise einen Zaubertrick vermittelt bekäme, durch den all das, was über meinen Willen, mein Gefühl und durch das entsprechende Gedankenbild sich tatsächlich umgehend realisierte, werde ich dieses anschließend auch ohne den Zaubertrick können. Ich verfüge dann über ein gesichertes, verinnerlichtes Wissen meines Schöpfungspotenzials, welches mich demzufolge zu einem wesentlich bewußteren Menschen emporhebt. Bedauerlicherweise sind die Ebenen des Wissens auf der Verstandesebene unterschiedlich aufgebaut. Simpel ausgedrückt: *„einfach nur zu verstehen“*, reicht nicht aus. Von hier aus, bis zu einer Verinnerlichung des Verstehens, welches unsere Ergebnisse unmittelbar erkennbar werden läßt, besteht offenbar ein großer Unterschied. Was unterscheidet uns beispielsweise von einem *Uri Geller* oder einem *Sai Baba*? Worin besteht der Unterschied zwischen einem normalen und einem Klartraum?

Es ist das verinnerlichte Wissen um seine eigenen Fähigkeiten. Aus diesem Grunde erscheint es von besonderer Bedeutung, sich die gesicherten Ebenen des Verstehens, der Verinnerlichung unseres Schöpfungspotenzials, zu erschließen.

Wozu unser gedanken- und emotionsgeleitetes Gehirn tatsächlich fähig ist, bestimmt unsere persönliche Einstellung zu unseren eigenen Fähigkeiten und Begrenzungen. Um die Unbegrenztheit der Möglichkeiten in all ihrem Potenzial zu erfassen, bedarf es einer glaubhaften Darstellung gegenüber der Ratio und der intuitiven Ebene. Tatsächlich existieren solche überzeugenden und glaubhaften Belege aus der Naturwissenschaft, die eine willkürlich gesetzte Grenze zwischen Geist und Materie aufheben, und hierdurch sehr wirkungsvoll zu einer Vereinheitlich- und einer Verinnerlichung der eigenen Fähigkeiten beitragen. Die folgenden zusammengetragenen Forschungsmodelle aus unterschiedlichsten Fachbereichen mögen in dieser Form, und in diesem Kontext gestellt, einzigartig sein. Zu keinem bisherigen Zeitpunkt bestand ein solcher Fundus der Öffentlichkeit zur freien Verfügung...

Nutzen wir die Chance, die sich uns hierdurch bietet!

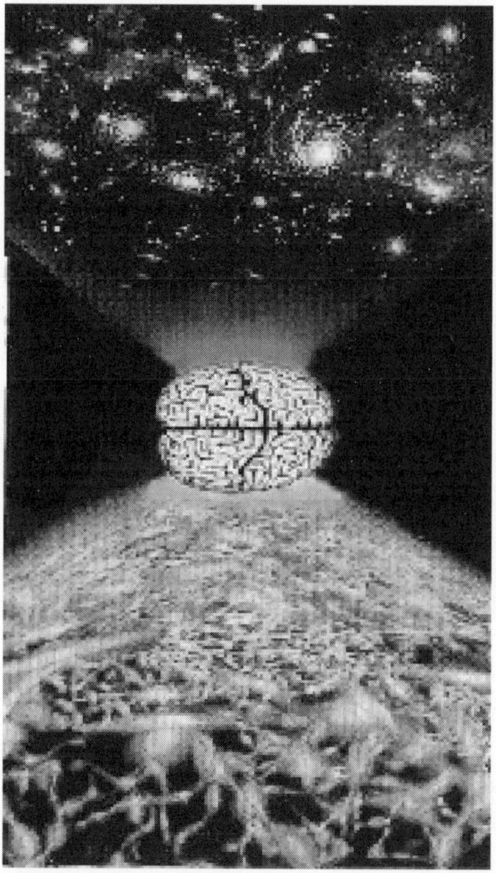

Abb.1:
Der Mensch als Schnittstelle zwischen Mikro- und Makro-Kosmos.

DIE ERDACHTE WELT

„Ich denke, also bin ich", genauer: *ich bin, weil ich denke*

Das denkende und fühlende neuro-chemische Netzwerk eines Menschen erzeugt eine Realität, welche dem jeweils Gedachten entspricht. Dieser realitätsgenerierende Schöpfungsprozeß – Denken genannt – erschafft sowohl die geistige als auch die materielle Ebene des Seins. Die Wahrnehmung dessen, was wir als „unsere Realität" bezeichnen, ist die Summe aller bisherigen Denkprozesse – unserer eigenen und der von allen anderen (*Denken* im Sinne von inneren Bildern, Vorstellungen, Visualisationen und den hieran geprägten Wort-Konstrukten). Sämtliche gemachte Erfahrungen sind direkt an entsprechende Gefühlszustände gekoppelt. Alle gegenwärtigen Wahrnehmungen, die über die Sinnesorgane aufgenommen werden, werden mit älteren Erfahrungen verglichen und entsprechend zugeordnet. Da die tatsächlich gegenwärtig wahrgenommenen Ereignisse in der Regel niemals in Echtzeit erfahren werden, unterliegt der Vorgang des Denkens grundsätzlich einer Zeitversetzung. In dem Moment, in dem das Denken einsetzt, ist der Augenblick, der das Denken bewirkte, bereits vergangen. Genau genommen ist der Denkprozeß das Vergleichen von Erinnerungen. Die ersten Prägungen eines Menschen – die eines Säuglings – werden über die Gefühlsebenen erfahren. Hier werden wahrgenommene Bilder entsprechenden Gefühlen zugeordnet. In diesem Fall wird, ähnlich wie bei den soeben beschriebenen Denkprozessen, über das Vergleichen der älteren Bilder eine Meinung abgespeichert.

Medien können als Realitätsverstärker verstanden werden. Künstlich erschaffene Meinungen und Bilder werden durch wachbewußte Zustände von Menschen aufgenommen und durch innere Reflexionen in die Welt der Realität transportiert, wobei Emotionen die jeweiligen Dinge entsprechend verstärken. Akzeptanz, innere Überzeugung und Glauben bleiben von einer tatsächlichen Umsetzung (Manifestation) der aufgenommenen Informationen (Meinungen) unberücksichtigt.

Hierzu ein Beispiel: Durch das Lesen eines Artikels in einer Tageszeitung wird das entsprechende Informationsgut durch unsere innere Reflexion in die Realität transformiert, ungeachtet davon, ob wir diesen Artikel für glaubhaft halten oder uns mit seinem Inhalt identifizieren können. Lediglich die mit der aufgenommenen Information entstandenen Emotionen dienen als Verstärkungsfaktor für den Prozeß der Manifestation. Somit folgen wir Menschen einem Placebo-Mechanismus, der als Realitätsgenerator verstanden werden kann (fungiert).

Den Quantenphysikern ist seit über fünfzig Jahren bekannt, daß der geistige Einfluß eines „Beobachters“ auf die elementarsten Prozesse der Materie seine Spuren hinterläßt. Was jedoch den Magiern seit je bekannt ist, wird von Milliarden von Menschen unbewußt praktiziert: **Gedanken erschaffen Realität.** Je zielgerichteter und öfter ein Gedankenkonstrukt gedacht wird, desto schneller vollzieht sich seine Umsetzung in die Realität. Werden wir also häufiger mit gleichen oder ähnlichen Informationsbildern konfrontiert, ist davon auszugehen, daß dieser Transformationsprozeß um so fester eine reale Gestalt hervorbringt (*Rupert Sheldrake* nennt es das „Prinzip des hundertsten Affen“).

Ein einheitliches Modell von Geist und Materie ist unerläßlich zur vollständigen Beschreibung dieser Wechselwirkungen, weil ein Mensch immer nur seine eigenen geistigen, inneren Erlebnisse als Veränderungen in seiner einzelnen Psyche erfährt. Was wir gewohnt sind als *äußere physikalische Erscheinungen* zu bezeichnen, ist in Form materieller Objekte konditioniert und muß definitionsgemäß intersubjektiv in jeder Psyche existieren.

GEDANKEN STEUERN MATERIE

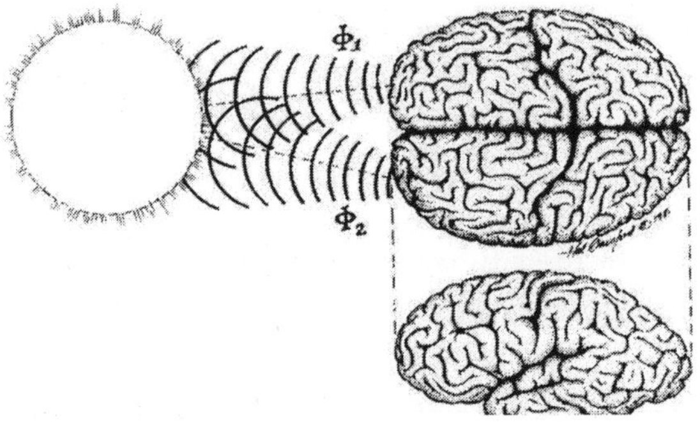

Abb.2:
Interaktion zwischen Geist und Materie.

Unser Gehirn funktioniert aufgrund der Kraftwirkung durch Quantenaustausch. Uns allen dürfte bekannt sein: Alle subatomaren Teilchen haben die Eigenschaft eines *Spins*, so auch Elektronen und Quarks. Die Achse des Spins zeigt in eine Richtung, die man bestimmen kann. Jedoch geschehen bei derartigen Messungen kuriose Dinge. *Paul Davies* bemerkte hierzu sehr treffend: *„Der Experimentator baut ein magnetisches Feld auf und legt damit eine bestimmte Richtung der Spin-Achsen fest. Relativ zu dieser Referenzrichtung sollen die Richtungen anderer Spin-Achsen ohne Feld bestimmt werden. Wenn der Versuchsleiter nun mißt, zeigen die Achsen „zufällig" genau in dieselbe Richtung, die vorher von ihm als Referenz innerhalb des aufgebauten Feldes festgelegt wurde. Der Experimentator wiederholt die Messung mehrfach, aber immer wieder zeigen die Achsen parallel zum Feld. Er baut daraufhin das magnetische Feld mit neuer Richtung auf, aber nun zeigen die Achsen der untersuchten Teilchen ebenfalls in die neue Richtung. Die vorgenommene Drehung ist also von den Teilchen nachvollzogen worden. Das Teilchen scheint demnach die Absicht des Experimentators zu kennen und wählt dementsprechend immer die Richtung, die vorher als Referenz willkürlich festgesetzt wurde. Zur Umgehung dieser merkwürdigen Situation baut der Wissenschaftler zwei verschiedene Referenzrichtungen auf und möchte die Richtung der festzulegenden Spin-Achsen relativ zu beiden Referenzen angeben. Tatsächlich ist es unmöglich, daß das Teilchen zwei verschiedene*

Richtungen gleichzeitig einnimmt, also möchte er den Winkel registrieren, den die Spin-Achse relativ zur Mitte beider Referenzrichtungen einnimmt. Wieder geschieht das Unglaubliche: Die gemessene Spin-Achse zeigt zuerst in Richtung der ersten Referenzrichtung, dann in Richtung der zweiten Referenzrichtung, dann wieder in Richtung der ersten und so weiter...“

Die Interpretation dieses Versuchsergebnisses, die *Davies* (ein Schüler von Hawking) gibt, erscheint geradezu magisch:

„Wenn der Spin eines Teilchens auf ewig dazu bestimmt ist, der zufälligen Wahl einer Vorzugsrichtung durch einen Experimentator zu folgen, dann dringt auf diese Weise der freie Wille eines Physikers in die Mikrowelt ein. Die unheimliche Sklaverei, die alle mit Spin ausgestatteten Teilchen zwingt, den vom Experimentator festgelegten Winkel einzunehmen, erweckt den Eindruck, als ob der Geist die Materie beherrsche.“

Als erstes stellt sich natürlich die Frage, wie kann etwas, was in meinem Gehirn als Gedanke wirkt, eine Funktion außerhalb meines Körpers steuern?

Das Thema der „spukhaften Fernwirkungen“, wie *Albert Einstein* dieses Phänomen nannte, das heute als „Nichtlokalität“ bezeichnet wird, wurde von den Physikern *Einstein*, *Podolsky* und *Rosen* (*EPR*) aufgegriffen. Diese Physiker hatten sich bereits 1935 ein Experiment ausgedacht, welches 1964 *John Stewart Bell* (Bell‘sche Ungleichung) weiterführte, und erst 1982 von der Pariser Arbeitsgruppe um *Alain Aspect* herum bestätigt wurde. Heute ist das Experiment bereits mehrfach in unterschiedlichen Variationen verifiziert worden und gehört zum „Stand der Technik“. Im *National Institute of Standards and Technology* in Boulder, Colorado, wurden Beryllium-Ionen in einem Behälter energetisch angeregt. Dafür wurden die Ionen mit Radiowellen 256 msec lang bestrahlt. Diese Zeitspanne wird gewählt, weil danach die Ionen mit 100% Wahrscheinlichkeit alle angeregt sind. Andere Quanten haben andere spezifische Zeiten. Die Ionen entscheiden sich aber für einen höheren Anregungszustand erst in dem Augenblick, in dem sie beobachtet, also beispielsweise gemessen werden. Dieses wurde mit einer speziellen Lasertechnik vorgenommen. Das Ergebnis war eine absolute Sensation: Warfen die Wissenschaftler bereits nach 128 msec einen Blick auf die Ionen, so waren erwartungsgemäß etwa die Hälfte der Ionen angeregt; warfen sie jedoch viermal in gleichen Zeitabständen innerhalb 256 msec einen kurzen Blick auf die Ionen, so waren nur noch 1/3 der Ionen angeregt, 2/3 blieben dagegen so, als ob keine anregenden Maßnahmen vorhanden wären. Wurde gar 64 mal in den Behälter geschaut, (alle 4 msec), so hatten nur sehr wenige Ionen die Anregung angenommen. Fast alle blieben im Ruhebereich und das, obwohl der reine Absorptionsvorgang der Radiowellenenergie in kürzester Zeit erledigt war.

Der Grund für dieses phantastische Verhalten hat Konsequenzen, die unser alltägliches Weltbild revolutionieren. Ein *Ion* muß sich, wenn es beobachtet wird, entscheiden, welche der vorgegebenen Quantenanregungsstufen es einnehmen wird. Entscheidungshilfe für die Stufen ist die Wahrscheinlichkeitswelle, die sich im Behälter ausbreitet. Wird es zu häufig beobachtet (in diesem Versuch alle 4 msec), dann hat die Wahrscheinlichkeitswelle nicht genügend Konzentration, um sich von einer Anregungsstufe zur nächsten zu begeben. Sie kollabiert infolge der Beobachtung immer wieder und befindet sich deshalb nach Ablauf der Versuchszeit immer noch auf der Grundstufe. Nach 4 msec kann laut Wahrscheinlichkeit nur ein Ion von 10.000 Ionen die Anregungsstufe erreichen. Wenn alle 4 msec beobachtet wird, dann hat kaum ein Ion eine Chance die nächste Anregungsstufe zu erreichen, da das nur unbeobachtet geschehen kann.

Die Konsequenz hieraus: **Dauernd beobachtete Quantenzustände können sich niemals ändern, auch dann nicht, wenn Anregungsenergien resonant einwirken. Wenn wir Quantenzustände nicht aus den Augen lassen, sind ihre Energiestufen eingefroren. Nur unbeobachtete Quantenzustände können sich wandeln. Die Beobachtung, die Messung, das Erkennen verhindert die Ausbreitung von Wahrscheinlichkeitswellen. Es existieren demnach für einen bestimmten Zeitraum keine Neuzustände mehr.**

Auf uns Menschen übertragen bedeutet das:

Durch die Entstehung des Menschen allein werden durch laufend neu gebildete Zellen – einschließlich fortlaufend neu eingebauter Moleküle – regelmäßig Neuzustände erschaffen. Es entsteht also eine ständige Änderung. Eine Dauerbeobachtung ist demzufolge ausgeschlossen. Ist der Mensch fertig entwickelt, so bleiben die Resonanzen unter allen Umständen an jedem Ort erhalten (das System retardiert). Prägungen als ausgezeichnete Dauerbeobachtungen werden möglich (Pubertät und Menopause sind kritische Phasen).

Alterung entspricht im gleichen Modell der Veränderung der Resonanzkörper durch Freie Radikale, Noxen oder Mutationen. Das bedeutet: die „Dauerbeobachtung" fällt aus. Die Erhaltung des Zustandes ist nicht mehr gegeben. Neuzustände entstehen, die keine Optimierung mehr darstellen, da sie nicht der DNS-Matrix entsprechen.

Die Rolle der Psyche

Bewußtsein läßt die Wellenfunktion kollabieren. Die Superposition (siehe Glossarium) mit potentieller Energie und Information im Vakuum wird auch als *virtuell* bezeichnet. Experimente zum Teilchen-Wellen-Dualismus zeigen, daß der Beobachter ganz offenbar eine zentrale Rolle bei der Festlegung der Natur der Wirklichkeit auf der Quantenebene spielt (zum Beispiel beim Placebo-Effekt).

Die Umschaltung von virtueller auf reale Information und Energie geschieht immer erst lokal durch „Beobachtung", Messung, Aufzeichnung (engl. *record*), Resonanz und das „Geben von Sinn und Bedeutung" („*the it from the bit*" laut Wheeler). In der Vorquanten-Ära der Physik war es selbstverständlich, daß die Welt „*da draußen, außerhalb von uns*" sich in einem festgefügten, von uns unabhängigen Zustand befindet. **Der Beobachtungsvorgang dringt zwar in diese Wirklichkeit ein – denn wir können nichts beobachten, ohne in einem gewissen Maß mit ihm in Wechselwirkung zu treten** –, aber jeder ging davon aus, daß diese Wechselwirkung entweder beliebig klein gehalten oder vollkommen kalkulierbar ist.

Die Quantenphysik entwirft aber ein Bild von der Wirklichkeit, in dem Beobachter und Beobachtetes untrennbar miteinander verbunden sind. Die Auswirkungen der Beobachtung sind für die zum Vorschein gebrachte Realität fundamental und können weder reduziert noch kontrolliert werden.

Eine Quantum-Superposition, die von der Umgebung isoliert ist, bleibt in diesem Stadium, bis ein bewußter Beobachter auftritt. Experimente haben erstaunlicherweise ergeben: Wenn eine Maschine Quantensysteme mißt, bleiben die Ergebnisse solange in einer Superposition, bis ein bewußter, intelligenter Mensch die Messung der Maschine beobachtet.

Überraschenderweise ist also nicht nur das Bewußtsein für das Zusammenbrechen der Wellenfunktion verantwortlich, sondern sogar Intelligenz ist ein wesentlicher Bestandteil des Schalters.

Betrachten wir uns hierzu ein Beispiel:

Wenn wir eine Impuls-Eigenschaft eines Elektrons messen, erfahren wir immer nur die Antwort des Elektrons auf unsere gestellte Frage. Der gemessene Impuls ist eine Art Täuschung, die von der Wechselwirkung der Quantenentität mit der Versuchsanordnung hervorgerufen wird, und die dann von einer Intelligenzeinheit in unserem Gehirn interpretiert wird. **Das nennen wir *Erkenntnis* und erst jetzt ist die Virtualität in die Realität umgesprungen.** Aufregend sind die Versuchsergebnisse, wonach eine konkrete Messung sich erübrigt und allein das Wissen des Experimentators Realität schaltet. Ändert sich das Wissen über einen Versuchsvorgang und ziehen wir daraus veränderte Schlüsse, dann ändert sich auch das untersuchte Quantensystem und liefert eine veränderte Realität!

Jedes Ergebnis hat den Anstrich der Frage, die das Experiment hervorgerufen hat. Ein Elektron, das gefragt wird, ob es ein Teilchen ist, ist ein Teilchen. Wenn aber das Elektron gefragt wird, ob es eine Welle ist, dann ist es eine Welle.

Der Nobelpreisträger für Physik, *Werner Heisenberg*, bemerkte hierzu: „*Auch in der Naturwissenschaft ist also der Gegenstand der Forschung nicht mehr die Natur an sich, sondern die der menschlichen Fragestellung ausgesetzte Natur.*"

Ungestörte Phänomene sind nur die, die unbeobachtet bleiben. Das unbeobachtete Universum kann daher nicht so betrachtet werden, als hätte es eine völlig vom Nachweis unabhängige Existenz. Eine Welle wird im universellen Kontext dann zu lokaler, konkreter Information, wenn wir Menschen als eine Raum-Zeit-Konstruktion, die wir darstellen, bewußt fragen, um Erfahrung und Erkenntnis zu erzeugen. „Nicht lokale" Gesetzmäßigkeiten, wie sie die Welle repräsentiert, verknüpfen die Dynamik universell und virtuell verborgener Information mit der lokalen Materie und schalten damit reale semantische Information.

Nehmen wir alle Versuchsergebnisse zusammen, dann zeigt sich: **Der Geist kreiert Realität** (Kopenhagener Interpretation, Bohr). Dies ist alltägliche Erfahrung. Wenn ich spreche und den Arm hebe, beeinflusse ich mit einem geistigen Prinzip, was wir *bewußten Willen* nennen, die Materie spezieller Muskelgruppen, also Massen-Kräfte.
Wenn Bewußtsein meine Massen-Matrix moduliert, wenn ich also aufgrund meines Willens meinen Arm hebe, dann hat der Entitätenkomplex „Geist" eine Interaktion mit dem Entitätenkomplex „Raum-Zeit-Krümmung" (Massen) durchgeführt. Das aber heißt, beide müssen sich erkennen und gemeinsame Eigenschaften (Teilmengen) aufweisen.

Fazit: Die Physik mußte mit der Quantenphysik und Quantenphilosophie eine nichtlokale, in ihren Teilen verknüpfte Quantenwelt akzeptieren, die sich nur manifestieren kann, wenn wir an ihr partizipieren. **In der Quantenphysik existieren in mancher Hinsicht alle möglichen künftigen Ereignisse, bis die Beobachtung das Mögliche ins Tatsächliche umsetzt.**

Das neue Bild der Materie-Organisation

Berücksichtigt man die bisherigen Erkenntnisse, dann ergibt sich folgendes Bild: Die Materie baut sich durch Kräfte und Zeitoperationen auf. Diese Kräfte und Zeitoperationen sind die Folge von Potenzialen mit impliziten Entitäten. Diese Entitäten sind durch Bewußtsein und Geist beeinflußbar. Wissenschaftler sehen das physikalische Universum nicht mehr als eine Ansammlung von Zahnrädern in einer Maschine, sondern als ein informationsverarbeitendes System. Für unsere Funktion sind anstelle der Materie Informationsbits getreten. Im neuen Paradigma des Universums sind Geist, Intelligenz und Information wichtiger als Hardware. Unterschieden werden Programme (Information), welche die Hardware (Zusammenschluß der Massen) steuern, elektrische Potenziale mit impliziten Strukturen und Programmen (Information), welche die Software, also die zugrundeliegende Funktionssteuerung modulieren. Psyche: wie Geist/Wille/Gefühl.

Die *Bausteine des Lebens* oder die *Träger des Geistes.*

Wir Menschen bestehen aus einer kaum vorstellbaren Anzahl von Elektronen. Diese Elektronen in uns sind an allem beteiligt. Es gibt keinen Aufbau in unserem Körper, keine Funktion, die ohne Elektronen stattfände. Sie sind es, die dem Atomkern die Möglichkeit geben, sich mit anderen Atomkernen zusammenzuschließen; sie sind es, die Kräfte entwickeln, um das aufzubauen, was wir *Materie* nennen, und sie sind es auch, die der Umgebung Nachrichten zukommen lassen, um Funktionen zu koordinieren. Die Vielzahl der Verbindungen kommt allein dadurch zustande, daß die Elektronenzahl in den Atomen verschieden und die Ausrichtung des Spins der Elektronen unterschiedlich ist. Die Gesamtheit sämtlicher Elektronen, die gegenwärtig existieren und die unseren Körper aufbauen und funktionieren lassen, sind in 0 bis 0,1 Sekunde nach dem Schöpfungsakt unseres Universums entstanden (Urknall). Prinzipiell ist kein einziges Elektron bis heute dazugekommen oder verloren gegangen. Obwohl sich Elektronen in sehr kurzen Zeiteinheiten in andere Quantenteilchen verwandeln können, behalten sie doch ihre Identität. Was viele von uns verwundern mag: Elektronen sind absolut unsterblich.

Alle Protonen und Neutronen sind 1 msec nach dem Urknall aus einer Quarkgemeinschaft heraus als Erstarrung gebildet worden. Diese Kernteilchen sind die eigentlichen Bausteine heutiger Materie. Auch sie sind quasi von ewiger Dauer. Etwa 2080 Sekunden nach der Zeit *Null* entstanden die Wasserstoff-Atome, die zirka 93% aller Atome des Kosmos ausmachen. Die nächst-häufigen Elemente im Universum sind Sauerstoff und Kohlenstoff. Auch Kohlenstoff hat eine unendliche Existenzdauer, welches uns im folgenden Verlauf noch von besonderer Bedeutung deutlich werden wird. Tatsächlich besteht unser Körper aus Elementen des Urknalls. Die Bausteine in uns bauen uns nicht nur auf, sondern sie sind auch beteiligt an der Aufgabe, uns funktionieren zu lassen. Das, was wir unter *Biochemie* verstehen, ist nichts anderes als wiederum die Übertragung unterschiedlicher Kräfte mithilfe elektromagnetischer Schwingungen unterschiedlicher Frequenzen, ausgehend von Elektronenansammlungen.

Bindungen zwischen zwei Teilchen besitzen, entsprechend ihrer Energie, eine sehr verschiedene Lebensdauer; Bindungsenergien von:

0,9 eV: mittlere Lebensdauer 0,1 sec
1,5 eV: mittlere Lebensdauer 1,3 Jahre
1,8 eV: (Bindungen der DNS) mittlere Lebensdauer 30.000 Jahre

Unsere Empfindungen, indem wir beispielsweise unsere Fingerspitzen über ein Blatt gleiten lassen, sind Wechselwirkungen zwischen den Elektronenwolken unserer Finger und den Elektronenwolken des Blattes. Elektronenwolken kommunizieren bekanntermaßen mit Hilfe von Photonen. Wir fühlen also die elektromagnetischen Kraft-Wechselwirkungen der Photonen. Wir spüren den Widerstand der elektromagnetischen Bindungskräfte zwischen den Atomen und den Molekülen. Wir fühlen außerdem die Wärme beispielsweise unserer

Haut. Auch hier sind es die elektromagnetischen Schwingungen, die uns das fühlen lassen, was wir als *Wärme* bezeichnen. **Unsere Wahrnehmung ist also in erster Linie abhängig von elektromagnetischen Sensoren. Das, was wir als bewußte und unbewußte Information aufnehmen, also insgesamt alles, womit wir unsere Welt, unsere Realität beschreiben, wird vermittelt von diesen Sensoreigenschaften der Elektronen.**

Eine Kommunikation zwischen unserer Innen- und Außenwelt erfolgt durch Photonen, die als Botenstoffe fungieren. Die Trennung zwischen der Innen- und Außenwelt wird durch die besonderen Eigenschaften der Elektronen hervorgerufen. Sie stellen eine Art Raum-Zeit-Membran dar. Wollen wir die Wechselwirkung nur zweier Teilchen beschreiben, dann müßten wir bereits eine sechsdimensionale Welle berücksichtigen; drei Teilchen benötigen bereits eine neundimensionale Welle. Um diese phantastisch erscheinenden, höherdimensionalen Ebenen besser verstehen zu können, ist diesem Thema ein eigenes Kapitel gewidmet. Nur hierdurch ist ein ganzheitliches Verständnis der geistig-materiellen Strukturen zu verstehen. An dieser Stelle soll zunächst nur zum Ausdruck gebracht werden, wie außerordentlich komplex es in uns arbeitet. Das ganze Universum, die ganze Erdenwelt, die gesamte Natur und unser ganzes Leben beruhen unter anderem auf der unentwegt ablaufenden Wiederholung von nur drei elementaren Vorgängen:

- Der elektromagnetischen Welle, welche die Bewegung der Elektronen kennzeichnet,
- der elektromagnetischen Welle, welche die Bewegung des Photons/ der Photonen kennzeichnet, und
- der Wechselwirkung dieser beiden Wellen (Feynman).

Prinzipiell haben alle Körper eine Quantenenergie und entsprechend eine *de Broglie*-Quantenwellenlänge, somit auch der Mensch. (Interessanterweise entspricht die Wellenlänge eines Menschen einer Wellenlänge von 10^{-35} Metern, was der Plancklänge gleichkommt. Bei diesen kleinen Distanzen verlieren unsere bekannten Konzepte von Raum und Zeit ihre Sinnhaftigkeit).

Alle sich ungleichförmig bewegenden Elektronen und alle elektrisch nicht neutralen – also alle geladenen Teilstrukturen oder Körper – sind Sender elektromagnetischer Felder mit Kraftwirkung. Ein völliges Stillstehen gibt es nicht, was bedeutet: Alle Moleküle und Körper haben eine Quantenenergie. Aus den sehr zahlreichen Möglichkeiten der Bewegungen werden ganz spezielle zur Verwendung herausgehoben. Alle verwirklichten Bewegungen der elementaren Strukturen sind gequantelt, wie Umdrehungszahl, Schwingungsweite, Bahnradius, Neigung der Bahn im Raum, selbst die Ellipse einer Bahn mit großer und kleiner Achse.

Zu jedem Bewegungszustand als Kombination aller verbleibender Möglichkeiten gehört eine ganz bestimmte Energie. Dementsprechend strahlt jede Atom- und jede Molekülkombination, auch aufgrund ihrer jeweilig manifesten Umgebungseinflüsse nur eine ganz bestimmte für sie charakteristische Quantenenergie aus – eine individuelle Darstellungsform.

ENTSTEHUNG UNSERER REALITÄT

Alle biologischen Regulatoren wie Hormone, Neurotransmitter, Antigene oder Substrate der Enzyme haben elektrische Eigenladungen, die meistens asymmetrisch über das Molekül verteilt sind (Dipol). Gleichzeitig haben alle diese Moleküle eine mechanische Eigenschwingung. Beides zusammen genommen (zum Beispiel Dipolmoment und Vibration) fungiert als Sender von elektromagnetischen Wellen. Ihre Partner wie Rezeptoren, Antikörper oder Enzyme, fungieren als spezifische Empfänger dieser Wellen. Der spezifische Empfang der gesendeten Welle, das heißt, der Empfang von Information als codierte Energie, geschieht dabei über Resonanz, also über eine Feld-Kraft-Übertragung und -wirkung. So entsteht das, was wir als *Realität* bezeichnen (Quantenphysik = Verfestigung).

Hellseherische Elektronen

Die *Wheeler-Feynman-Absorber-Theorie* gilt unter den modernen Physikern als *„das Beste, was jemals erdacht wurde"*. Diese Theorie wurde 1941 in einem Vortrag in Princeton von Richard Feynman vor Albert Einstein und Wolfgang Pauli veröffentlicht. Die Wheeler-Feynman-Theorie erlaubt es den Teilchen, die vergangenen und zukünftigen Schicksale des ganzen Universums zu „kennen". Wenn Elektronen miteinander wechselwirken, gibt es zwei stabile Situationen:
1. Energiewelle in der Zeit vorwärts, also in die Zukunft strahlend, oder
2. rückwärts in der Zeit, also in die Vergangenheit.

Diese Darstellung geht absolut konform mit der Maxwell'schen Gleichung und mit der Schrödinger-Gleichung sowie deren Spiegelbild. Bisher hatten die Physiker die in der Zeit rückwärts laufende Lösung dieser Gleichung beharrlich ignoriert.

Genauer: Ein Elektron (fungierend als Sender oder Emitter) emittiert eine elektromagnetische Strahlung. Diese Strahlung ist gekennzeichnet von einem Feld, das aus einer zeitsymmetrischen Mischung einer retardierten (in die Vergangenheit laufenden) Welle und einer avancierten (in die Zukunft laufenden) Welle besteht. Die Konsequenzen, die sich hieraus ergeben sind: Jede elektromagnetische Wahrscheinlichkeitswelle „weiß" bereits, welches Ziel sie hat und welche Resonanzstruktur (Absorber) sie erwartet. Der Grund hierfür ist, daß mit der Absendung der Welle („Angebotswelle") bereits das Echo von der Resonanzstruktur („Bestätigungswelle") eingetroffen ist. Jedes emittierte Photon „weiß" bereits, wo es absorbiert werden wird. Da nun Quantenenergie-Empfänger unausweichlich immer wieder selbst Sender von Quantenenergie werden, demzufolge jeder jedem etwas sendet und empfängt und wieder sendet, ergibt sich eine unvorstellbar komplexe Vernetzung. Die Selektion der Kommunikation tritt durch die Anzahl der resonanten Absorber ein (Frequenzspezifität). Bei Elektronen sind es quasi unendlich viele, bei Enzymen beispielsweise nur wenige. Aus der Perspektive eines Photons haben weder Zeit noch Raum eine Bedeutung. Für diese Quanten existiert immer nur der Ist-Zustand. Dieses bedeutet, daß alles in unserem Universum energetisch zeitlos und raumlos verknüpft ist und jeder von jedem unmittelbar alles energetisch Wichtige „weiß". Eine notwendige Chaos-Ordnung entsteht dadurch, daß sich ein Großteil der Wellen und Quanten innerhalb des Wechselspiels auslöscht und dadurch, daß das Skalarfeld (Subquanten- oder Higgs-Feld) eine Matrix vorgibt. Keine der avancierten Wellen läßt sich spüren, außer in der Wirkung als „Strahlungswiderstand". Weil wir nichts von den avancierten Wellen mitbekommen, existieren für uns lediglich die retardierten Wellen.

Die avancierte Welle hat zwei Weg-Möglichkeiten:

Entweder sie läuft in die Vergangenheit, regt dort ein Elektron an und kommt dann als Echowelle in die Gegenwart, also als retardierte Welle; oder sie kommt aus der Zukunft als Echo der retardierten Welle. In beiden Fällen wird unser Elektron aktiv. Das wäre dann spürbar, wenn viele Elektronen in gleicher Weise betroffen sind (was dem Zustand der Kohärenz entspricht). Da bei der Aussendung der Welle – gleichgültig ob in die Zukunft oder in die Vergangenheit – und bei

Eintreffen der Bestätigung exakt die gleiche Zeit gilt, spielen die zurückgelegten Entfernungen der Welle im Raum nicht die geringste Rolle. Aus diesem Modell erklären sich unter anderem die Nichtlokalitäts-Experimente nach *Aspect*.

Ein angeregtes Atom ist im Begriff zwei Photonen zu emittieren:

1. dafür werden Angebotswellen in verschiedene Richtungen gesendet.
2. Die Photonen werden jedoch erst dann emittiert, wenn bestätigende avancierte Wellen rechtzeitig von einem Absorberpaar (Beobachter) zu dem Atom zurückgeschickt wurden.
2. Ist dieser Vorgang in der Zeit hin und in der Zeit zurück abgeschlossen, werden die Photonen übertragen (Beobachtung).
3. Da das Paar ein einziger Quantenzustand ist, müssen Spin und Polarisation immer miteinander korreliert sein, unabhängig von Raum und Zeit.
4. Sind die Polarisationsmöglichkeiten für das Photon beim Abtasten der Umgebung mit der retardierten Welle nicht gegeben, dann werden auch keine Photonen abgeschickt. Das bedeutet, daß die Absorptionsmöglichkeiten erst eruiert werden müssen. Sie bestimmen dann die Polarisation der abgeschickten Photonen.

In dem bedeutenden „Aspect-Experiment" kann also kein Photon abgesendet werden, das nicht den Absorptions-Möglichkeiten der Detektoren bei der Messung entspricht. Das bedeutet, die Elektronen tasten mit Hilfe ihrer Schwingungen die komplette Umgebung ab und geben erst dann die Kraftübertragung frei, wenn alles dafür stimmt. Der Nobelpreisträger *Ilya Prigogine* äußerte sich hierzu folgendermaßen: *„Erstaunlich ist, daß jedes Molekül weiß, was die anderen Moleküle zur selben Zeit und über makroskopische Entfernungen hinweg tun werden. Unsere Experimente zeigen, wie die Moleküle miteinander kommunizieren. Jeder akzeptiert diese Eigenschaft bei lebenden Systemen, aber daß auch nicht belebte Systeme sie aufweisen, ist zumindest unerwartet."*

Die Konsequenzen aus diesen Ergebnissen sind eine wissenschaftliche Sensation. Stoßen wir beispielsweise ein Elektron hier auf der Erde an, dann weiß offenbar jedes geladene Teilchen – sei es gar am „Ende unseres Universums" – augenblicklich, was geschehen ist, obwohl jede Welle für diese Reise beispielsweise 14 Milliarden Jahre benötigen würde. Umgekehrt bedeutet dies: Weiß unser Elektron, wo das „Ende unseres Universums" ist, dann weiß das „Ende des Universums-Elektron", wo sich *unser* Elektron befindet. Offenbar ist alles im Universum verbunden mit allem anderen in einem totalen Gewebe wechselseitiger Wirkungen. *Jean-Emile Charon* äußert sich hierzu wie folgt: *„Mein Denken ist das Denken meiner Elektronen, es herrscht also nicht bloß Analogie, sondern Identität."*

So unglaublich es auch erscheinen mag: Das Bewußtsein steuert die Materie. Unser Bewußtsein ist identisch mit den Aktivitäten bestimmter Elektronen in bestimmten Hirnregionen. Elektronen müssen über Strukturen verfügen und sich durch Prägung dieser Struktur „Erfahrungen" merken können. Tatsächlich kommen die Physiker David Bohm, Jean-Emile Charon und Louis de Broglie zu diesen Ergebnissen.

Fernkommunikation

Nur ein vollkommen freies Elektron kann sich beinahe alle möglichen energetischen Zustände leisten und somit auf alle möglichen Sende- und Empfangsfrequenzen reagieren. Ideal funktioniert das im Weltall: Jedes freie Elektron kommuniziert mit fast allen anderen freien Elektronen. Dadurch sehen wir mit unseren Augen Sternenlicht (ausgehend von Elektronen der äußeren Sternschichten, weitergeleitet von Elektron zu Elektron im Kosmos), dessen Sendequelle tausende Lichtjahre entfernt ist. Wenn also ein freies Elektron sein Anregungssignal sendet, werden alle Elektronen des Universums mit passenden Eigenschaften (Polarisation) den Signalempfang melden. Eine selektive Auswahl, ein spezifisches Adressieren an bestimmte ausgewählte Elektronenzentren scheint in diesem Prinzip unmöglich. Wenn allerdings ein Organismus funktionieren soll, muß genau die Spezifität einer Nachricht gewährleistet sein.

Sende- und Empfangskanäle

Die Frage an den Konstrukteur heißt also: Welche Möglichkeiten sind für den Aufbau spezifischer elektromagnetischer Sende- und Empfangskanäle gegeben, wenn nichts anderes zur Verfügung steht als Atome und freie Elektronen? Und eine andere Frage drängt sich zusätzlich auf: Wenn ich viel Masse zusammenballe, wie in einem Organismus, wodurch kann ich dann bewerkstelligen, daß eingekoppelte Energie als Information nicht gleich in der erstbesten Massestruktur stecken bleibt, also gar nicht weitergeführt wird?

Die Probleme sind gelöst worden – wie immer bei den Konstruktionen der Natur –, alle möglichen Probleme auf einmal. Wir wissen: Die Geometrie einer Antenne bestimmt die Eigenfrequenz und ist verantwortlich für bestimmte resonante Sende- und Empfangsfrequenzen. Genauso wie dieses Prinzip in der Technik funktioniert, hat es auch in unserem Körper seine Bedeutung. Vor allem Proteinstrukturen, aber zum Beispiel auch Nukleotide und Glukosaminoglykane sind durch Baupläne der DNS zu Antennenstrukturen aufgebaut worden, die, entsprechend ihrer geometrischen Spezifitäten, ganz bestimmte elektromagnetische Schwingungen aufnehmen und weitersenden können!

Betrachtet man alle Strukturen, die in uns verwirklicht sind, so wird deutlich, daß die Bandbreite der Frequenzen riesengroß ist. Spezifische Frequenzen werden über große Entfernungen geleitet, indem alle gleichgebauten Moleküle die Schwingung absorbieren und nach Anregung wieder zum nächsten gleichartigen Molekül absenden. Sehr schön sichtbar wird dieses Nehmen und Geben in der Wärmeleitung, insbesondere bei der Wärmeleitung des Blutes. Damit sind aber die Möglichkeiten des gesamten Systems noch lange nicht erschöpft. Proteine haben die Angewohnheit, ihre geometrische Form zu ändern, indem sie Seitenketten um einen vorgesehenen Torsionswinkel verdrehen. Dies geschieht als Folge einer Energieabsorption. Damit verändert sich sofort die spezifische Sende- und Empfangsfrequenz des Proteins, wodurch die alte Resonanzfrequenz blockiert und neue Informationskanäle aufgebaut werden.

So kann jede spezifische Nachricht (codierte Energie) über resonante Weitergabe den Körperraum durchschreiten, bis sie in eine Zielstruktur umgesetzt wird. Die Elektronen dieser Moleküle reagieren auf die Energiezufuhr im Kollektiv. Abhängig von der Anzahl der Elektronen kann die Resonanzbreite sehr schmal werden und außerordentlich unterschiedlich von Molekül zu Molekül. Feinabstimmungen bei der Übermittlung von Information sind kein Problem. Viel Masse ergibt viele Formen, das ergibt wiederum viele Resonanzmöglichkeiten und eine hohe Bandbreite möglicher Frequenzen, also viel Differenzierung der übertragenen Information und hohe Fernwirkung innerhalb der Grenzen des Körpers.

„Erinnerung" mit diesen umfassenden Möglichkeiten könnte dann folgendermaßen aussehen: Die Kommunikationskräfte, hintereinandergestaffelt in Fluxen, formen Gebilde, die wie eine Diskette oder eine CD als „eingefrorene" Solitonenschwingung (*Stehende Wellen* mit Schallkomponente) abgelegt werden. Das Ergebnis davon ist die bekannte Konformation/Konfigurationsänderung der Proteine. Ein Photonenreferenzstrahl (Angebotswelle) kann analog zum Laserstrahl die Gebilde abtasten und dadurch moduliert werden. Eventuell werden die Gebilde auch durch den Strahl zum Schwingen gebracht. Die neu vom Gebilde ausgesandten Schwingungen modulieren, phasenanalog zur Angebotswelle, die Bestätigungswelle, die zum Ursprung zurückkehrt und die Erinnerung darstellt.

Die Kraft des Pulsierens

Energie zeigt ja nur deshalb Wirkung, weil sie mit Quantenstößen identisch ist. Eine Wirkung der Energieübertragung ist aber schlechter, wenn sie aus einem kontinuierlichen Fluß heraus entsteht; dagegen deutlich besser bei pulsierenden Stößen.

Für dieses Wirkprinzip gibt es Beispiele: Ein kontinuierlicher sanfter Wasserstrahl auf eine Stelle des Kopfes gelenkt, wird von uns ohne weiteres toleriert. Die gleiche Wassermenge aber kontinuierlich als

Tropfen herunterfallend, erzeugt schon nach kurzer Zeit enorme Schmerzen (dies ist ein beliebter Test bei meditierenden Mönchen im ostasiatischen Raum). Hier spielen Oberflächenkräfte des Tropfens eine entscheidende Rolle. Eine Säge kann die Holzfasern nur dadurch zertrennen, weil zwischen den Zacken nichts ist, weil also die Kraft pulsierend gelenkt wird. Die Trommel hat deshalb eine so mächtige Rhythmuskraft, weil sie in Pulsen geschlagen wird. Musik mit pulsförmig-rhythmischem Klang erzeugt offensichtlich eine gewisse Energiezufuhr in bestimmte Gehirnzentren, die sogar Kleinstkinder bereits phasenrhythmisch hopsen läßt.

Die Sprache und ihr Informationsgehalt ist eine Pulsfolge von Tönen und Klängen. Die Wirkung der Pulsfolge der Sprache wurde an Kleinstkindern mit Hilfe von Computerbildern, die übereinandergelegt wurden, sichtbar gemacht. Die Babies machten für das Auge unsichtbare Mikrobewegungen und zwar genau im Rhythmus des Tonfalls der mütterlichen Stimme. Töne beherrschen die Denkstrukturen, und führen in ihrer Fortsetzung zu Muskelbewegungen. Eine Nervenzelle erzeugt Pulse. Nur dadurch kann Information übermittelt werden. Auch der Muskel arbeitet nur mit Pulsen, ebenso der Herzmuskel. Unser Auge kann die Bilderzeugung nur über ein pulsförmiges Abtasten der Umgebung aufbauen. Der Riechvorgang hört auf, sobald die Duftmoleküle kontinuierlich ankommen. Der Rezeptor adaptiert. In Pulsen abgegeben passiert das nicht. Temperatursprünge sind im Organismus überall anzutreffen und wichtig für die Physiologie, zum Beispiel als Temperaturdifferenzen innerhalb der Zelle und zwischen Zellen und Zellzwischenraum, wo streng lokal und punktförmig leicht mehrere 100°C auftreten können. Wechselbäder heiß/kalt ist das Prinzip einer Therapie. Die unterschiedlichen Materieeigenschaften sind nur möglich durch die pulsartigen Vervielfältigungen einer Grundstruktur (Quantifizierung) innerhalb des periodischen Systems der Elemente.

Warum haben Pulse eine größere Wirkung als gleichmäßig einwirkende Kräfte? Pulse sind dadurch gekennzeichnet, daß kurze Pausen in der Kraftwirkung auftreten. Dadurch werden rhythmisch abwechselnd verschiedene Quantenzustände induziert. Jede lokale Veränderung des Quantenzustandes hat Kraftwirkungen in der Umgebung zur Folge (durch Neuzustände von Photonen-/Quantenübertragung). Ein gleichbleibender Zustand (entsprechend der Dauerbeobachtung) hat dafür keine Chance. Gepulste Quantenzustände sind gleichzusetzen mit codierter Energie und das ist identisch mit Information (Nachricht). Information ist also die Unterbrechung einer **Dauerbeobachtung** (entsprechend der früheren Erinnerung) und somit unterliegt das System einer wirkungsvollen Veränderung.

„Unsere Elektronen steuern uns, führen uns über die Gefühle – um eine Dauerbeobachtung vorzunehmen".

Ulrich Warnke

Bewußtsein, Gefühl und Glaube sind Teil des Geistes

An dieser Stelle des Buches haben wir fast alle Komponenten zusammen, um einen Versuch zu starten, über den Geist zu spekulieren. Wenn – wie dargestellt – jedes Elektron von jedem anderen Elektron weiß, in welchem Zustand es sich befindet, und wenn jedes Elektron über das Adressing-Verfahren (Bewußtsein) jedes Elektron beeinflussen kann, dann kommt dies einem universellen Geist schon recht nahe. Der *Heilige Dionysius*, ehemals Bischof von Athen, von Paulus zum Christentum bekehrt, schreibt: *„Es (das Bewußtsein – der Urgrund allen Seins) ist in unserem Geist, in unserer Seele und in unserem Körper. Es ist im Himmel wie auf Erden. Und doch bleibt es sich selbst immer gleich. Es ist in und über der Welt, gleichzeitig rundherum. Es geht über den Himmel hinaus, wie überhaupt über alles Seiende. Es ist alles, was existiert, Sonne, Gestirn, Feuer, Wasser, Wind, Tau, Wolke, Fels, Stein"*.

Wir wollen zuerst untersuchen, wie der Geist mit unseren menschlichen Gehirneigenschaften zusammenhängt. Wir müssen uns darüber klar sein, daß jede Aussage über unsere Welt letztlich immer nur eine Aussage über geistige Phänomene darstellt. Nicht nur, weil (wie Theologen und Philosophen sagen) die ganze Welt vom Geist durchdrungen scheint, sondern weil unsere Gedanken, Gefühle, Vorstellungen, Erinnerungen – also geistige Prozesse – alles beurteilen.

Teilhard de Chardin meint dazu: „*In jedem Teilchen, jedem Atom, jedem Molekül, jeder Materiezelle leben und wirken im Verborgenen die Allwissenheit des Ewigen und die Allmacht des Unendlichen* „.

Auf den Menschen bezogen ist der Geist übergeordnet der Gesamtheit der Gedanken, Gefühle und Empfindungen, die demjenigen Teil des Gehirns übermittelt werden, der „bei Bewußtsein" ist. Der Begriff *Bewußtsein* heißt lateinisch *conscientia*, aus dem Verb *scire* = wissen und *cum* = mit; also *mitwissen*.

Demnach sind bewußte Menschen „Mitwisser".

Zur Bedeutung, zum Sinn in der Welt kommt es allein deshalb, weil sinnlich wahrnehmungsfähige Wesen die Dinge beobachten, Verfestigungen aus Energiekomponenten herstellen, und dadurch aus den unzähligen Möglichkeiten kausal Pfade zur Realität, eben zur Wahrnehmung bilden.

Ich-Bewußtsein

Wenn ich mich von den *Inputs* aller Sinnesorgane abschotten, also völlig den Kontakt zur Außenwelt und zu meinem Körper verlieren würde, so wäre ich mir meiner dennoch bewußt.

Descartes: „*Ich denke, also bin ich*".

Jeder hat ein Gefühl für sein Vorhandensein, für seine pure Existenz. Gefühle laufen zwar unbewußt ab, aber das Erleben eines Gefühls unterliegt dem Bewußtsein. Das heißt, sobald ein Gefühl mich in einem Lebensmoment steuert, durch Raum und Zeit lotst, ist das Bewußtsein als „Beobachter" und damit als Verfestiger des Weges dabei.

Bewußtsein ist der Kitt, der die Folgen von aktuellen Inputs wie Sehen, Riechen, Hören, Fühlen einerseits, und Gefühl, Erinnern andererseits mit zeitlichem Handeln und Entscheiden zusammenhält und so Realität erzeugt. Gefühle sind dabei Meßinstrumente, Empfehlungen um Entscheidungen zu treffen. Das Bewußtsein erzeugt also die subjektive Realität eines Geschehens innerhalb der Raum-Zeit, und das aufgrund einer Empfehlung (=Gefühl), die selbst als handelnde Energie (Elektron mit Photonboten) raum-zeitlos empfindet (da sie mit Lichtgeschwindigkeit handelt). Wir alle stehen uns durch Gefühle näher als durch andere Merkmale, die vererbt werden. Dementsprechend liegen wir untereinander hinsichtlich der Hauptgefühle in dauernder Resonanz. Unsere ganze Gesellschaft ist von dem Suggestionseffekt bei der resonanten Übertragung der Gefühle gesteuert, sogar der Geldmarkt. Gefühle sind innerhalb aller Menschenrassen nonverbale primäre Kommunikationsmittel. Sie steuern als **Emotionen** (übersetzt: *nach außen bewegen*) die Mimik, Lachen, Körperhaltung, aber auch den Tonfall der Sprache – tief und ruhig oder schrill und aufgeregt.

Darüber hinaus sind wir über die Gefühlswelt mit Tieren und sogar mit unseren Vorfahren innerhalb der Evolutionskette verknüpft. Wie sonst sollten Gefühle vererbbar sein?

Im genetischen Bauplan des Gehirns ist das Wissen aus Millionen von Jahren gespeichert. Durch vielleicht 80 Jahre Erfahrungen verfeinert der Mensch dieses Wissen. Ohne das Vorwissen der Gene würden wir in einer für uns sinnlosen Datenflut rettungslos untergehen. Wir werden also bereits mit „unendlich großem“ Wissen geboren, ebenso wie alle anderen Lebewesen. (Selbst die Fliege übertrifft mit ihrem Navigationsvermögen den Bordcomputer eines Flugzeuges). Lernen in unserem jetzigen Leben brauchen wir nur die Anwendung des angeborenen Gefühls auf die Situation. Für dieses Lernen benutzen wir Vorbilder; nicht nur die Eltern und Lehrer, sondern auch Idole und Schauspieler, Politiker, Freunde. Da diese Prägung dauernd variiert, entstehen dauernd neue Präferenzen, zum Beispiel als Mode. Auch Gesellschaftsziele wandeln sich aufgrund des beschriebenen Mechanismus. Jede menschliche Wahrnehmung ist in Gefühle gebadet, jedes Gefühl weckt Erinnerungen. Gefühle sind Kräfte in uns. Sie sind im körpereigenen Mikrokosmos energetisch wirkend, und gleichzeitig Kräfte zwischen Individuen, fernwirkende Kräfte. Derartige nah- und fernwirkende Kraftpotenzen finden sich nur in der Wirkung von Elementarteilchen. Im Zusammenhang mit diesem Kapitel ist von Bedeutung, daß Gefühle unbewußt da sind. Sie sind mit dem Willen nicht beeinflußbar.

Mit meinen Gefühlen „sprechen" kann ich nur so, wie sie entstehen, durch Bilder und Imaginationen. Soll ein Gefühl sich ändern, brauche ich stimmungsbeeinflussende Vorstellungen, Düfte (auch Pheromone), Musik. Damit ändert sich auch unbewußt jedes Mal der Tonus des vegetativen Nervensystems, der Hormonhaushalt, die Aktivität des Immunsystems und der Gehalt der Zelle an Energie (ATP), also so ziemlich alles, was meinen Organismus weitgehend „automatisch" funktionieren läßt.

Der Wille ist dagegen rein bewußt gesteuert und hat Zugriff auf die intellektuellen Gedanken und auf die Skelettmuskulatur.

Der Glaube (gemeint ist alltägliches Glauben) verwendet beides: das Gefühl und den Willen. Damit verwendet „Glauben" sowohl das unbewußte Unterbewußtsein, als auch das Bewußtsein. Diese Kombination ist bei der Beeinflussung des Körpers die stärkste und wirkungsvollste Kraft. Jedes Gefühl, jeder Gedanke, der im Glauben mündet, ist ein Ganzkörpergeschehen. Die Zellen aller Organe fühlen und wollen. Mein Glaube ist körpereigenes Wissen. Mein Wissen beruht auf Glauben. Glaube heißt für jeden von uns, „es ist". Wenn ich also glaube, ist der Inhalt meines Glaubens eine Realität für meinen Körper. *Realität* ist das Gegenteil von *Wahrscheinlichkeit*. Also wird beim Glauben entsprechend den Kapiteln „Bewußtsein steuert die Materie" und weiteren die Kraftwirkung der Photonen ausgelöst. Das heißt, die virtuellen Photonen sind energetisch aufgepfropft worden, damit sie als reale Photonen, in Resonanz mit der Nachbarschaft, Information senden können; Materie wird somit beeinflußt.

Deshalb: ***„Der Glaube kann Berge versetzen."***

Nun entsteht nicht jedes Mal, wenn wir glauben, eine makroskopische Veränderung der Materie (das wäre fatal), obwohl dies im Prinzip möglich sein sollte. Machen wir etwas falsch?

Wie sieht der Glaube aus, den Jesus laut Bibel bei einigen Menschen induzieren konnte und der dann tatsächlich Heilung bewirkte, also makroskopisch Materie veränderte? *„Gehe hin, Dein Glaube hat Dir geholfen."*

Glaube als Werkzeug zur Kollabierung der Wahrscheinlichkeitswelle (Realitätserzeugung) erlaubt keinen Zweifel. Zweifel ist mit purem Glauben nicht vereinbar. Ich muß fest überzeugt sein, mehr noch: Ich muß wissen, daß die Erfüllung einer Beziehung (Verfestigung) existiert. Der Vorgang, der Realität werden soll, darf keinesfalls analytisch zerlegt werden, sondern muß, entsprechend der Hierarchiesprache (gleichzusetzen mit Verfestigungs-Kette), als Ergebnis feststehen. So wie glauben am Willen partizipiert, so wird der Wille vom Glauben mitgesteuert. Die Besonderheit des freien Willens ist, daß er aus dem „Nichts" heraus entstehen kann. Das heißt, die Entscheidung etwas zu tun, zum Beispiel den Arm zu heben, entsteht ohne Reiz, also ohne auslösende Energiezufuhr aus einer bereits vorhandenen Nervenerregung. Das ist höchst sonderbar. Dieser Vorgang erinnert an eine Parallelität im Quantenbereich des Vakuums, an die Aussendung von virtuellen Photonen aus dem Nichts ohne jede Energiezufuhr. Bei einer Isolierung des Systems im leeren Raum geschieht dies als Wellenfunktion ununterbrochen ohne materielle Konsequenz, sozusagen als *Stand by*-Signal. Aber sobald in der Umgebung Resonanz in Erscheinung tritt, wird aus dem „Stand by der Möglichkeit" Realität. Bei der Möglichkeit einer Resonanz ergeben sich augenblicklich materielle Konsequenzen in Form von Bindungskräften zwischen Atomen, zwischen geladenen Strukturen, also auch zwischen Molekülen. Demnach wäre der freie Wille die Ausnutzung des „Stand by der Möglichkeiten" unter Verwendung des Bewußtseins, das wir bereits als Hersteller von Beziehungen und der Steuerung der Vakuumenergie bezichtigt hatten. Die freie Wille-Funktion „Arm heben“ ist gestartet und läuft über angeborene Struktur-Resonanz-Verstärker-Kaskaden automatisch weiter.

Der Einsatz des Glaubens und des Willens könnte demnach identisch sein mit der Steuerung der virtuellen/realen Photonenausschüttung aus Elektronen heraus mit Hilfe der Skalarfeld-Matrix, wobei die Steuerung selbst ein Kohärenzphänomen darstellen müßte. Ein Hinweis für die Richtigkeit dieses Modells könnte die Spin-Stellung der Teilchen und das Verhalten der Elektronen aufgrund des Glaubens des Experimentators sein (siehe Kapitel „Bewußtsein steuert die Materie“).

Gefühl, Glaube und Bewußtsein sind Teil des Geistes. Doch wo ist nun der Geist? Entsteht er in meinem Körper oder ist er unabhängig von mir bereits vorhanden? Habe ich Zugriff auf den Geist auch ohne Körper? Ist vielleicht mein „Ich“ ein holographischer Ausschnitt eines universalen Geistes?

Diese Fragen werden nicht das erste Mal gestellt. Grob genommen gibt es zwei Anschauungen hierzu:

1. Reduktionismus:

Bewußtsein ist eine zwangsläufige Folge der Aktivität von Nervenzellen im Gehirn. Bewußtsein (und/oder Geist) ist ein Produkt der Materie ab einem gewissen Grad von Komplexität. Einfache Organismen haben aufgrund simpler Informationsstrukturen deshalb auch kein komplexes Bewußtsein.

2. Dualismus (Eccles):

Der Geist existiert unabhängig vom materiellen Gehirn. Über seine Entstehung weiß man noch nichts, aber er ist nicht von der Entstehung des Gehirns abhängig. Beide Ebenen – Geistebene und Gehirnebene – wechselwirken miteinander. Das heißt, der Geist kann die Aktivität von Neuronen im Gehirn steuern und so zum Beispiel Muskelbewegungen auslösen. Umgekehrt kann er den Nervenzellen Information entnehmen, beispielsweise über momentane sensorische Inputs der Sinnesorgane.

Die zweite Anschauung erinnert sehr an unsere intelligenten unsterblichen Elektronen. Was ist nun richtig?

Wir müssen uns an die Antwort herantasten. Zuerst einmal gibt es ein Mißverständnis, das beseitigt werden muß. Das Wort Bewußtsein wird zu breit benutzt. Wir wollen differenzieren:

Tages-Bewußtsein

Das Gegenteil ist Bewußtlosigkeit.

Wir wollen dieses Bewußtsein beschreiben als ein Wahrnehmen (Spüren) der Tätigkeit der Großhirnatome, die Wechselbeziehung mit Quanten unserer Materie und Quanten außerhalb des Körpers.

Ort des Primärgeschehens des Tagesbewußtseins sind wahrscheinlich die Mikrotubulisysteme. Alle Zellen haben Mikrotubuli. Sie bilden kilometerlange Hohlröhren, die als Hohlraumresonatoren elektromagnetische Schwingungen leiten können. Durch Anästhetika, also durch Betäubung, werden Mikrotubuli-Leitsysteme außer Gefecht gesetzt – wir verlieren unser Bewußtsein, einschließlich bewußter Erinnerung. Das Tagesbewußtsein wird hauptsächlich durch meine Erfahrungen beeinflußt. Erfahrungen korrelieren mit meinem Glauben – es entsteht ein subjektives Wissen, das einen „es ist" – Zustand für meinen Körper darstellt.

Glaube läßt keinen Zweifel zu, er verfestigt das subjektive Wissen und die Realität. Der so entstandene Zustand entspricht der Dauerbeobachtung eines Quantensystems, das keine Wahrscheinlichkeitswellen zuläßt. Das bedeutet: Tagesbewußtsein moduliert, determiniert und organisiert mit Hilfe aller Urkräfte, also mit diversen Energien, mit Materie und mit Resonanz – das erschafft die Realität.

Das Wort Realität entstand ursprünglich aus *res* (Ding) und *revi* (denken), und kann übersetzt werden als: „*Alles, woran du denkst.*"

Realität ist, was wir „als wahr seiend" denken. Und was wir „als wahr seiend" denken, als wahr (an)nehmen, bestimmt unseren Glauben.

Was wir glauben, basiert auf unseren Wahr-Nehmungen. Wahr-Nehmungen basieren auf ausgewählten Beziehungen. Beziehungen werden über Ziele gesetzt. Ziele beruhen auf unserem Denken. Was wir denken, wird durch das bestimmt, was wir wahr-nehmen. Was wir wahr-nehmen, bestimmt was wir glauben. Was wir glauben, halten wir für wahr, nehmen wir für wahr. Was wir für wahr nehmen, ist unsere Realität.

Wir kommen nicht aus dieser Mühle heraus. Andere Autoren haben diese Spirale in ganz ähnlicher Weise auch schon dargestellt. Realität ist Glaube; Glaube ist subjektive Realität. Daraus besteht unser Alltagsbewußtsein. Objektive Realität gibt es für uns nicht.

Schlaf-Traum-Bewußtsein

Hier dominiert das Entkoppeln der Inputs. Es ist ein Wahrnehmen (Spüren) der Eigenbeziehungen der Atome einiger Gehirnareale mit einem Teil angeschlossener Körper-Verbindungen. Viele dieser Verbindungen vom Gehirn in meinen Körper hinein sind, ebenso wie die Inputs einiger Sinnesorgane, abgekoppelt, zum Beispiel die Verbindung der Skelettmuskel (Innervation). Traumgeschehnisse sind genau so subjektive Realität für den Körper, wie das Tagesbewußtsein. Um zu verhindern, daß wir uns im Traum verletzen, wird die Gehirnsteuerung der Arm- und Beinmuskulatur abgeblockt. Deshalb können wir im Traum nicht herumirren (Ausnahme sind Schlafwandler), aber alle anderen Aktivitäten des Körpers sind subjektiv real.

Die Folge der Entkopplungen sind weniger makroskopische Resonanzbeziehungen, weniger Materiebindung und dafür mehr Freiheitsgrade für Resonanzen mit freien Elektronen, ausgehend von Nervenmembranen, also mehr Fernwirkungsmomente.

Nahtod-Bewußtsein

Diese Form des Bewußtseins ist gekennzeichnet durch noch weitergehende Entkopplung des Geistes vom materiegebundenen Resonanzgeschehen. Zusätzliche Aktivität freier Elektronen (Freier Radikale) findet statt. Das bedeutet entsprechend dem vorher Erwähnten: vermehrte Aktivität im universellen Raum-Zeitgeschehen. Es ist ein Wahrnehmen (Spüren) der „Bewußtseinssphäre" der Atome und Elektronen außerhalb der Körpermaterie. Der Kardiologe *Michael Sabom* hat systematische Untersuchungen zu Nahtoderfahrungen angestellt. Er hat dabei alle strengen wissenschaftlich-methodologischen Kriterien, die heute bei psychologisch relevanten Experimenten anzulegen sind, beachtet. Wenn Lebensvorgänge sich dem Tod zuwenden, dann wird das Bewußtsein von seinem materiellen Substrat im Gehirn befreit. Die Erfahrungssammlung gelangt in ein neues Stadium. Nerven bekommen keine Energie mehr und stoppen ihre Arbeit. Das allerdings ist kein Beweis dafür, daß der menschliche Geist damit aufhört zu existieren. Energie und Gefühl sind verknüpft.

Um weiterhin nach dem Geist in uns zu suchen, wollen wir in uns hineinhorchen, um herauszufinden, wie ein Gedanke entsteht:

Das Gehirn, in dem wir die Entstehung eines Gedankens erwarten, ist beschreibbar – Milliarden Nervenzellen, Synapsen und Transmitter zaubern etwas zurecht. Nehmen wir an, wir bauen so ein System technisch analog mit künstlichen Teilen exakt funktionierend auf und lassen dieses Robotersystem auf Reize antworten. Lebt dieses Gehirn dann? Hat es ein Bewußtsein, ein Tages-, Traum-, Nahtodbewußtsein? Würde es sich freuen und ärgern über sensorische Eingaben, so wie das biologische Gehirn?

Wenn wir der Meinung sind, daß dem nicht so ist, dann müssen wir herausfinden, was also die Erfahrung des Geistes ausmacht, denn das ist es ja wohl, was uns von der Erlebniswelt des Roboters trennt. Versuchen wir es. Analysieren wir einmal in Zeitlupe, wie so ein bewußtes Erlebnis durchgesteuert wird:

1. Wir denken, erkennen gedanklich, gefühlsmäßig (A-Gefühl) ein Ziel, eine Situation, ein Geschehen, zum Beispiel die Trennung einer engen Beziehung.
2. Jetzt entwickelt sich ein neues Gefühl (B-Gefühl), das motivativ bewirken soll, die Situation dem Körpergeschehen anzupassen, das Geschehen zu würdigen (das Ziel zu erreichen), zum Beispiel im hier dargestellten Fall *Traurigkeit*.
3. Aufgrund des B-Gefühls wird jetzt (evtl. außerhalb des Gehirns) Materie gesteuert; periphere Nervenaktivität, Transmitterausschüttung mit hoher Verstärkerwirkung, zum Beispiel werden Tränen gebildet und ausgeschüttet, wir weinen.
4. Aufgrund der Materiesteuerung mit Transmitterausschüttung ergeben sich Folgegefühle durch aktivierte Hormone im Feedback-Loop (C-Gefühl), zum Beispiel *Erleichterung*.
5. Das Erleben und Wahrnehmen der Beziehungen 1. bis 4. wird zur Erfahrung.

Wir suchen nach Parallelen zwischen unserer Gefühlswelt und dem Quantengeschehen. Dabei stellen wir fest: nicht viel anders, als die oben aufgezeigten Geschehnisse 1. bis 5. verläuft die Elektronenkommunikation aufgrund der Absorber-Theorie. Tatsächlich haben Gefühle, Glaube und Geist einerseits und Elektron/Quant andererseits verblüffende Parallelen. Gefühle, Glaube und Geist unterliegen quantenmechanischen Gesetzen: Unschärfen, Komplementaritäten, Quantensprüngen, Nichtlokalitäten. Die Unschärfe können wir selbst ausprobieren: Stellen wir uns die Aufgabe, unser momentanes Gefühl zu analysieren. In dem Augenblick, in dem wir das machen, ist das Gefühl plötzlich verschwunden und hat einem neuen Gefühl Platz gemacht – einer Art Neugier oder Motivation. So wird es uns immer ergehen. Ein Gefühl läßt sich durch den Intellekt nicht bestimmen. Konzentrieren wir uns dagegen auf eine rein intellektuelle Handlung, dann werden die Gefühle verdrängt. Gefühl und Intellekt sind komplementär, es gilt die Unschärfe. Diese Unschärfe ist über die Messung des Widerstandes an Schweißdrüsen sogar gut meßbar.

David Bohm hat ein ähnliches Beispiel: Wenn wir uns auf den Inhalt eines Gedankens konzentrieren, dann verlieren wir die Richtung aus dem Auge in die der Gedanke gerade gehen will. Konzentrieren wir uns allerdings auf die Richtung des Gedankens, sehen wir seinen Inhalt weniger genau. Ein Gefühl und eine Empfindung sind zwei völlig verschiedene Vorgänge. Ein Gefühl wird nicht wahrgenommen, es ist eigenständig agierend. Bei einer Empfindung wandern Elektronen von einem Ort zu einem anderen. Die Empfindung entspricht einer quantenphysikalischen Ortungsmessung mit dem Wahrnehmungsapparat. Erinnern wir uns nochmals an das Modell, wonach Elektronen unter anderem uns Menschen aufbauen, um Erfahrungen zu sammeln. Für uns Menschen (und für Elektronen in uns) gibt es zwei Arten von Erfahrungen.

a) Erfahrungen, wie sie bewußt seit unserem höheren Embryostadium gesammelt werden,

b) Erfahrungen, die Jahrmillionen in die Vergangenheit reichen und als Erlebnisse unserer Vorfahren via Gefühlswelt vererbt werden.

Diese Erfahrungen wirken im täglichen Leben unbewußt als permanente Gefühlsinduktoren und verwenden Symbolsprache.

Psychosomatik

Wir sind gewohnt, mit der Sprache zu kommunizieren. Worte haben Bedeutung, und das wird umgesetzt in Sinn und Aktion. Elektronen in uns produzieren zwar die Sprache und entschlüsseln den Sinn, sie können aber nicht direkt mitreden. Wenn Nachrichten von Elektronen direkt durchgesteuert werden sollen, gelingt dies durch das Gefühl. Wenn ich das Gefühl der Mattigkeit oder Erschöpfung als Aufforderung verstehe, werde ich, falls möglich, mit einer Entspannungspause antworten. Mache ich das rechtzeitig und ausreichend, so wird das Gefühl gelöscht und macht einem anderen Gefühl Platz, wie Leistungsbereitschaft und Motivation, was wieder zu einer Antwort des Körpers führt. Die Unschärfetheorie ist anwendbar auf die Gefühlswelt: Intellektuelles Denken und Gefühle schließen sich aus, wie mit dem sogenannten Lügendetektor meßbar ist. Wir haben das Methodenprinzip optimiert und unser Gerät zeigt jede Gefühlsregung an. Die Anzeige läuft Richtung neutral, wenn dem Probanden (Versuchsperson) eine leicht zu bewältigende intellektuelle Aufgabe abverlangt wird.

Was ist Träger dieses Geschehens?

Wir wissen aus der Quantenphysik: Die Lage eines Objekts im Raum ist seinem Impuls komplementär. Um also zu erkennen, wo ein Ding ist, muß man auf die Erkenntnis verzichten, wie es sich bewegt und in welche Richtung es sich bewegt.

Zwischen Impuls und Wellenlänge eines Quants existiert der gleiche Zusammenhang, wie zwischen Energie und Schwingungsdauer: 1/Wellenlänge = räumliche Frequenz (k) = Impuls; ($1 = hk$) 1/Schwingungsdauer = zeitliche Frequenz (f) = Energie; ($E = hf$); h ist die Planck-Konstante (Wirkungsquantum).

Wir können daraus das Analoge für unsere Gefühlswelt ableiten: Gefühle entsprechen dem Impuls und der Energie. Gefühle sind elektromagnetische Schwingung. Intellekt entspricht der Orientierung im Raum, der Ortsgenauigkeit.

Weiterhin ist bekannt: Zeit ist nur bestimmbar, wenn die Energie unbestimmt bleibt und umgekehrt. Für die Psyche gilt entsprechend den Ergebnissen der Methode *Lügendetektor*: Intellektuelles Denken ist nur bestimmbar (festlegbar), wenn Gefühle unbestimmt bleiben und umgekehrt. Analogisieren wir diese beiden Aussagen, dann folgt: Zeit und Ort = (intellektuelles) Denken.

Energie und Impuls = Gefühle

Wir wissen bereits aus unserer eigenen Erfahrung: Denken verläuft folgerichtig, logisch, das heißt, in der Zeit hintereinander und im Raum adäquat. Gefühle dagegen steuern unsere Energie. Da Gefühle – wie eben aufgezeigt – selber mit Energie gleichzusetzen sind, funktioniert dies völlig problemlos. Die Änderung der Zell-Energie korreliert mit der Änderung eines Gefühls. Die Änderung eines Gefühls korreliert mit der Änderung der Zell-Energie. Energietransformation heißt daher Gefühlstransformation.

Ist die vorhandene Energie deutlich geringer als die für die psychische Bewältigung der Situation notwendige Energie, dann wird das Gefühl nicht nur rechnerisch negativ, sondern auch psychisch. Das hat Konsequenzen für alle Körperfunktionen. Wenn der Zustand über längere Zeit anhält, dann sieht die Zukunft für den betroffenen Organismus nicht gut aus. Negative Gefühle wirken nachweislich destruktiv, vor allem auf das Immunsystem. Ein niedriger Zellenergie-Level hat auch aus einem anderen Grund massive Auswirkungen auf die Psychosomatik (siehe auch „Risiko Wohlstandsleiden"): Unsere vegetativen und hormonellen Regulationen verlaufen normalerweise weitgehend automatisch über Regelkreise. Gut funktionierende Regelkreise benötigen zur Stabilität die laufende Zufuhr hoher Energiebeträge, und das über die gesamte Regelkreisstrecke an jeder Stelle. Fällt nur an einer Stelle die Energieproduktion und Zufuhr aus, dann ist der Regelkreis nicht mehr geschlossen und ist auf Hilfe angewiesen oder bricht völlig zusammen. Gefühl und Glaube sind Teil der Psyche, also des Verhaltens. Die Psyche mit Gefühl und Glaube ist physiologischerweise ein starker Modulator der Regelkreisenergie. Ein stabiler Regelkreis läßt sich durch die Psyche nicht durcheinanderbringen. Völlig anders ist ein energetisch geschwächter Regelkreis. Hier übernimmt fast ausschließlich die Psyche das Sagen. Wenn also die Zellenergie ATP zur Aufrechterhaltung von Resonanzfunktionskreisen (das ist nichts anderes als ein Regelkreis) weniger wird, dann kommen die Psychokräfte stärker ins Spiel. Mit dem ganzen Register, das der Psyche zur Verfügung steht, kann dann zwischen Angst, Unruhe, Nervosität und – wenn strategisch trainiert – Gelassenheit, Selbstwertgefühl und Ruhe hin- und hergeschaltet werden mit allen Folgeerscheinungen. Da mit höherem Alter die Regelkreise aufgrund von Energiemangel instabiler werden, ist bei älteren Menschen der Einfluß der Psyche, der Gefühle, des Glaubens und – daran gekoppelt – der Erinnerung deutlich stärker als bei jungen Menschen. Zu diesem Zeitpunkt besitzen die Älteren durch viele Jahre an Erfahrungen mehr oder weniger „Weisheit". Sie gönnen sich durch mehr Erinnerung und Imagination vorrangig gute Gefühle, die der Regelung des Körpers nun zugute kommt. Die Verinnerlichung ist die Vorbereitung zum Ablösen von der Realität, der Materiebildung und eine Hinwendung zur Energie. Alte Kulturen und Naturvölker weisen diesen Weg auf. Dieser Zusammenhang ist heute offensichtlich allgemein nicht erkannt worden, denn bei jungen und alten Menschen nehmen gleichermaßen psychosomatische Funktionsstörungen rapide zu.

Haben sich die Betroffenen in eine Angstspirale eingeklinkt, dann wird die Außenwelt abgeschottet, da die Körpersensationen aufgrund des Angstgefühls die ganze Aufmerksamkeit binden und damit unweigerlich die Verfestigung bewirken. Ein Ausklinken aus der schädigenden Spirale ist nur möglich, wenn das Körperinteresse auf Außenkurs gebracht werden kann. Dann ergibt sich die Chance, daß das Angstgefühl ausgetauscht wird, gegen Neugier, Explorationsdrang, Motivation und Interessen. Das heißt, zur Außenwelt hin werden neue Realitäten geschaffen, und die Dauerbeobachtung der Angstfolgen, die immer die Ausbreitung einer neuen Wahrscheinlichkeitswelle blockiert, wird abgeschaltet. Wenn alles gut geht, kann nun die Innenwelt auf einer „frischen" Energiewelle laufen. Auch die Dominanz des negativ-psychisch kontrollierten Eigenfeedbacks wird abgebaut. Alles läuft automatisch harmonisch bis zum nächsten „Anfall". Die betroffenen Menschen spüren intuitiv, daß es etwas gibt, was ihnen die notwendige Ruhe bringen kann, können es aber nicht greifen.

Weitgehend unbekannt ist auch, daß es angeborene Glücksgefühle mit archaisch bestimmten Merkmalen gibt: Duft von Heu (Cumarin), grüne Vegetation, klares und plätscherndes Wasser, Vogelgezwitscher... In Unkenntnis dessen, was ihnen fehlt, hängen die Menschen sich an die Esoterik. Zweifellos nutzen die „Gurus“ dieser Welle geschickt die natürliche Sehnsucht der Menschheit nach Übersinnlichem aus, oft zum eigenen kommerziellen Vorteil. Unabhängig davon muß man sich fragen, ob die Sehnsucht nach Kenntnis der Kräfte, die hinter unseren Lebensphänomenen stehen, nicht ernster genommen werden muß. So, wie das ganze Gebiet sich darstellt, könnte möglicherweise vielen Menschen in psychischer Not geholfen werden.

Kehren wir nun zurück zur Projektion unserer Gefühlswelt aus der Quantenwelt heraus.

Was also ist der Geist?

Aus allem, was wir uns bisher spekulativ erarbeitet haben, ist folgende Erklärung des Geistes plausibel:

- Der Geist ist die sich laufend verstärkende Asymmetrie in der Matrix des Subquantenfeldes und der Raum-Zeit (analog Gravitation, analog Skalarfeld, analog Higgs-Feld).
- Der Geist ist eine intelligent sich fortentwickelnde „Störung“ der Gleichförmigkeit dieser Felder.
- Der Geist wirkt im Vakuum und baut Materie, einschließlich uns Organismen auf, um vielfältige „Erfahrungen“ zu berücksichtigen.
- Der Geist hat Zugriff auf die Gesamtheit aller Elektronen.

In dieser Sichtweise sind wir Teil des Geistes und sind deshalb an seiner Universalität beteiligt. Das Bewußtsein ist allgemein der aktuelle Zugriff auf die Schaltstelle im Vakuum zur Herstellung von Beziehungen und Erzeugung der Realität. Die Gedanken und Vorstellungen sind die Momente, in denen in unserem Körper energetisch die virtuelle Welle zur Realität, zur Manifestation aufgeladen wird (Spin-Beeinflussung).

Der Wille adressiert die Angebotswelle und akzeptiert die Bestätigungswelle. Das heißt, er dirigiert das Resonanzziel und die Reflexion, also das Feedback. Der Glaube, das körpereigene Wissen, die Erfahrung, manifestiert und verfestigt Quelle und Ziel einer Interferenzschwingung, repräsentiert also den Ist-Zustand durch eine Art „Dauerbeobachtung". Der Neurologe *Bacsi Laszlo* meint, daß wir nur sensibel für Quanten-Vakuum-Wechselwirkungen sind, wenn chaotische Momente und nicht stabile Regelmomente vorherrschen. Diese Meinung stimmt mit meiner Darstellung überein. Wenn stabile Regelkreise vorliegen, kann es keine Veränderung durch Einwirkung geben, da feste Resonanzbeziehungen (Verfestigungen, Beobachtungen) existieren. Drogenkonsum schafft Chaos in den mit Hilfe der DNS geordnet aufgebauten Organismus. Neue, ungebahnte Resonanzmöglichkeiten werden möglich. Deshalb werden beim Drogenkonsum vermutlich die Chancen zur Einwirkung in die Vakuumenergie erhöht.

Es sind nun zwei Möglichkeiten denkbar in der Beherrschung der Vakuumenergie:

1. Wille und Glaube des Individuums regeln selbständig mit Hilfe des Gehirns die Energiezufuhr in das Vakuum, wobei über den „Vakuumschalter" aus den vorhandenen, dauernd tastenden virtuellen Quanten reale gemacht werden. In der Folge ergibt sich Realitätsbildung (das entspricht einer Weiterführung des Reduktionismus).
2. Wille, Glaube, möglicherweise auch Gefühlskräfte sind Teile des Geistes und universell bereits vorhanden. Zur Steuerung der Vakuumenergie werden diese „Muster" mit Hilfe des Gehirns, als eine Art Kanalisierung, zum Nutzen des Individuums verwendet (das entspricht in etwa Eccles Vorstellungen, also einer Weiterführung des Dualismus).

Welche dieser beiden Möglichkeiten stimmt, kann unmöglich heute festgelegt werden. Alte Traditionen favorisieren die 2. These. Und wenn man daran denkt, daß mehrere Nobelpreisträger und Erfinder berichten, daß ihnen der entscheidende Fortschritt ohne jede intelligente Anstrengung, manchmal sogar im Traum „ein-gefallen“ ist, dann ist die Vorstellung eines universell vorhandenen Geistmusters, das Wissen und Glauben hervorbringen kann, nicht einmal ganz abwegig. Einige Zitate bedeutender Physiker zu diesem Komplex:

Sarfatti: „*Wir haben erkannt, daß Bewußtsein und Energie eins sind...*“

Jung: „*Psyche und Materie sind aus demselben Stoff.*“

Eddington: „*Der Stoff der Welt ist Geist-Stoff.*“

Jeans: „*Nimmt man die unterschiedlichen möglichen Beweisführungen zusammen, wird es immer wahrscheinlicher, daß Realität mit „geistig“ treffender beschrieben wird als mit „materiell“. Das Universum scheint einem großen Gedanken ähnlicher zu sein als einer großen Maschine.*“

De Broglie: „*Physik, Metaphysik, Fakten und Ideen, Materie und Bewußtsein sind ein und dasselbe.*“

Planck: „*...es gibt keine Materie, sondern nur ein Gewebe von Energien, dem durch intelligenten Geist Form gegeben wird...*“

Heisenberg: „*Die übliche Teilung der Welt in Subjekt und Objekt, Innenwelt und Außenwelt, Körper und Seele ist nicht mehr angemessen.*“

Wenn unser Bewußtsein im Experiment Spins ausrichten kann, dann heißt das physikalisch, daß unser Bewußtsein Kräfte sogar über die Grenzen unseres Körpers hinaus dirigieren kann. Sind wir Wesen mit freiem Willen, die das Universum erkunden wollen, oder sind wir nur Werkzeuge, mit deren Hilfe das Universum sich selbst erkunden will? (vergl. Gribbin u.a.)

Einstein: „*Jeder, der sich ernsthaft mit der Wissenschaft beschäftigt, gelangt zu der Überzeugung, daß sich in den Gesetzen des Universums ein Geist manifestiert – ein Geist, der dem des Menschen weit überlegen ist, und angesichts dessen wir uns mit unseren beschränkten Kräften demütig fühlen müssen.*“

Wheeler: „*Wir erschaffen zwar subatomare Teilchen, und damit das ganze Universum – aber umgekehrt erschaffen sie auch uns. Eins erschafft das andere im Rahmen einer selbstregulierenden Kosmologie.*“

Grobdarstellung:

Teil des Geistes sind Gedanken, Vorstellungen, Gefühle und der Glaube. Der Geist kann Spin-Einstellungen beeinflussen. Die Energie, die notwendig ist, um Spin-Einstellungen zu beeinflussen, kann in bestimmten Fällen 10^{-13} mal kleiner sein, als bisher allgemein zu anderen Beeinflussungen verwendet. Ort der Energieübertragung ist das Vakuum. Elementare Wirkung der Beeinflussung: Aus virtuellen Energiephänomenen werden durch Energiezufuhr und Aufpfropfung auf virtuelle Photonen reale Zustände.

Die Beeinflussung der Vakuumenergie durch Gedanken, Vorstellungen, Gefühle und Glauben funktioniert über die Grenzen unseres Körpers hinaus. Ursache für die Fernwirkung ist die „Nichtlokalität“. Nichtlokalitätseffekte lassen sich mit Feynmans *Absorbertheorie* erklären. Sie werden besonders effektiv durch Kohärenz (Doppel- oder Mehrphotonen mit jeweils entgegengesetzten Spin-Ausrichtungen, die in der Summe null ergeben und eine Einheit darstellen). Modell der Verfestigungs-Kaskade (Realitätsbildung) unter Beteiligung des Bewußtseins

Feindarstellung:

Gedanken sind potentiell eingeprägt im *Higgs-Feld* (Subquantenfeld, Skalarfeld). Gedanken werden von Elektronen getragen, die ihre Eigenschaft verändern, zum Beispiel ihre Bewegungsrichtung, Polarisation, Spin. Die Änderung der Eigenschaften der Elektronen ist mit der Aussendung von realen Photonen verbunden, die vorerst als kugelförmig sich ausbreitende, elektromagnetische Schwingung betrachtet werden müssen. Elektromagnetische Schwingungen breiten sich als Welle kugelförmig aus und erhöhen damit raumübergreifend die Wahrscheinlichkeit auf Absorptionsstrukturen, auf Resonanz zu stoßen. Die Welle trifft auf virtuell aktive, kurzlebige Vakuumeruptionen, die zum Teil in

Polarisation und Frequenz in Resonanz mit der eintreffenden Welle liegen. Es findet eine Energieübertragung statt.

Die virtuell aktive, kurzlebige Vakuumeruption wird durch die Energieaufladung zu einer elektromagnetischen Welle mit Fernwirkung, die ihrerseits Elektronen anregen kann. Alle Elektronen können antworten. Durch die „Echoaussendung“ der neu angeregten Elektronen (avancierte Welle in die Vergangenheit) kommt es zur Verfestigung, zur Realität. Die Auswahl der geeigneten Elektronenkonfigurationen, das heißt, die Einengung der Möglichkeiten, geschieht durch „Adressing“. Der Verfestigung liegt primär eine Spin-Feinausrichtung zugrunde. Die Fernleitung im Organismus verläuft konduktiv von Molekül zu Molekül mit jeweiliger Verstärkung über die vorher dargestellte kugelförmige Wellenausbreitung. Die molekulare Wirkung besteht im „Öffnen spezifischer Tore“, wodurch eine Schar weiterer Signalgeber freigesetzt wird (zum Beispiel Neurotransmitter). Jeder Neurotransmitter ist Sender neuer elektromagnetischer Wellen und bewirkt vielfältig weitere Verstärkung, das heißt, daß diverse Antennen reagieren. Dieses Prinzip kann wieder und wieder fortgesetzt werden. Dadurch entstehen makroskopisch projizierte Wirkungen.

Warum nimmt das Gehirn eine Schlüsselposition ein? In jedem menschlichen Gehirn befinden sich mehr als 10^{15} organische Großmoleküle. Allein in der Hirnrinde befinden sich pro Kubikzentimeter etwa sechs Kilometer Nervenleitung. Es gibt 10 Milliarden Hirnzellen, jede hat durchschnittlich 10.000 Verbindungen. Möglicherweise verlieren wir täglich 10.000 dieser Zellen, was bedeutet, daß in 24 Stunden mehr als 100 Millionen Netzverbindungen ausgelöscht werden. Im Alter macht sich der Verlust schließlich bemerkbar.

Gliazellen (*Glia*, griech. Klebstoff) sind 10 mal mehr vorhanden als Nervenzellen. Die Gliazellen spielen sowohl im Gedächtnis, als auch als immunkompetente Zellen eine Rolle. Das Gehirn entspricht 2% unseres Körpergewichts, verbraucht aber 20% des aufgenommenen Sauerstoffs. Der Energieverbrauch beträgt zirka 20 Watt. Man kann leicht errechnen, daß ein Gehirn in der spezifischen Dichte der Energieumwandlung 100.000 mal intensiver arbeitet als unsere Sonne. Bei einer

Gehirnmasse von 1,35 kg verarbeitet das Gehirn freie Energie mit einer Dichte von 20 Watt/1,35 kg; also beträgt die spezifische Dichte 15 Watt/kg. Die Sonne dagegen verwandelt nukleare Energie in elektromagnetische Strahlung mit der spezifischen Dichte von nur 0,2 mW/kg Sonnenmasse.

Gehirnzellen sind Gliazellen und Nervenzellen. Was zeichnet eine Nervenzelle aus? Nervenzellen sind Zellen mit relativ langen Fortsätzen. Diese Fortsätze vergrößern die Oberfläche der Zelle. Die Oberfläche wird von funktionellen Membranen repräsentiert.

Die Membranen sind zur Abgabe niedrig gepulster Hochfrequenzschwingung fähig, die lokal kohärent ist.

Stellen Sie sich einen Weihnachtsbaum im abendlich erleuchteten Stadtzentrum mit vielen künstlichen Lichtern vor. Wenn alle Kerzen zufällig durcheinanderblinken, dann ist der Weihnachtsbaum mit zunehmender Entfernung im Lichtermeer der vorüberfahrenden Autos bald nicht mehr erkennbar. Wenn aber 99% aller Kerzen zufällig an- und ausschalten, dagegen 1% synchron als Gruppe blinkt, so werden wir die Gruppe noch aus großer Entfernung klar vor dem Hintergrund identifizieren können. Wenn ein großes Neuronenkollektiv im selben Takt, also kohärent funkt und sich mit einer anderen Neuronenkollektivsendung überlagert, dann ergeben sich momentane Superpositionen. An den Stellen, bei denen sich alle Felder aufaddieren, wird es am hellsten (das bedeutet: höchste Leistung). Diese Muster sind das jeweilige Abbild subjektiver Wirklichkeit. Im gesamten Gehirnbereich befinden sich deshalb dauernd leistungsstarke Interferenzmuster. Gezielt moduliert wird diese von Membranen ausgehende Hochfrequenzschwingung von vielfältigen elektromagnetischen Schwingungen, die zusätzlich von Neurotransmittern ausgehen. Das sind spezielle Moleküle, die winzige Spalten zwischen den Fasern überbrücken. Während die Überlagerungen aller niederfrequenten Pulse im Gehirn als Elektroenzephalogramm (EEG) abgegriffen werden können, analog zum Elektrokardiogramm des Herzmuskels, werden die **Hochfrequenz-Schwebungen bisher unbeachtet gelassen.**

Die Methode zur gängigen Untersuchung der elektromagnetischen Eigenschaften des Gehirns ist dringend erweiterungsbedürftig. Die Signale des Herzens werden neuerdings auf Hochfrequenzanteile untersucht mit einer unerwartet hohen Ausbeute an Zusatzinformation. Das wäre auch beim Gehirn zu erwarten. Die Methoden befinden sich aber noch im Versuchsstadium. Gruppen von Neuronen feuern chaotisch. Das heißt, dem Aktivitätsmuster liegt eine verborgene Ordnung zugrunde. Wie alle chaotischen Systeme reagieren die Muster extrem empfindlich auf geringste Einflüsse.

Mit anderen Worten: Das Gehirn ist ein Konglomerat aus Schwingungsmustern und Photonen/Quanten unterschiedlichster Energie mit der Tendenz zum plötzlichen Umkippen des Musters. Da diese Schwingungsmuster und Energien von wasserhaltigen Geweben absorbiert werden können, gibt es Hohlleiterresonanzsysteme, welche die Energien kanalisieren und an die richtigen Zielstrukturen leiten.

Nach *Hameroff* schaltet Anästhesie das Bewußtsein dadurch aus, daß die Bewegung von Elektronen in den Mikrotubuli gehemmt wird. Die Gehirnhälften der Hirnrinde verarbeiten Informationen verschieden. Die linke Hirnhälfte versucht die ankommende Information in Worte und Zahlen zu strukturieren und in die Zeitachse einzuordnen (entspricht in unserer Darstellung dem *rationalen Denken*). Die rechte Hirnhälfte erzeugt aus den hereinlaufenden Informationen Bilder und weist den Bildern einen zeitlosen Raum zu (entspricht in unserer Darstellung dem *Gefühl*). Zwischen beiden Gehirnhälften befindet sich ein dickes Verbindungskabel mit 250 Millionen einzelnen Verbindungsfasern. Das Vorderhirn fungiert als Regieanleitung der Kommunikation zwischen beiden Hälften. Zwischen den Hirnhälften gibt es also eine Arbeitsteilung, die einerseits relativ streng Gefühl, Intellekt, Raum und Zeit auseinanderhält, und andererseits diese Komponenten – über das Vorderhirn gesteuert – verknüpfen kann. Gefühl ist der elektromagnetischen Schwingungsenergie zuzurechnen, der Intellekt knüpft direkt an Raum und Zeit, also an die Gravitation. Der Glaube, der sich sowohl des Gefühls als auch des Intellekts bedient, hat Zugriff auf die Energie und fixiert einen Ist-Zustand in der Zeit, sozusagen als „Dauerbeobachtung“ und Verfestigung.

Das *Limbische System* ist der Gefühlsgenerator mit Zugriff auf alle Steuersysteme, die das Leben automatisieren können. Keiner von uns macht sich klar, was Gefühle als Manifestation im Gehirn eigentlich sind. Verfestigt werden Gefühle von einem aktuellen Mosaik bestimmter Moleküle – den Neurotransmittern (und Neuropeptiden). Diese Moleküle werden freigesetzt aufgrund einer bestimmten Reiz- und/oder Erregungskonstellation des Neuronengeflechts, bevorzugt im Gehirn und im daran angeschlossenen Immunsystem.

Die Neurotransmitter beinhalten Information, die an spezifischen Rezeptoren abgesetzt und in der Folge gelesen werden können. Jeder Transmitter hat seine ureigene Botschaft. Die Information ist – wie sollte es anders sein – als elektromagnetische Schwingung codiert.

In jedem Moment werden so an Milliarden Stellen gleichzeitig innerhalb unseres Gehirns elektromagnetische Signale ausgesandt. Alle elektromagnetischen Signale sind mit einem Feld verbunden. Alle Felder überlagern sich gegenseitig, wodurch in jedem Augenblick ein einmaliges Interferenz-Hologramm entsteht. Dieses Hologramm, das auf Kräften beruht, dirigiert die elektrischen Ladungen, also vor allem die freien Elektronen im Gewebe.

Wer und was kann Hologramme abtasten und dadurch das Gesamtsystem erkennen? Sucht man die Antwort auf diese Frage, landet man – entsprechend dem bisher dargestellten – unweigerlich bei den freien Elektronen. Sie können, verglichen mit Ionen, am schnellsten Reagieren, um alle plötzlichen Änderungen des Musters nachzuvollziehen.

Elektronen sind imstande, alle Nachbarelektronen, die mit ihren besonderen Zuständen das Hologramm nachkonstruieren, zu konsultieren und insgesamt mit Angebotswellen abzutasten. Jedes Elektron, das den Abtaststrahl akzeptiert, sendet seinerseits einen Bericht über seinen spezifischen Zustand innerhalb des Hologramms zurück als Bestätigungswelle. So weiß jedes freie Elektron über fast jedes andere freie

Elektron Bescheid. Damit entsteht für alle die Übersetzung des Originals vom Hologramm. Es gibt einen vagen Hinweis darauf, daß dieses Abtasten als Vorleistung zum Bewußtwerden tatsächlich existiert.

Libet und *Feinstein* (San Francisco) erhielten ein aufregendes Ergebnis ihrer Experimente: Das Gehirn beginnt bereits bis zu 1,5 Sekunden bevor die Versuchsperson eine einfache willkürliche Handlung vornimmt – wie beispielsweise eine Hand zu heben – entsprechende Wellen auszusenden, und dies völlig unbewußt.

Das Bewußtwerden der Entscheidung passiert erst 2/10 sec vor Beginn der Bewegung. Nur in dieser extrem kurzen Zeit des Bewußtwerdens kann der Handlungsimpuls noch gestoppt werden.

Die Interpretation dieses Ergebnisses ist:

Die Absicht zu handeln entsteht aus einer Aktivität, die nicht Teil unserer bewußten Wahrnehmung ist. Und: Das Bewußtsein ist der Wächter über die vom Gehirn erzeugten Absichten.

Das paßt zu meiner vorher vertretenen Interpretation, wonach das Bewußtsein lediglich dem Zugriff zur **Steuerung der Vakuumenergien entspricht.**

MOLEKÜLE DER GEFÜHLE

Ein neues Modell des Informationsaustausches: In den sechziger Jahren konzentrierte man sich in der gerade entstehenden Disziplin der Neuropharmakologie auf die Neurotransmitter, die von Nervenendigungen freigesetzt werden, die Synapsen überwinden und einen neuen elektrischen Impuls auslösen. Dieses Geschehen spielt sich in einem fest verdrahteten (Neuron-zu-Neuron) Punkt-zu-Punkt-Schaltschema von hin- und herwandernden Nervenimpulsen ab. Man nahm an, daß alle Gehirnfunktionen, selbst auf den höchsten Ebenen geistiger Tätigkeit, durch die synaptischen Verbindungen zwischen Milliarden von Neuronen bestimmt würden. Danach bilden die Synapsen die Netzwerke und definieren die neuronalen Schaltkreise, deren Aktivität, wie man meinte, jeden Aspekt der **Wahrnehmung, Integration und Leistung bestimmt.** An der Synapse schienen das elektrische und das chemische Hirnmodell miteinander zu verschmelzen. Es gab keine Diskrepanzen, nur verblüffende Übereinstimmungen, als die Neurochemie, die neue Disziplin der Neurotransmitter-Kartierung, die Existenz der zuvor im Gehirn entdeckten neuroanatomischen Schaltkreise zu bestätigen und neue zu entdecken schien. Beispielsweise hatten *Arvid Carlson* und seine Kollegen eine Methode zur Sichtbarmachung der Noradrenalin enthaltenden Nervenendigungen im Gehirn entwickelt. Mit Hilfe des neuen Verfahrens konnten sie erkennen, daß eine Ansammlung bislang unsichtbarer Zellkörper im Rautenhirn (Locus caeruleus) ihre noradrenalinhaltigen Nervenendigungen ins Vorderhirn projiziert und daß alles Noradrenalin im Vorderhirn aus dieser einen Quelle stammt. Weiter zeigte der Psychologe *Larry Stein* von Wyeth Labs und dem Bryn Mawr College, daß das „Lustzentrum“ einen Hirnbereich umfaßt, der bei elektrischer Stimulation Ratten (und Menschen) in einen überreizten Lustzustand versetzt, der sie ihr Bedürfnis nach Nahrung und Schlaf vergessen läßt.

Was die Forscher damals nicht wußten: Die Wirkung der elektrischen Reizung beruhte darauf, daß sie entlang dieser Bahn die Freisetzung von Noradrenalin an den Nervenendigungen hervorgerufen hatte. Wie nachgewiesen werden konnte, verdanken auch Amphetamine und

Kokain ihre Wirkung der Verstärkung dieser „Lustbahn“, indem sie die Rückspeicherung des Neurotransmitters *Noradrenalin* blockieren und ihn dadurch zu viel größerem Kontakt mit seinen Rezeptoren veranlassen, die man damals alle an der Synapse vermutete. Dies war einige Jahrzehnte lang der Stand der Dinge: Die Neurochemiker verifizierten und verfeinerten die Arbeit, die zuvor von den Neuroanatomen geleistet worden war. Wie sich später herausstellen sollte, war dieses jedoch zu einseitig betrachtet.

In weiterer Folge kristallisierte sich eine neue Theorie des Informationsaustausches heraus. Sie überschritt die Grenzen des festverdrahteten Nervensystems und konzentrierte sich auf eine rein chemische, **nichtsynaptische Nachrichtenübertragung zwischen Zellen.**

Das US-Labor am *National Institute of Mental Health* (*NIMH*), das auf die Neuropeptide spezialisiert war, hatte nicht nur ihre Rezeptoren im gesamten Gehirn lokalisiert, sondern Anfang der achtziger Jahre auch ein neues autoradiographisches Verfahren erfunden, mit dem sich feststellen ließ, wo die Neuropeptide gebildet wurden. Dank dieser Technik war es möglich, ein sehr viel umfassenderes Bild zu erhalten. Als *David Miles* die neu gewonnenen Daten über zahlreiche Neuropeptide und ihre Rezeptoren untersuchte, ergab sich eine Nichtübereinstimmung zwischen den neu gewonnenen Ergebnissen und dem bisherigen Modell.

Es stellte sich nun die Frage:

Wenn Peptide und ihre Rezeptoren über den **Synapsenspalt miteinander kommunizieren würden,** dann dürften sie nur durch winzige Abstände getrennt sein. Doch ihre Anordnung entsprach dieser Erwartung keineswegs. Viele der Rezeptoren befanden sich weit entfernt, durch viele Zentimeter von den Neuropeptiden getrennt.

So blieb es zu hinterfragen, wie ihre Verbindung zustande kam, wenn es denn nicht über den synaptischen Spalt geschah. Miles gelangte zu der Überzeugung, daß der größte Teil der Information, die im Gehirn umläuft, nicht von den synaptischen Verbindungen der Gehirnzellen, sondern von der Spezifität der Rezeptoren organisiert wird – mit anderen Worten, von der Fähigkeit der Rezeptoren, nur an einem Ligandentyp zu binden. Miles schätzte, daß sich im Gegensatz zur herrschenden Auffassung der Neuropharmakologen und Neurowissenschaftler weniger als zwei Prozent der **neuronalen Kommunikation tatsächlich über die Synapsen vollzieht.**

Diese Idee bedeutete einen so radikalen Bruch mit der Lehrmeinung, daß seine Beobachtungen zur Nichtübereinstimmung einige Jahre lang ignoriert und auf Artefakte der Kartierungstechniken zurückgeführt wurden. In der Art, wie die Peptide durch den Körper wandern und ihre Zielrezeptoren in Regionen finden, die viel weiter entfernt sind, als man jemals für möglich hielt, hat das Kommunikationssystem des Gehirns große Ähnlichkeit mit dem endokrinen System, dessen Hormone den Körper ebenfalls in jeder Richtung durchqueren können. Die allgemeine Auffassung vom Gehirn und die Metapher, mit denen die Naturwissenschaftler es beschrieben, waren einem fortwährenden Wandel unterworfen.

Die Körper-Geist-Verbindung: Peptide als Träger des Gefühls

In weiterer Folge wurden zahlreiche Alternativen zu den synaptischen Nervenverknüpfungen entwickelt. Allmählich wurde transparent, was durch diese Verbindungen übertragen wurde. So handelt es sich bei den Rezeptoren für Geschlechtshormone, die unerwarteterweise im Gehirn identifiziert und dann jahrelang ignoriert worden waren – offenkundig, um den Mechanismus, durch den Testosteron oder Östrogen, wenn sie während der Schwangerschaft in den Fötus ausgeschüttet werden, die neuronalen Verbindungen im Gehirn bestimmen und die sexuelle Identität des Kindes dauerhaft beeinflussen können. Der international bekannte Psychiater *John Money* von der Johns Hopkins University hatte nachgewiesen, daß sich weibliche Föten unter dem Einfluß von testosteronähnlichen Steroidhormonen (abnorme Produkte der mütterlichen Nebennieren während der Schwangerschaft) eher zu wilden Kindern mit jungenhaftem Verhalten entwickeln, die kein Interesse an Puppen zeigen.

Außerdem ließen sich jetzt dank der Erfindung neuer biochemischer Methoden zahlreiche weitere Nervenverbindungen entdecken. Einen nachhaltigen Einfluß auf die Forschung hatten die wegweisenden Arbeiten, die *Tomaas Hokfeldt* Mitte der achtziger Jahre durchgeführt hatte. Dabei hatte er in dem klassischen autonomen Nervensystem, wie es der Neurologe *Stephen C. Cannon* beschrieben hat, überraschenderweise fast jedes Neuropeptid entdeckt, nach dem er dort gesucht hatte. Neuropeptide waren nicht nur in den Ketten von Nervenganglien zu beiden Seiten des Rückgrats zu finden, sondern auch in den Endorganen selbst. Als die Neurowissenschaftler damit begannen, alle Verbindungen zwischen den Teilen des Körpers exakt zu erfassen, setzte ein Zeitalter der Entdeckungen ein, das heute noch ungebrochen anhält. Tag für Tag gewinnen wir neue Erkenntnisse über peptidhaltige Ansammlungen von neuronalen **Zellkörpern im Gehirn, sogenannte „Kerne"**, die der Ursprung der meisten vom Gehirn zum Körper und vom Körper zum Gehirn verlaufenden Nachrichtenverbindungen sind. Wenn wir den Gedanken akzeptieren, daß Peptide und andere Botenstoffe das biochemische Substrat des Gefühls sind, dann ist ihre Verteilung im Körper von höchster Bedeutung. Die neuere Forschung läßt darauf schließen, daß dem Bewußtsein eine fast unendliche Zahl von Übertragungswegen zur Verfügung steht, um das Unbewußte und den Körper zu erreichen und zu verändern. Diese Ergebnisse liefern auch eine Erklärung für zahlreiche Phänomene, über die sich die Theoretiker des Gefühls schon lange den Kopf zerbrechen.

Thalamus – das Tor zum Tagesbewußtsein

Der *Thalamus* müßte eigentlich im Plural als *Thalami* genannt werden, denn dieses seltsame Gehirnzentrum ist paarig angelegt, redundant. Die Übersetzung des Wortes heißt „Frauengemach". Mir ist unbekannt, was sich hinter dieser Namensgebung verbirgt. Thalamus und Gehirnrinde (Kortex) bilden somit eine Einheit. Der Thalamus beinhaltet eigentümliche Kerne, die aus Neuronenzellen, aus Ganglien bestehen. Diese Kerne bilden das Tor zum Tagesbewußtsein.

Vom gesamten Informationstransfer erhält der Thalamus eine Kopie. Derartige Kopien sind elektrische Interferenzfelder. Anhand der interferierenden Feldmuster wird entschieden, ob das Tor zum Bewußtsein sich öffnet oder geschlossen bleibt. Das jeweilige Muster schlägt sich in einer ununterbrochenen Oszillatorrhythmik nieder, ganz ähnlich wie der Herzrhythmus. Der Thalamus ist der Schrittmacher der elektrischen Gehirnaktivität, des EEG Die Frequenzen des Thalamus variieren um 7,8 Hz herum. Langsame Frequenzen bis 15 Hz innerhalb des Gehirn werden vom Thalamus synchronisiert. Je langsamer und synchronisierter die Wellen (Schlaf, Entspannung, Meditation, Koma), um so mehr schließt sich das Tor für den Weiterlauf der Information ins Bewußtsein. Werden dagegen Informationen aus der Umwelt aufgenommen und wird dadurch die Aufmerksamkeit auf diese Signale gelenkt (Vigilanz), dann wird das Tor zum Bewußtsein weit geöffnet.

Ein weiterer Türöffner ist das Vorderhirn, das uns bereits als Regie in der Kommunikation der beiden Gehirnhälften begegnet ist. Eine Beschädigung des Thalamus hat neben anderen Ausfällen auch eine Verwirrung des Zeitsinns zur Folge. Der Zeitsinn läßt sich physiologisch nicht festlegen, angeboren gibt es keinen Zeitsinn. Vermutlich sind die Oszillationen des Thalamus mit der Zeit verbunden. Ich hatte bereits vorher dargestellt, wie unsere intellektuellen Gedanken die Zeit ins Spiel bringen, um Ordnung aufzubauen. Ein wichtiger Teil des Thalamus ist der Hippokampus, eine Art Lernzentrum. Die Nervenzellen des Hippokampus sind die Schrittmacher einer ganz bestimmten Oszillation, des Thetarhythmus (4-7 Hz). Bei Kindern ist dieser Rhythmus immer dominierend; bei Erwachsenen dagegen nur im Schlaf, bei tiefer Entspannung und beim Meditieren. Der Rhythmus übergreift neben dem Hippokampus auch die Teile des Limbischen Systems, welches die Gefühle mit Duft koppeln.

Das bedeutet, daß an einen Geruch immer Erinnerungen mit Gefühlen geknüpft sind. Diese interessante Kombination hat große Bedeutung für die Steuerung von Lebensprozessen. Die enge Verknüpfung von Hippokampus und Limbischem System ermöglicht auch die Zuordnung von angebotenen Gefühlen mit bestimmten Situationen als

Prägung. Da das Limbische System einen direkten Zugriff zum Vegetativen Nervensystem und den Hormonhaushalt hat, wird mit jeder Gefühlsregung der gesamte Körper beeinflußt. Außerdem gibt es einen Zugriff auf bestimmte wichtige Zentren im Hals-Kopfbereich (Medulla oblongata mit Formatio reticularis).

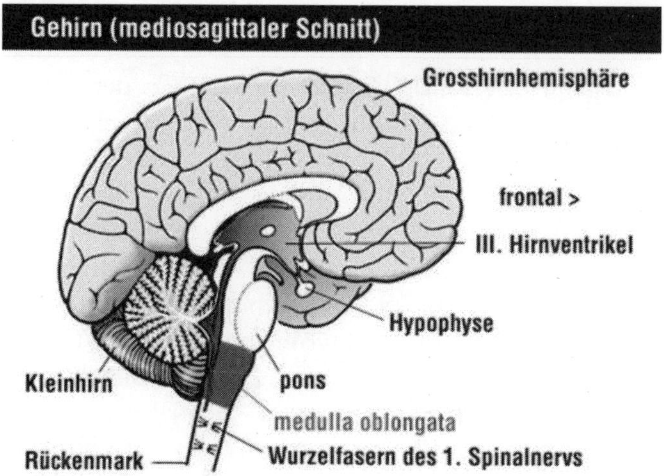

Abb.3: Querschnitt des menschlichen Gehirns.

Deshalb beeinflußt jedes Gefühlsniveau vorsorglich den Tonus unserer Skelettmuskulatur. Im Fall der Bedrohung und des Stresses wird der Muskel vorgespannt, um schneller reagieren zu können.

Umgekehrt wirkt der so veränderte Körperstatus zurück auf die Generierung der Gefühlsmuster. Wir können, wie bei den Elektronen, unterscheiden zwischen Angebotswelle und Bestätigungswelle und schließlich Kraftübertragung. Wird zum Beispiel durch ein gewisses Unsicherheitsgefühl der Muskeltonus angehoben und der Blutdruck erhöht, so erhöht sich rückgekoppelt die Frequenz des Theta-Rhythmus. Diese erhöhte Frequenz hat frappierende Auswirkungen auf die Generierung von Folgegefühlen. Durch nun stattfindende Umschaltungen in bestimmten Zentren wird die Psyche von der Umwelt abgeschottet und die erhöhte Frequenz kreist als Nervenerregung im Thalamus. Das ist die Voraussetzung, um in ein massives Angstgefühl zu gleiten, das erst dann seine Macht auf den Körper verliert, wenn Außenreize wieder ins Bewußtsein durchgesteuert werden. Über die enge Verbindung zum Lernzentrum, den Hippokampus, kann die Auslösung von Angstgefühlen schnell gelernt werden – archaisch sicherlich sinnvoll, heute aber für Betroffene eine Quälerei. Der Thalamus ist die Koordinationsstelle von Reizen und geistigen Prozessen, wie Gefühlen und Gedanken. Hier überschneiden sich nicht nur daraus resultierende magnetische Felder, sondern vermutlich nehmen – wegen der strategisch einmaligen Situation –, hier auch die geistigen Prozesse Einfluß auf die Raum-Zeit – die Gravitation.

An dieser Stelle soll sehr kurz ein Exkurs auf das Thema „Ungeklärte Phänomene" gemacht werden. Zum Beispiel ist völlig ungeklärt, wie die Leistung von verschiedenen Tieren vollbracht werden kann, über hunderte von Kilometern Distanz über völlig unbekanntes Terrain nach Hause zu finden. In der Wissenschaft wird dieses Gebiet mit der Bezeichnung „Psi-Trailing" geführt.

Ungeklärte Phänomene

Das Bemühen, parapsychologische Geschehnisse einer wissenschaftlichen Deutung zuzuführen, hat Tradition. Einstein empfahl, auf parapsychologische Phänomene zu achten; ebenso *C.G. Jung* und dr Nobelpreisträger für Physik *Wolfgang Pauli*. Der berühmte Neurologe *Wladimir Bechterew* versuchte die Wissenschaft von der Existenz einer psychischen Fernwirkung zu überzeugen. Er hielt eine elektromagnetische Theorie der Telepathie für wahrscheinlich und arbeitete mit dem Nobelpreisträger *Iwan Pawlow* über Hypnose und Telepathie bei Tieren. Einer seiner Schüler war der spätere russische *Professor Wassiliew*, der ausführliche Experimente nach wissenschaftlichen Kriterien durchführte und in einem Buch veröffentlichte. Die Ergebnisse waren und sind heute noch äußerst spektakulär. Die Telepathie als Fernwirkung konnte reproduzierbar bewiesen werden mit Distanzen von 1.700 Kilometern zwischen Sendern und Empfängern.

Von insgesamt 260 Versuchen zur telepathischen Befehlsinduzierung mißlangen 27. Als man aber die Hypothese einer elektromagnetischen Übertragung auf ihre Richtigkeit hin überprüfte, mißlang das vollständig.

Die Menschen als Sender bzw. Empfänger wurden in Bleikammern mit 12 cm dicken Wänden gesetzt. Derartige Wände können nur ganz extrem kurzwellige oder ganz extrem langwellige, elektromagnetische Energien durchdringen. Beides ist mit der nötigen Leistung durch den menschlichen Organismus nachweislich nicht aussendbar. Dennoch funktionierte die Telepathie ohne Reduzierung. Kalkuliert man, was von allen heute bekannten physikalischen Größen für den Effekt aus Bleikammern heraus möglich ist, dann bleibt nur die Gravitation übrig. Die wellenlose Gravitation hätte die beste Chance der Durchdringung. Dies widerspricht aber der gequantelten Energie, deshalb spricht *Hans Werner Woltersdorf* von „außerphysikalisch". Die Theorie von Woltersdorf, die er extra für die Parapsychologie formulierte, sollte man sich in der Wissenschaft genauer ansehen.

Motivation und Depression

Will man Erfahrungen in der Umwelt sammeln, dann muß man dafür motiviert sein. Drei Hormone im Gehirn ermöglichen vorrangig die Verfestigung der Motivation: *Dopamin*, *Noradrenalin* und *Serotonin*. Fehlen diese Hormone, dann macht sich eine tiefe Depression breit. Die Synthesekaskade von Dopamin und Noradrenalin beginnt mit zwei Aminosäuren: *Phenylalanin* und *Thyrosin*. Phenylalanin muß mit der Nahrung aufgenommen werden. Enthält die Nahrung nicht genügend dieser Aminosäure (täglich immerhin 2 Gramm sind notwendig), dann kommt es allein deshalb zum Motivationsdefizit.

Genau so wichtig sind für die Syntheseschritte Vitamin C, genügend Sauerstoff, Eisen und keine Kohlenmonoxidbelastung (wie sie heute im Straßenverkehr häufig auftritt). Ist unsere Nahrung schließlich mit Schwermetallen belastet, so wandelt sich das Noradrenalin in unwirksames *Noradrenochrom* um. Sonnenbestrahlung stimuliert das Gehirn zur Bildung des aktivierenden, stimmungshebenden Noradrenalins. Südländer sind temperamentvoller und extrovertierter. In lichtarmen Regionen grassiert Depression und eine erhöhte Selbstmordrate. Ein weiterer Grund für depressive Zustände in lichtarmer Zeit ist das Fehlen des „Glückshormons" *Serotonin* im Limbischen System. Es fehlt deshalb, weil aus Serotonin das wichtige Hormon Melatonin gebildet wird und die Melatoninproduktion bei zu wenig Licht auf Kosten des Serotonins hochgefahren wird (viel Melatonin hemmt dann zusätzlich eine ganze Reihe anregender Hormone), und weil der Ausgangsstoff von Serotonin, das *Tryptophan*, zu wenig mit der Nahrung aufgenommen wird. Fehlt dann noch das B-Vitamin *Niacin*, kommt es unweigerlich zu Serotonin-Mangelerscheinungen. Bei Frauen sinkt innerhalb der Zyklus zwischen dem Eisprung und der Menstruation der Serotoninspiegel.

Gleichzeitig stellt sich in dieser Zeit der Organismus von einem beruhigenden Parasympathicustonus auf einen hektisch machenden, erhöhten Sympathicustonus um. Energielosigkeit, schlechte Laune und eventuell Depression sind die Folge. Das prämenstruelle Syndrom hat nun Chancen zu greifen. Dazu kommt, daß zwar für 48 Stunden um den Eisprung herum der stark motivierende Endorphinspiegel zu einer Woge aufläuft, um danach allerdings rapide abzufallen. Zur Gegensteuerung erzeugen einige Frauen einen Heißhunger auf Schokolade oder Zucker und stärkehaltige Nahrung. Zucker im Blut läßt Tryptophan, die Vorstufe von Serotonin, mit Hilfe von Insulin verstärkt ins Gehirn fließen und Süßes stimuliert die Endorphinproduktion. Besonders süchtig sind diese Frauen zwischen 14 und 16 Uhr, denn in dieser Zeit gibt das Gehirn den Stoff *Galanin* frei, der den Heißhunger zusätzlich anheizt. Eine besondere Überraschung bringt schwarze Schokolade mit hohem Kakaogehalt, sie enthält ausreichende Mengen von bestimmten Ethanolaminen, die eine ähnliche psychoaktive Wirkung zeigen, wie Haschischgenuß.

Depressive Menschen regulieren die Substanz *corticotropin releasing hormon* (CRH) falsch. Normalerweise überschwemmt das Hormon bei

Streß das Gehirn mit der Aufgabe, das Interesse am Essen und an Sex zu blockieren. Werden zu hohe Mengen ausgeschüttet, entsteht Angst.

Ist die Situation unter Kontrolle, sinkt der Spiegel schnell wieder, wobei ein Gefühl der Entspannung und Erleichterung entsteht.

Bei Depressiven funktioniert die Down-Regulation nicht. Selbst im Schlaf sind die Betroffenen in sinnloser Unruhe, was einer hohen Energieausgabe gleichkommt, die dann an anderen Stellen fehlt. Natürliche Abhilfe können hier nur suggestive Rituale in der Gemeinschaft schaffen; außerdem Düfte, die aus der Prägung heraus motivieren, zusammen mit Musik, die ebenfalls aus der Prägung heraus positive Stimmungen erzeugt, und immer wieder relativ anstrengende Bewegung (Sport). Schon ein ausgiebiger Sonnenspaziergang würde helfen; am besten in machtvoller Natur mit strotzender Vegetation und frischem, klarem Wasser. Aber wo gibt es das noch in unserer nächsten Umgebung? Diese recht einfachen Zusammenhänge sind kaum bekannt. Gibt es deshalb so viele depressive Kinder und Erwachsene?

Interessant ist auch das hyperkinetische Syndrom bei Kindern. Ausgelöst wird das Syndrom ebenfalls durch ein pathologisches Defizit an Noradrenalin. Der Körper hilft sich selbst, indem er soviel wie möglich Bewegung veranlaßt. Dadurch wird verstärkt Dopamin aus der Reserve ausgeschüttet, woraus Noradrenalin entsteht und die Chance besteht, daß der Mangel ausgeglichen wird. Die Wirkung von Dopamin stellt eine besondere Erlebnisvariante dar. Im Normallevel erzeugt das Hormon Geistesblitze, Selbstbewußtsein und künstlerisches Empfinden, erweiterte Phantasie; im Überschuß aber Visionen und Größenwahn; manchmal hört die Person fremde Stimmen. Permanente geistige Unterforderung, wie Fließbandarbeit und abstumpfendes Fernsehen läßt den Dopaminspiegel absinken.

Eine deutliche Steigerung entsteht durch Feinmotorik, wie Klavier- und Geigespielen, Tanzen und Balancieren, vor allem auch durch das fernöstliche Schattenboxen. Auch die japanischen Meditationskugeln und das permanente Schieben der Perlen der Gebetsketten dienen dem gleichen Zweck. Außerdem wird die Ausschüttung durch Yoga, Intuition, Autosuggestion und Trance verstärkt. Dopamin stimuliert das Immunsystem und stabilisiert das Herz-Kreislaufsystem. *Parkinson* ist eine Dopaminmangelerkrankung, wodurch verkrampfte Bewegungen ausgelöst werden. Es gibt eine Reihe gängiger Drogen, die in diesem Geschehen wirken. Kokain und Amphetamin verhindern den Rücktransport von ausgeschüttetem Noradrenalin, und Dopamin steht damit länger zur Verfügung. Die Folge ist eine gefährliche, süchtig machende, angenehme, gehobene Stimmung voller Aktivität und geistiger Energie.

LSD, Meskalin und „Zauberpilze" mobilisieren direkt Noradrenalin und Dopamin und lassen die Hormone in höchste Höhen schnellen, wodurch Visionen und intensive Wahrnehmungen erzeugt und Gefühle verstärkt werden.

Körpereigene Psychedelika

Körpereigene Psychedelika sind wichtig für die Sensibilität der eigenen Wahrnehmungen und Gefühle. Sie verstärken vorhandene Stimmungen. Selbsthypnose, Schlafentzug (in aller Stille und Dunkelheit), Meditation, Fasten, ekstatisches Tanzen, Litaneien und monoton rhythmische Geräusche, psychedelische Musik sind wirksame Methoden zur Erhöhung der Level.

Endovalium

Synthetisches Valium ist weltweit die meist verbreitete Droge. Kaum bekannt ist, daß wir im Gehirn selbst Valium herstellen. Rezeptoren für die Droge finden sich im Stammhirn, in der Klein- und Großhirnrinde und im Stirnhirn. Schlafmittel und Alkohol erreichen ebenfalls die Rezeptoren. Die Wirkung besteht in einem starken Beruhigungseffekt – es wirkt antidepressiv, antiagressiv, schlaffördernd und angstlösend. Eine geringe Blockierung der Rezeptoren – zum Beispiel durch Zell-Energiemangel (Glucose-, Sauerstoffmangel) – erzeugt Angst und quälende innere Unruhe, die sich zur Panik ausweiten kann. Endovalium läßt sich leicht stimulieren durch Entspannungsübungen, Tagtraumtechnik oder Atemübungen.

Glücklichsein

Die Fähigkeit zum Glücklichsein und unser Selbstwertgefühl hängen direkt miteinander zusammen. Damit wir nicht zu kurz kommen, hat sich die Natur einiges ausgedacht. Jeder kann Gebrauch davon machen. Nach allen bisherigen Untersuchungsergebnissen macht Reichtum und Geld keinesfalls glücklich. Es gibt körpereigene Drogen, die uns das Leben angenehm gestalten, und dies vor allem dann, wenn es mühsam wird. Körpereigene *Opioide* werden mit jeder körperlichen Anstrengung ausgeschüttet. Werden weder Gehirn noch Körper gefordert, sind Opioide im Körper kaum vorhanden. Dann versäumen wir viel, denn die Droge macht uns rundum glücklich. Sie wirkt antidepressiv, vertreibt die Melancholie, löst Angstzustände und psychische Spannungen, wirkt antriebssteigernd, schmerzreduzierend und unterstützt das Immunsystem.

Leider verwöhnt uns die Natur nur kurze Zeit. Opioide haben eine Halbwertszeit von nur 5 Minuten nach Ausschüttung. Danach muß eine neue Gelegenheit zur Stimulation gefunden werden. Die bekanntesten Opioide sind die Endorphine, Enkephaline, Dynorphine. Drogenabhängige und oftmals auch Alkoholiker haben einen Mangel an Endorphinen. Auch Schmerzen sind geeignet, Endorphine zu stimulieren. Die Folge ist eine Minderung der Schmerzen. Bei schweren Verletzungen reicht das Entsetzen, der psychische Schock, bereits aus, schmerzfrei zu sein. Dafür muß man sich in Erinnerung rufen, daß wir in archaischen Zeiten Beute von Raubtieren waren, die uns nicht gleich töteten, sondern schwer verletzten. Schock und Endorphine halfen, die Quälerei zu mildern.

Eine weitere, höchst intelligente Eigenschaft ist den Endorphinen zuzuschreiben: sie verhindern Lernen und Einprägen. Das ist deshalb sinnvoll, weil schmerzhafte und mühsame Tätigkeiten ansonsten vom Körper vermieden würden, zum Beispiel auch die Geburt. Wenn sich eine Frau an die Schmerzen während des Geburtsvorgangs dauernd erinnern würde, dann wäre die Wiederholung katastrophal. Der Körper würde sich verkrampfen und psychische Abwehrmechanismen etablieren.

Wie können wir die Ausschüttung von Opioiden positiv beeinflussen?

Wir brauchen zuerst einmal dringend genügend Ausgangssubstanzen, das sind die Aminosäuren *Phenylalanin* und *Thyrosin*, *Glycin*, *Methionin*, *Leucin*, von allen täglich zirka 2 Gramm. Dann müssen wir Techniken lernen, wie Autogenes Training, Yoga, Meditation, aktives Imaginieren und diverse Rituale. Leichter erfolgreich ist vielleicht Joggen, ekstatisches Tanzen oder eine Extrembelastung. Endorphintöter sind Kochsalz, Kaffee (auch koffeinfreier) und Fettverdauung.

Opioide gehen eine Kooperation mit einer hochinteressanten Substanz ein: es ist das *Delta-Sleep-Inducing-Peptid*, kurz *DSIP*. Eigentlich ist dieses Peptid dafür da, die Produktion des wichtigen Hormons Melatonin zu modulieren. Je nach Zeitpunkt innerhalb eines Tages kann es die Hormonproduktion hemmen oder vergrößern. Abends gebildet, zum Beispiel auch durch Reizung des Thalamus mit niederfrequenten Stromimpulsen, leitet es zusammen mit Melatonin (und Vasotocin) den Schlaf ein. Sind gleichzeitig Opioide in der Gehirnregion, verbindet sich DSIP mit ihnen und erzeugt ein Gefühl des Friedens und der wohltuenden Ruhe. Auch Schmerz reduziert sich. Erst diese Atmosphäre ist geeignet, den Körper für einen tiefen erholsamen Schlaf vorzubereiten. Gerade bei Kindern, mit der ihnen eigenen Phantasie und Imagination im Bett vor dem Einschlafen, und mit der dadurch induzierten Opioid- und DSIP-Produktion, erbringen prinzipiell die optimale Voraussetzung für die Schlafeinleitung – wenn das Fernsehen keinen Strich durch die Rechnung macht‘

Das Immunsystem spürt Gefühle

Das Immunsystem ist offensichtlich genau so intelligent, wie unser Gehirn. Es kann organisieren, Ordnung schaffen und hat ein lebenslanges Gedächtnis. Neu ist die Erkenntnis, daß das Immunsystem genau so fühlt, wie wir. Jedes Gefühl hat Auswirkungen. Sind es Positiv-Gefühle, dann ist das Immunsystem „freudig“ aktiv, sind es Negativ-Gefühle, dann hat das Immunsystem keine „Motivation“ zu arbeiten.

Bisher ist nun folgendes dargestellt worden:
Gefühle sind ein Netzwerk von elektromagnetischen Interferenzen, an dem ursächlich „intelligente“ Elektronenschwingungen beteiligt sind. Diese Interferenzen werden durch Situationen in der Umwelt oder Situationen in der Innenwelt des Körpers ausgelöst.

Die Interferenzen bilden eine Art Hologramm, das bei Abtastung (Angebotswelle und Betätigungswelle) Realität (Verfestigung) schaffen kann. Dadurch entstehen resonanzspezifische Nervenaktivitäten, die als erste lokale Verstärkerfront eingestuft werden müssen. Die Nervenaktivitäten provozieren ein moduliertes Schwingungsbild, wodurch Neurotransmitter und Neuropeptide freigesetzt werden. Das ist die zweite Verstärkerfront, die bereits eine gewisse Fernwirkung innerhalb des Körpers hat. Eine gute Fernwirkung wird dadurch erreicht, daß ein Teil der Neurotransmitter in den Blutkreislauf abgegeben wird. Voraussetzung für die Fernwirkung ist das Vorhandensein von entsprechenden Rezeptoren zum Empfang der Signale (wiederum elektromagnetischer Natur). Genau dieser Mechanismus ist für das Immunsystem nachgewiesen worden. Damit existiert eine Kausalwirkung zwischen Gefühl und Immunsystem. **Der Placebo-Effekt findet so seine Erklärung.**

Kennen wir das Neuropeptid-Mosaik eines gut funktionierenden Immunsystems, dann kennen wir auch die positiven Gefühlsqualitäten des Gehirns und umgekehrt.

Tatsächlich gibt es einen außergewöhnlichen Zusammenhang. Auf dem Chromosom 6 ist die Bildung einer Molekülstruktur (*major histocompatibility complex, MHC*) genetisch verankert, mit deren Hilfe das Immunsystem unterscheidet, was zum Körper gehört und was fremd ist. Exakt hier wird auch der Individualgeruch eines jeden Menschen festgelegt, der wiederum darstellt, was zum Körper gehört und was fremd ist. Kann das Immunsystem also „riechen", was zum Körper gehört und was nicht? So ganz abwegig ist diese Spekulation nicht, denn auch Düfte und Pheromone arbeiten nach dem gleichen Prinzip, wie Neurotransmitter – letztlich mit Hilfe elektromagnetischer Schwingungen.

Differentielles Erleben

Wenn positive Gefühle nur Gutes in unserem Körper bewirken, dann erhebt sich die Frage, warum wir auch mit negativen Gefühlen ausgestattet sind. Die Antwort liegt auf der Hand. Das System „Mensch" wird nicht nur durch, von der Natur gesteuerten Gefühlen zur Vermehrung angehalten, sondern – und das ist das postulierte Hauptziel – zum Erfahrungen sammeln, zum Erleben aufgebaut. Die Verwertung dieser Erlebnisse entspricht einer Feinmodulation der angeborenen Strukturen über Feedback mit laufend gesteigerter Selbstoptimierung. Erleben ist nur möglich bei gleichzeitiger Erfahrung von Höhen und Tiefen. Woher weiß ich, wenn ich im Hoch bin, daß ich im Hoch bin, wenn ich keine Tiefen erlebt habe. Erst durch Kälte weiß ich, was Wärme ist. Erst durch Dunkelheit weiß ich, was Licht ist. Erst durch Armut weiß ich, was Wohlstand ist. Erst durch Traurigkeit weiß ich, was Freude ist.

Das ist das Prinzip des Differenzerlebens. Ich muß dauernd vergleichen können, messen (Messen beruht immer auf einem Vergleich mit anderen Werten). Diese Verfahren sind absolut identisch mit Beobachten und das ist – wie wir inzwischen glaubhaft darstellen konnten – Realitätsbildung, also Erleben. Aber die Gefahr liegt in der Dauerbeobachtung (siehe Kapitel „Ein Experiment mit weitreichenden Folgen").

Die Dauerbeobachtung friert den Zustand ein. Das Erleben wird blokkiert. Nur eine dauernde Änderung des Zustands läßt ein weiteres Erleben zu. Paradox genug: Die bewußt wahrgenommene Erfahrung von Differenzen führt zu einer größeren Freiheit und Zufriedenheit. Nicht Gleichklang, Gleichheit und Gewohntes ist die Würze des Lebens, sondern Kontrast, Vielschichtigkeit, Differenzen und Polarität.

Wir sind so, weil die Gesetze der Quantenwelt so sind. **Wir *sind* die Quantenwelt.**

Elektromagnetische Schwingungen und magnetische Kräfte wirken in Kombination

Magnetfelder beeinflussen elektromagnetische Schwingungen und die Wirkung ihrer Felder. Die Anwendung dieses Phänomens bei Organismen wird bisher nicht beachtet. Die bei der Anregung durch elektromagnetische Felder (zum Beispiel Licht) entstehenden Termabstände lassen sich durch äußere Gleichmagnetfelder aufspalten.

Drei Möglichkeiten der Beeinflussung organischer Strukturen sind bekannt: 1. Externe Magnetfelder bewirken, daß rechts und links zirkular polarisiertes Licht unterschiedlich absorbiert wird; sie induzieren einen *magnetic circular dichroism* (*MCD*). 2. Magnetfelder bewirken auch, daß rechts und links polarisiertes Licht unterschiedlich emittiert wird: *magnetic circular emission* (*MCE*). 3. Magnetfelder bewirken außerdem, daß rechts und links polarisiertes Licht unterschiedlich gestreut wird. Die Folge dieses Effekts: Vorhandene Pumpfrequenzen (Mikrowellen oder thermischer Schwingungsbereich) und gesendete Signalfrequenzen sind durch Erhöhen oder Vermindern der Amplitude des Magnetfeldes veränderbar und können beliebig durchmoduliert werden.

Aus der Grundlagenforschung heraus haben wir nach vorliegendem Modell neue Akupunkturbehandlungsstäbe entwickelt. Diese Stäbe sind insgesamt phasenkohärent in der gleichzeitigen Emission von Photonen/Quanten, von Magnetfeldimpulsen und von Vibrationsschall. Die Therapiestäbe erwiesen sich in kürzester Zeit als ungewöhnlich effizient. Dies spricht für die Verifizierungschance des Modells. Eine Therapienachweiskontrolle ist somit möglich.

Folgende Beeinflussungen sind (rein empirisch bzw. teilweise hypothetisch) zu erwarten:

- Reizung der Nervengeflechte unterhalb der Hautakupunkturpunkte zwecks Auslösung der Membran-Mikrowellen-Strahlung durch: Licht mit spezifischen Photonenenergien
    - zur Membran-Melaninstrahlungsanregung,
    - zur Flavinmononucleotid-Anregung zur Anregung der Pumpwelle in Mikrotubuli;
- Magnetfelder mit sehr spezifischer Amplitudenmodulation und Frequenz zur Steuerung der Aufspaltung der Term-Energiestufen für Maserstrahlung (Neuron, Mikrotubuli);
- Galvanische Stromzufuhr zur Auslösung der Nervenaktion und gekoppelte Mikrowellen-Strahlung, wie oben bereits dargestellt;
- Klassische invasive Nadelung zur Erzeugung einer Verletzungs-Depolarisation an Membranen und Auslösung gekoppelter Mikrowellenstrahlung.

Außerdem ist eine direkte Einkopplung von adäquater Ouantenenergie möglich, die das Interferenzbild (Hologramm) beeinflussen:

- Weitgehende Beruhigung der Neuronenaktivität durch spezifische Hochfrequenzstrahlung mit relativ hoher Amplitude;
- Stimulierung parasympathischer Neuronen durch bestimmte Frequenzmuster und dadurch Abnahme eines adrenergen Tonus, auch der Muskulatur;
- Erreichen einer Hyperpolarisation durch ATPase-Enzym-Stimulierung durch spezifische Quantenenergie;
- Blockierung der Weiterleitung von Aktionen an Ganglien durch Auslösung eines peripheren Neuronenfeuers nach der Gate-Control-Hypothese;
- Stimulierung von opiatähnlichen Neurotransmittern (Enkephalin, Dynorphin) durch bestimmte Quantenenergie und Impulsfrequenzkaskaden.

STEUERUNG AUS DEM HYPERRAUM

Der Hyper-Raum steht in Abhängigkeit mit den denkenden Wesen des Universums oder der Universen, da sie das Fundament neuer Schöpfungsebenen bilden. Lediglich unsere Gedanken halten das materielle Universum aufrecht. Das Zitat von René Descartes: *„Ich denke, also bin ich“*, hat weitaus größere Bedeutung als von den meisten angenommen. Tatsächlich gilt der in der Physik so bekannte „Beobachter-Effekt“ als ein gesichertes Wissen um diese Dinge. Das Individuelle in sich selbst wiederum ist eine Illusion und löst sich auf, wenn man seinen irdischen Körper ablegt, das heißt, die Materie hinter sich läßt. Wohl bleibt die Information und auch das dazugehörende Wissen (Information ist Wissen). Das, was sich letztlich wahrnimmt, sind nicht die Gedanken. Es gibt vielmehr eine übergeordnete Ebene, die sich wahrnimmt und die Gedanken auch nur benutzt. Und das ist etwas, was praktisch unsterblich ist. Dieser unsterbliche Bereich der Wahrnehmung ist eine ganz andere Ebene. Da gibt es tatsächlich etwas, was man auch als *Seelenaspekt* bezeichnen kann. Seele ist ja oft nur so ein schwammiger Begriff, der keine sichere Definition besitzt. Die Erklä-

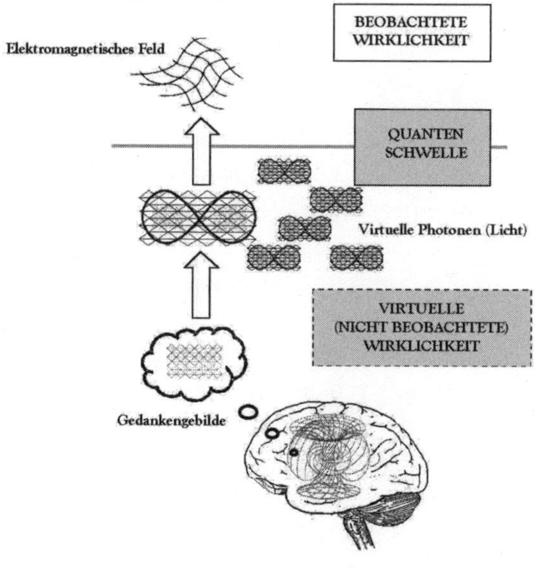

Abb.4:
Menschliches Gehirn mit Wurmloch-Eigenschaften.

rung für *Seele* ist theologisch mit bestimmten, meiner Ansicht nach verwässerten, unstimmigen Begrifflichkeiten belegt.

Informationen und Speicher

Auf die Arbeit von Diplom-Physiker *Burkhard Heim* bin ich bei meinen Recherchen zu den physikalischen Grundlagen des Lebensenergie-Begriffes und des **Informationsbegriffes in der Homöopathie gestoßen.** Heims einheitliche Quantenfeldtheorie beschreibt für mich erstmals in überzeugender Weise den Einfluß nichtenergetischer Strukturen wie Bewußtsein (Geist) auf die energetische/materielle Welt. Damit könnte sie meiner Ansicht nach geeignet sein, viele Rätsel der Grenzgebiete der Wissenschaft wie Geist-Körper-Interaktion, geistiges Heilen oder parapsychologische Phänomene zu erklären. Allerdings mußte Herr Heim als mathematischer Physiker einen überaus komplexen mathematischen und logischen Formalismus verwenden, um seine Theorie darzustellen – entsprechend anspruchsvoll sind seine Bücher.

„Realität" und „Wirklichkeit"

Der Begriff „Realität" wird im allgemeinen auf die Außenwelt beziehungsweise auf Ereignisse der Außenwelt bezogen. Die Außenwelt als Realität wird unabhängig vom Menschen (Beobachter) gesehen. Der Mensch kann die Außenwelt über seine Sinne wahrnehmen. Der Umgang mit der Umwelt umfaßt also nur eine Untermenge von Realitäten, eine eingeschränkte Realität, die den Sinnen zugänglich ist. Es ist hier angebracht, eine (logische) Unterscheidung zwischen den Begriffen *Realität* und *Wirklichkeit* zu treffen. Realitäten wirken auf Menschen ein. Die Einwirkung von Realitäten auf den Menschen wird als Wirklichkeit erfahren. Die Einwirkung von Realitäten geschieht über das Erleben von Ereignissen und deren physischer, psychischer und mentaler Verarbeitung. Ereignisse finden im Raum und nacheinanderfolgend im Sinne einer Ereigniskette (Geschehen) statt; das heißt, sie sind

Punkte einer vierdimensionalen Raum-Zeit. Diese Art von Ereignissen ist quantifizierbar. Sie betreffen die Physis.

Es stellt sich nun die Frage, ob es außerhalb der Raum-Zeit logische Bereiche gibt, in denen ein Geschehen definierbar ist bzw. ob es andere logische Bereiche gibt, die nicht physischer Art sind. Ereignisse betreffen nicht nur die Außenwelt; sie können sich auch als Ereignisse des psychischen Innenraumes manifestieren. Ereignisse des Innenlebens, wie zum Beispiel Träume, sind nicht quantifizierbar, da sie allein qualitativer Art sind. Trotz der qualitativen Eigenschaften psychischer Erlebnisräume können die Ereignisse dieser Erlebnisräume die Außenwelt beeinflussen und somit quantifizierbare Auswirkungen haben (Beispiele hierfür sind Visionen, Träume und Vorstellungen). Es ergibt sich hier die Frage nach der Definierbarkeit „qualitativer Bereiche" außerhalb der Raum-Zeit. Zwei Hypothesen (im Sinne von Glaubenssätzen) über die Ganzheit der Welt, die beide wahr sein könnten, werden aufgestellt. Sie sind mit einer Entweder-Oder-Beziehung verknüpft und bilden die Ausgangspunkte zur Entscheidung für eine Weltsicht.

Hypothese A: Die Welt ist Physis und als solche mathematisierbar und quantifizierbar. Was nicht mathematisierbar ist, existiert nicht.

Hypothese B: Es existiert eine unbekannte, übergeordnete Weltganzheit. Die Physis ist nur ein uns zugänglicher Teilbereich dieser Ganzheit.

Ist der am leichtesten zugängliche Satz A wahr, so muß er das Weltganze erklären können. Für den Bereich „Bios" bedeutet diese Aussage, daß Biochemie, Biophysik und Biologie den Lebensprozeß vollständig erklären können. Die Quantentheorie der Valenzschalen der atomaren Elemente des Lebens müßte alle Lebensprozesse beschreiben können. Zur Evaluierung der Hypothese A wurde der Darwin'sche Evolutionsprozeß ausgewählt. Die Darwin'sche Sicht der Evolution – Zufallsprozesse mit nachfolgender Selektion – läßt einige Fragen offen. Die Zeitfrage (Entstehung und Entfaltung der Arten) ist nicht geklärt. Statistische Berechnungen widerlegen den Zeitraum, der zur Entstehung der Vielfalt der Arten notwendig war, als zu kurz. Aus der Altersbestimmung der Fossilien läßt sich herleiten, daß die Evolution typostrophenhaft und konvergierend erfolgt. *Konvergenz* bedeutet, daß zu Beginn einer Artenentwicklung unbrauchbare Formen vorausgehen. Die Natur sammelt Erfahrungen und probiert moderate Formen für das endgültige Exemplar aus. Die typostrophenhafte Natur der Evolution bedeutet, daß sich aus einer Art mit hoher Evolutionsgeschwindigkeit neue Arten entwickeln. Das heißt, am Anfang der Artenentfaltung ist die Entwicklungs- und Änderungsgeschwindigkeit sehr hoch (Typogenese); sie geht dann exponentiell nach unten. Auf die exponentielle Phase folgt die „konstante Darwin'sche Phase" (Typostase) mit konstanter Änderungsgeschwindigkeit. Beim Aussterben einer Art kommt es zu einem steilen Anstieg der Änderungsgeschwindigkeit der Art (Typolyse in relativ kurzem Zeitintervall). Nach *Otto Schindewolf* entwickelt und ändert sich eine Art im Dreierschritt *Typogenese-Typostase-Typolyse.* Wenn ein neues Prinzip in die Natur eingebracht wird, entwickelt sich zunächst ein Demonstrationstyp, der dieses Prinzip ausprobiert.

Die Artenentfaltung soll beispielhaft an den Vögeln dargestellt werden: ihre Entwicklungsreihe begann mit den Reptilien. Es folgten Groß-Echsen mit Vogelskelett und Greifklauen. In einem kurzen Zeitintervall verwandelten sich die Greifklauen in abspreizbare Stummel (Vorformen des Flügels), die zur Stabilisierung sehr schnellen Laufens durch Luftkräfte geeignet waren. Der nächste Evolutionsschritt in Richtung Vogel war der Saurier mit Hautflügeln. Sein schwerer Knochenbau bot allerdings keine gute Voraussetzung für das Fliegen. Plump anmutende Flugbewegungen wurden durch die Entwicklung von Röhrenknochen ermöglicht. Die Flugeigenschaften verbesserten sich mit den Segelflüglern unter den Sauriern. Segelflügler besaßen Gleiteigenschaften; sie konnten sich den Luftströmungen anpassen. Eine weitere Verbesserung der Aerodynamik bildeten Borsten auf den Flügeln.

Da die Borsten innerviert waren, konnte das Tier aufgrund von Rückkoppelungen mit Luftströmungen die Anstellwinkel der Flügel verbessern. Der letzte Schritt zum „ersten Vogel“ war die Umwandlung der Borsten in Federn.

Die Entwicklung der Prinzipien „Röhrenknochen“, „Flügel“, Regulierbarkeit der Flugeigenschaften über „Borsten“, dann über „Federn“, bilden eine konvergente Reihe. Die aufgezeigte Entwicklung schließt ein „zielloses Herumexperimentieren der Natur“ mit nachfolgender Selektion als Evolutionsprinzip aus. Die hohe Komplexibilität der Artenentwicklung, verbunden mit einer hohen Stabilität der entwickelten Typen, wirft die Frage nach einem dahinterliegenden Motiv auf. Die Ergebnisse der Evolution setzen eine komplexe Organisation von Informationen voraus, welche die Artenentwicklung ausrichtet und steuert.

Für die Entweder-Oder-Entscheidung in bezug auf die beiden Hypothesen A und B bedeutet diese Herleitung folgendes: Der mathematisch-physikalische Ansatz der Hypothese A ist falsch, da sich die Entwicklung des Bios – hier die Artenentwicklung – nicht allein durch quantifizierbare Elemente herleiten läßt. Ein weiteres System logischer Aussagen wird benötigt. Da die beiden Hypothesen A und B mit einer Entweder-Oder-Verknüpfung verbunden sind, folgt: Wenn Satz A nicht richtig ist, so ist Satz B richtig. Das bedeutet: Es existiert eine unbekannte, übergeordnete Weltganzheit, in der die Physis nur einen Teilbereich darstellt. Es muß nun mit Hypothese B weitergearbeitet werden. Hypothese B umfaßt zusätzliche logische Aspekte, die nicht mathematisierbar sind. Die Psyche ist ein solcher „logischer Aspekt“.

Der Aufbau der Welt wäre nach Hypothese B folgendermaßen zu erklären: Bezogen auf (materielle) Ereignisstrukturen existiert der Bereich der Physis in der Raum-Zeit. Diese ist quantifizierbar. Weiterhin existiert der Bereich der Psyche. Zwischen Physis und Psyche entfaltet sich der Bereich des Bios, das biologische Geschehen. Das Pneuma umfaßt den Bereich des Mentalen. Wahrnehmungs- und Bewußtseinsprozesse sind Querbeziehungen bzw. Kopplungen psychophysischen Geschehens. Als Beispiel einer Querbeziehung dient der Prozeß des Sehens. Der physische Teil des Prozesses läuft ab, indem ein Bild auf die Netzhaut projiziert wird. Das Bild wird in Untereinheiten zerlegt. Jeder Untereinheit entspricht eine bestimmte Photonenfrequenz (Farbe) und eine bestimmte Photonenamplitude (Helligkeit). Der dargestellte energetische Einfluß wandelt sich um in Ionisationsschwingungen des Optikus. Energie wandelt sich um in Wärme und chemische Potenziale. Der quantitative Vorgang schlägt jetzt um in einen qualititativen Prozeß des Erlebnisses eines psychischen Innenraumes.

Der Mensch hat Anteil an allen vier logischen Bereichen. Materiell ist er fest in der Physis verankert (Biochemie, Biophysik), im Rahmen der Bioorganisation im Bios, mit seinen psychischen Eigenschaften Wahrnehmen, Erkennen, Empfinden und Mitfühlen im Bereich der Psyche. Als bewußte Persönlichkeit erschließt sich ihm der Bereich des Mentalen. Aus dem beschriebenen Sachverhalt folgt, daß auch die Physis als quantifizierbarer Bereich nicht allein durch die Gesetzmäßigkeiten der Physik der Raum-Zeit deutbar und berechenbar ist. Der zusätzliche Bereich umfaßt die Information. Zur Beschreibung der Materie und ihrer Zustände ist Information und Organisation notwendig. Nach Burkhard Heim hat die materielle Welt nicht nur vier, sondern sechs Dimensionen. Die zwei zusätzlichen Dimensionen umfassen Organisationszustände, Ideen und Prinzipien. Die fünfte Dimension wird relativ platonistisch gedeutet (als Seiendes im Sinne strukturierter Information). Die materielle Ebene ist der quantifizierbare Schatten der Welt. Nur dieser Schatten ist erkennbar.

Die klassische Physik macht perfekte Aussagen über eine eindeutige Vergangenheit. Klassische Prozesse sind Vorgänge, die, indem sie bewußt werden, bereits vergangen sind. Die Quantentheorie macht futurische Aussagen über eine mögliche Zukunft mit Hilfe von Wahrscheinlichkeiten. Der Mikrobereich ist nicht kausal zu verstehen. Über eine große Anzahl von Mikrozuständen werden Wahrscheinlichkeitsaussagen gemacht. Die Observable (als Summation über alle Einzel-Wahrscheinlichkeiten) ist der Zustand größter Wahrscheinlichkeit.

Kausalität ist im Mikrobereich durch die große Anzahl atomarer Elemente und ihrer Organisationszustände nur vorgetäuscht.

Die holistische Physik (Heim, Dröscher, Bohm) deduziert die Existenz eines Hyperraumes. Aus den Unterräumen dieses Hyperraums erscheinen Abbildungen zeitloser Funktionen und Strukturen in der Raum-Zeit. Die Abbildungen werden als Wahrscheinlichkeitsfelder gedeutet, die den Mikro- und Makrobereich in der Raum-Zeit steuern. Die hier beschriebenen Ansätze einer nicht kausalen Physik sind grundlegend für den Geltungsbereich von Hypothese B: es existiert eine übergeordnete Weltganzheit. Die Physis ist nur ein Teilbereich dieser Ganzheit.

Der platonistisch gedeutete Ansatz nach Heim und Dröscher bietet eine Erklärung der Artenentwicklung. Nach Dröscher sind „Blaupausen" der Evolution im Hyperraum denkbar.

In der Raum-Zeit stellt sich der Vorgang der Artenentwicklung, insbesondere die Ausbildung der Übergangsformen, dann folgendermaßen dar: **Übergangsformen treten in bestimmten Zeitabschnitten auf. In relativ kurzer Zeit werden neue ausgewählte (passende) Informationen in Form von neuem genetischem Material der DNS einer bestimmten Lebensform hinzugefügt. Dieser Vorgang setzt ein eindeutiges, richtiges Schließen der Phosphorsäure-Diesterbrücken in der Doppelhelix der Desoxyribonukleinsäure voraus. Das Schließen der Brücken erfolgt durch gezielte Steuerung mittels quantentheoretischer Wahrscheinlichkeitsamplituden, die aus dem Hyperraum projiziert werden.**

Für die Entstehung und Evolution der Lebewesen reichen die bisher entwickelten Hypothesen nicht aus. Ein weiterer wichtiger Faktor ist der kosmologische Hintergrund. Das uns bekannte Leben basiert auf Kohlenstoff und kann nur auf Kohlenstoff basieren. Die Kohlenstoffchemie erweist sich als äußerst komplex und tragbar für das Leben. Der Kohlenstoff bildet viele stabile, hochstrukturierte Verbindungen, ebenso aber auch reaktionsfähige Strukturen. Die hohe Stabilität gewährleistet, daß bei Reduplikationen von Molekülsträngen diese nicht reißen. Andere Elemente, die ebenso komplexe Anordnungen wie Ringe, Ketten und Raumstrukturen bilden, sind Bor und Silizium. Bor und Silizium sind als Basis-Atome des Lebens aber **nicht geeignet.**

Bor ist von der Besetzung seiner Elektronenhüllen her nicht brauchbar. Die entsprechenden Verbindungen besitzen nicht die erforderliche Symmetrie. Auch Silizium bildet Ketten und Raumstrukturen. Die Silane sind als Verbindungen für lebendige Strukturen nicht geeignet, da sie zu labil sind. Auch Siliziumoxide, die Raumstrukturen bilden, können für die Chemie des Lebens nicht grundlegend sein, weil sie sehr reaktionsträge sind. Die Silikatchemie umfaßt die Chemie der Mineralien und Gesteine. Neben dem Kohlenstoff und seinen Verbindungen spielt das Lösungsmittel Wasser als zweiter Faktor für den Aufbau lebender Strukturen eine wesentliche Rolle. Es ist als Lösungsmittel für eine große Anzahl von Verbindungen, zusammengesetzt aus fast sämtlichen Elementen des Periodensystems, mehr oder weniger gut geeignet. Wird der Sauerstoff durch Schwefel ersetzt, der im Periodensystem direkt unter dem Sauerstoff steht, erweist sich die Kohlenstoff-Schwefel-Wasserstoff-Chemie gegenüber der Kohlenstoff-Sauerstoff-Wasserstoff-Chemie als nicht genügend reaktionsfähig für biochemische Prozesse.

Es gibt zwar Leben auf Schwefelbasis (anaerobe Bakterien), diese Art von Leben ist aber nicht evolutionsfähig, weil die Reaktionsgeschwindigkeit der ablaufenden Prozesse zu niedrig ist. Entwicklung von Leben setzt folglich einen Wasserplaneten voraus, der überdies eine gewisse Größe besitzen muß, um eine sauerstoffhaltige Atmosphäre zu bilden. Der Sauerstoff ist in der frühen Phase der Planetenentwicklung zunächst einmal nicht bzw. nur in Form von Wasser vorhanden.

Gelangt Wasserdampf in die Hochstratosphäre, erfolgt mit Hilfe der UV-Strahlung sowie mit weichem Röntgenlicht der Sonne eine Spaltung der Wassermoleküle in gasförmigen Sauerstoff und Wasserstoff. Ein bestimmter Gravitationswert ist eine wesentliche Voraussetzung für die Ausbildung einer Sauerstoffatmosphäre.

Der Planet darf weder zu groß, noch zu klein sein. Ist der Planet zu groß, so ist die maximale Wärmebewegung des Spaltprodukts Wasserstoff bzw. seiner Moleküle kleiner als die Fluchtgeschwindigkeit (die Fluchtgeschwindigkeit ist die Geschwindigkeit, mit der ein Körper – hier Gasmoleküle – den Anziehungsbereich des Planeten verlassen kann). Das heißt, die Moleküle rekombinieren wieder zu Wasser. Eine Sauerstoffatmosphäre kann nicht entstehen.

Ist der Planet zu klein, kann Wasser nur als Eis vorliegen. Als flüssiges Wasser würde es in den Raum abdampfen, die maximale Wärmebewegung wäre größer als die Fluchtgeschwindigkeit. Hat der Planet etwa Erdgröße und befindet er sich in einem Abstand von der Sonne, der Temperaturen erlaubt, bei denen flüssiges Wasser vorliegt, entsteht mit großer Wahrscheinlichkeit eine Sauerstoffatmosphäre. Der kurzwellige Bereich des Sonnenlichts spaltet die Wassermoleküle in Wasserstoff und Sauerstoff. Die maximale Wärmebewegung der gasförmigen H2-Moleküle ist größer als die Fluchtgeschwindigkeit. Wasserstoff verschwindet im Raum, die Atmosphäre reichert sich mit Sauerstoff an. Die O2-Anreicherung übersteigt einen Wert von 22-23% nicht. Ist genügend Wasser gespalten, reagiert Sauerstoff zu Ozon. Es bildet sich eine Ozonschicht um den Planeten, welche die harte Strahlung aus dem Sonnenlicht zurückhält. H2O wird nun nicht mehr gespalten bzw. es stellt sich ein Gleichgewicht der beteiligten chemischen Reaktionen ein. Der O2-Pegel bleibt konstant. Wird zuviel Sauerstoff verbraucht (zum Beispiel durch Verbrennen von Erdöl), wird das Sauerstoff-Ozon-Gleichgewicht gestört. Nach dem Massenwirkungsgesetz zersetzt sich Ozon wieder zu O2, bis sich das neue Gleichgewicht eingestellt hat. Außerdem kann wieder mehr Wasser in H2 und O2 gespalten werden, weil weniger Ozon in der Stratosphäre ist. Im makroskopischen Bereich zeigt sich die Zerstörung des Ozon-Schutz-Schildes der Erde; über einen langen Zeitraum, bis zur Einstellung der neuen Gleichgewichtslage, gibt es diese Schutzschicht nicht mehr. Hartwelliges UV- und weiches Röntgenlicht können ungestört die Erdoberfläche erreichen und pflanzliches und tierisches Leben schädigen.

Der beschriebene Gleichgewichts- und Selbstregulierungsprozeß hängt vom Mengenverhältnis Wasser/Kohlenwasserstoffe ab. Auf der Erde gab es mehr Wasser als Kohlenwasserstoffe. Die beschriebene Entwicklung fand statt. Auf der Venus kehrte sich das Mengenverhältnis Wasser/Kohlenwasserstoffe um. Der Prozeß der Wasserzersetzung mittels hartwelliger Strahlung erfolgte zuerst einmal analog zur Erde. Der entstandene Sauerstoff reagierte nun aber mit geeigneten Kohlenstoffverbindungen praktisch vollständig zu Kohlendioxid, einem relativ schweren Gas. Daher ist der Atmosphärendruck der Venus sehr hoch und der Boden trocken. Durch die fast 100%-ige CO2-Atmosphäre mit hohem Treibhauseffekt herrschen auf der Venus Temperaturen von 400-500°C. Läge das Mengenverhältnis Wasser/Kohlenwasserstoffe günstiger, wäre auch die Venus ein Lebensträger mit ausreichender O2-Atmosphäre und einer Jahresdurchschnittstemperatur von 30-38°C geworden. Ein wichtiger kosmologischer Faktor für die Entwicklung des Lebens ist nicht nur die Art des Planeten, sondern ebenso die Beschaffenheit der dazugehörigen Sonne beziehungsweise Fixsterns.

Die Frage stellt sich: *„Welche Sonne erzeugt überhaupt Planeten?“*

Die Entstehung der Planeten ist eine Funktion der Drehzahl der jungen Sonne. Diese Betrachtung ist natürlich auch für das Sonnensystem zulässig. Hier stellte sich die Frage: *„Wo verblieb die hohe, ursprüngliche Drehzahl der Sonne?“* Es handelt sich um den Faktor 100-200. Bei geeigneter Drehzahl des Fixsterns und vorhandenem Magnetfeld tritt Materie als heiße Plasmamasse bei hohem Strahlungsdruck und hoher Zentrifugalkraft aus seiner Äquatorialebene. Die festen schweren Anteile (hierbei ist zu bedenken, daß schwerere Elemente als Helium nur in geringem Ausmaß vorhanden sind, da der Stern fast nur aus Wasserstoff und Helium besteht) verbleiben als kleinere, schwere Planeten in der Nähe der Sonne, die flüchtigen Stoffe bilden die Gasriesen (gefrorene Gase) am Rande des Planetensystems. Die Gasriesen stabilisieren mit ihrem Gravitationsfeld die Bahnen der inneren Planeten.

Mögliche Lebensträger sind geschützt. Mit der Bildung des Planetensystems verringerte sich die Drehzahl der jungen Sonne. Die Drehzahl der Fixsterne läßt sich mit Hilfe spektroskopischer Methoden bestimmen.

Nun haben etwa 10% der Sterne die Drehzahl der Sonne. 10% der Sterne sind folglich über ihr Planetensystem potentielle Lebensträger. Bezogen auf unsere Galaxis betrifft dies 10 Milliarden Sterne. Legt man willkürlich fest, daß auf unserem Planeten ein mittlerer Entwicklungsgrad des intelligenten Lebens erreicht wurde, so kann man davon ausgehen, daß Planeten von zirka 3 Milliarden Sternen als Lebensträger unseres Entwicklungsniveaus existieren. Intelligenz und Bewußtsein wäre in den Galaxien ein weit verbreitetes Phänomen.

INTERAKTION ZWISCHEN GEIST UND MATERIE

Die moderne Naturwissenschaft beschreibt die unbelebte und belebte Natur und behandelt die vier Naturreiche Mineralreich, Pflanzenreich, Tierreich und Mensch mit den Disziplinen

- Physik,
- Biologie,
- Psychologie,
- Philosophie.

(Da die Chemie nach heutiger Kenntnis ein Teil der Elektronenphysik ist, genügt es, die Physik allein zu nennen).

Dies entspricht den vier „Wesensgliedern“:

- Materieller Körper,
- vitaler Körper,
- emotionaler Körper,
- mentaler Körper.

Daß es darüber hinaus weitere Wesensglieder gibt, soll zunächst unberücksichtigt bleiben. Jeder der Bereiche hat eine eigene Logikstruktur und die Bereiche stehen untereinander in Wechselwirkung.

Bis vor kurzem und zum Teil auch heute noch galt die materielle Seinsschicht als die einzig existierende. Da jeder Vorgang in den höheren Seinsschichten wegen der Wechselwirkungen stets auch Begleiterscheinungen in der untersten, materiellen Schicht aufweist, kommt man leicht zu diesem Irrtum. Als wichtigster Vertreter dieses Materialismus wird meist *Sir Isaak Newton* bezeichnet, doch dies ist ebenfalls ein Irrtum. Newton war ein Esoteriker, der zwar auch die Physik ausführlich beschrieb, doch ebenso geistige Phänomene beachtete. Er war seiner Zeit weit voraus und wußte bereits, daß Lebensvorgänge im Organismus von Biophotonen gesteuert werden.

Die moderne Quantenphysik hat gezeigt, daß die zweiwertige Aristotelische Logik (*tertium non datur*, der Satz vom ausgeschlossenen Dritten) nicht geeignet ist, den Kosmos richtig zu beschreiben. Daher wurde eine polyvalente Logik entwickelt, die zusammen mit der Quantenphysik in der Lage ist, die Gesetze in allen Seinsbereichen zu finden und auch die Entstehung des Kosmos zu beschreiben. Den wesentlichsten Beitrag hierzu hat der Schüler von Werner Heisenberg und Carl Friedrich von Weizsäcker, *Burkhard Heim* gebracht.

Seine beiden Lehrer haben bereits auf die Notwendigkeit einer polyvalenten Logik hingewiesen und auch auf die Notwendigkeit, eine der Quantisierung Rechnung tragende neue Mathematik zu entwickeln, da die heute noch benutzte Infinitesimalrechnung im Mikrokosmos versagt, weil sie der Quantisierung von Raum und Zeit widerspricht. Hierauf aufbauend entwickelte Burkhard Heim einen zwölfdimensionalen Kosmos mit den physikalischen Dimensionen X1 bis X6: Raum (Länge, Höhe, Tiefe), Zeit, Strukturmöglichkeiten, Realisierung spezieller Strukturen und den nichtmateriellen Dimensionen X7 bis X12: Information I (X7, X8) und geistiger „Hintergrundraum" G4 (X9 bis X12).

Aus den Arbeiten des Mathematikers und Logikers *Kurt Gödel* hat der theoretische Physiker *Wolfram Schommers* klar erkannt, daß die *Physik* mit der *Metaphysik* verwoben ist. Daraus ergibt sich, daß die Entwicklung des Kosmos mit G4 begann und die Materie erst später entstand. Die geistigen Urbilder waren zuerst da. Die Heim'sche Theorie ist computergeprüft und stimmt bis zur letzten Dezimale mit Meßwerten überein. Es ist die am gründlichsten geprüfte Theorie und sie stimmt mit alten philosophischen Lehren in Ost und West überein, die in früheren Kulturen auf Grund von „Eingebungen" („Offenbarungen") bekannt wurden. Die Entwicklung des Kosmos erfolgte somit in zwei Schritten: die Entstehung der geistigen Urbilder und die Entstehung der Materie.

Die Urbilder werden in religiösen Texten LOGOS genannt. In einer der Offenbarungen (die heute englisch *channeling* genannt werden), nämlich im Johannes-Evangelium, beginnt der Text richtig übersetzt mit: „*Das Kopfwesen ist der LOGOS*“, wobei „Kopfwesen“ ein alter Ausdruck für „Zentrum“ ist. Dies ist ein räumlicher und kein zeitlicher Begriff. Auch dies stimmt mit der modernen Naturwissenschaft überein, in der auch die Zeit als eine Raumkoordinate auftritt. Dies geht auf den Mathematiker Hermann Minkowski (1864-1909) zurück (Minkowski-Raum). Der Minkowski-Raum faßt Raum und Zeit zu einem vierdimensionalen Überraum zusammen, den auch Albert Einstein in seiner Relativitätstheorie benutzte. Um die Zeit t in eine räumliche Dimension s zu verwandeln, wird sie mit der Lichtgeschwindigkeit $c = s/t$ multipliziert: $ct = s$.

Da es nicht vorstellbar ist, zu drei Raum-Dimensionen eine vierte hinzuzufügen, die auf allen drei Raumdimensionen senkrecht steht (in der Mathematik ist das möglich), wird die vierte Raumdimension mit der imaginären Einheit $i = \ldots\text{-}1$ multipliziert: $ict = is$.

Es ist außerordentlich bemerkenswert, daß sich diese von Minkowski ad hoc eingeführte Schreibweise logisch aus der Heim‘schen Theorie ergibt, also als richtig bestätigt werden konnte. Tatsächlich ergeben sich die Dimensionen X4 bis X12 mathematisch sämtlich als mit i multipliziert. Sowohl die moderne Naturwissenschaft als auch esoterische Schriften stimmen darin überein, daß es die Zeit nur für unser Bewußtsein gibt, tatsächlich aber alles gleichzeitig vorhanden ist. Was wir als Zeit empfinden, ist eine Bewegung durch Parallelwelten. Daher ist es auch für begabte Menschen möglich, in die „Zukunft“ zu schauen, da sie eigentlich gleichzeitig mit unserer Welt existiert.

Hier muß eine Bemerkung zur Frage der Determination eingeschaltet werden: Aus der modernen Naturwissenschaft (insbesondere der Heim‘schen Theorie) folgt, daß es – zufolge der Heisenberg‘schen Unschärferelation – viele mögliche Strukturen in vielen Parallelwelten mit einer gewissen Unschärfe gibt. Was durch unseren Weg durch die Parallelwelten herausgenommen (realisiert) wird, hängt von unserem Verhalten ab, wobei insbesondere das kollektive Verhalten einer größeren Anzahl von Menschen maßgebend ist. Daher ist ein Blick in die

„Zukunft“ immer mit Unschärfe behaftet. Die oft behauptete Selbstorganisation besteht nur scheinbar: alles wird vom G4 aus gesteuert. Wenn man heute immer wieder hört, das Verhalten von Tieren ist genetisch einprogrammiert, so ist das zwar richtig, aber die Frage: *„Von wem?“*, bleibt offen. Die richtige Antwort lautet: *„Vom G4.“*

Auch die Frage, wie aus der Kohlenstoffchemie die große Vielfalt der organischen Moleküle entstehen kann, läuft auf die Frage hinaus, woher die symmetrische Struktur des Kohlenstoff-Atoms kommt; das heißt, woher die Gesetze der chemischen Bindungen stammen. Alles dies sind geistige Urbilder. Um die Materie zu verstehen, muß man im Mikrokosmos anfangen, nämlich bei den Elementarteilchen. Die höheren Seinsschichten benutzen die Gesetze der Physik für ihre Belange, können aber auch ohne Materie existieren, wie außerkörperliche Erfahrungen zeigen, die heute mehr und mehr auftreten.

Burkhard Heim ging in seiner Theorie zunächst von den Elementarteilchen aus, um später auch die Strukturen in höheren Seinsschichten zu ergründen (wozu er seine polyvalente Logik brauchte). Grundsätzlich unterscheidet man zwei Arten von Elementarteilchen: solche mit Ruhemasse, die auch in Ruhe eine Masse (und nahe der Erde ein Gewicht) haben, und masselose, das heißt, die keine Ruhemasse haben. Die wichtigsten Quanten ohne Ruhemasse sind die Photonen. Die Masseteilchen sind hauptsächlich im Atomkern (Nukleus) konzentriert (die Elektronen tragen nur zirka 0,5 Promille zur Atommasse bei). Vergrößert man in Gedanken den Atomkern auf die Ausdehnung eines Stecknadelkopfes (zirka 1 mm Durchmesser), so beträgt der Durchmesser des gesamten Atoms zirka zehn Meter! Der gesamte Raum der Materie besteht demnach nur aus winzigen Pünktchen mit Masse, die vergleichsweise riesengroße Abstände voneinander haben. Der Zwischenraum ist – materiell betrachtet – leer, jedoch angefüllt mit Feldern. Materie besteht somit im wesentlichen aus Feldern. Diese Felder werden durch Quanten ohne Ruhemasse zusammengehalten, vor allem durch virtuelle Photonen. Diese bestimmen auch die Struktur der Materie, sind also der Materie übergeordnet. In der Physik werden sie Wechselwirkungsquanten genannt. Der Physikochemiker *Ilya Prigogine* (geb.

1917) drückte die Bedeutung dieser Quanten einmal so aus: „*Wenn ich altere, ändern sich nicht meine Moleküle, sondern die Wechselwirkungsquanten.*“

Das Verhältnis der Anzahl von Ruhemasse-losen Quanten (Photonen) zu Quanten mit Ruhemasse (Nukleonen) wird Photonen-Nukleonen-Verhältnis genannt. Der Meßwert dafür ist seit langem bekannt und wurde quantenphysikalisch von dem Physiker Jules T. Muheim an der ETH Zürich in Übereinstimmung mit dem Meßwert berechnet. Dieses Verhältnis beträgt 9,746 x 108 oder ungefähr eine Milliarde zu eins. Im Kosmos und auch im menschlichen Körper gibt es nahezu eine Milliarde mal mehr Biophotonen als Materieteilchen! Wie eingangs erwähnt, hatte bereits Newton diese Vorstellung.

Man stelle sich dies einmal plastisch vor: Unser Körper besteht fast nur aus Feldern, erscheint uns aber doch konkret und fest. Der Physiker *Friedrich Hund* (1896-1997) schrieb ein interessantes Buch „*Materie als Feld*“, wobei er die physikalischen Konsequenzen aus obigem darlegte. Wenn zwei Körper zusammenstoßen, stoßen sich lediglich Felder ab; die Atomkerne, also die eigentliche Materie, können sich auf unserer Erde nie berühren (anders sieht es in Neutronensternen aus).

Das Bohr‘sche Atommodell mit Elektronenbahnen um den Atomkern ist längst überholt. Man muß sich die Atomhülle wie eine Wolke aus elektrischen Feldern vorstellen, die ähnlich den Chladnischen Klangfiguren dreidimensionale Knotenflächen aufweisen.

Die Schulphysik gibt heute zwei äquivalente Gleichungen zur Berechnung der Elementarteilchen an: die anschauliche Wellengleichung von Erwin Schrödinger und die abstrakte Matrizengleichung von Werner Heisenberg. Dies spiegelt den Welle-Teilchen-Dualismus wider, der von Burkhard Heim erklärt wurde. Seine Theorie ist die Synthese aus den beiden bekannten und geht noch darüber hinaus, da sie als einzige in der Lage ist, sämtliche Eigenschaften der Elementarteilchen exakt zu berechnen – wie schon erwähnt – in hundertprozentiger Übereinstimmung mit Meßwerten. Die Heim'sche Theorie zeigt, daß die oben genannten vier Seinsbereiche Unterschichten haben, die ihrerseits in Wechselwirkung stehen.

Schließlich kann die Heim'sche Theorie auch Existenzhinweise auf höhere Seinsschichten geben.

Das einheitliche Beschreibungsmodell von Burkhard Heim

In der theoretischen Physik wurden wiederholt Versuche unternommen, eine sogenannte „Weltformel" aufzustellen, mit der nahezu alles berechenbar sein soll. Tatsächlich – davon gehen international renommierte Physiker derzeitig aus – ist dieses bereits seit geraumer Zeit gelungen (Ernst Senkowski, Wolfgang Ludwig usw.). Fern ab von der Öffentlichkeit arbeitete Burkhard Heim, ein Schüler vom Nobelpreisträger Werner Heisenberg, eine physikalisch-mathematische Struktur aus, welche genau diesen Anforderungen gerecht wird.

Was Insider seit geraumer Zeit bereits wissen und Kritiker, die seine Berechnungen widerlegen wollten (falsifizieren), erfahren mußten: Burkhard Heim gilt als der herausragendste deutsche Physiker überhaupt.

In einem Vortrag, gehalten von dem Physiker Illobrand von Ludwiger, am 22.1.2002 an der Universität Sussex, England, in dem es um die Arbeit von Burkhard Heim ging, wurde dieser Mann als das Gegenstück zu *Stephen Hawking* bezeichnet. Burkhard Heim entdeckte die *einheitliche Massenformel*, was soviel bedeutet wie die von allen Physikern gesuchte *große Vereinheitlichung*, was einer „Weltformel" gleichkommt!

Die Max Planck'sche Quantenphysik und die Theorien von Albert Einstein waren die bahnbrechenden, wissenschaftlich-physikalischen Erkenntnisse und Errungenschaften des letzten Jahrhunderts. Albert Einstein hatte Verhältnisse und Räume beschrieben, welche im makrokosmischen Bereich, also im Großen, im Kosmologischen funktionieren. Max Planck ging genau in die andere Richtung. Er beschrieb Dinge, welche im Mikrokosmos, im ganz Kleinen ablaufen, auf atomarer Ebene, und nannte dies *Quanten-Physik*. Werner Heisenberg forderte die mit Einbeziehung des Geistigen nach dem Prinzip: „*Man kann keine Physik machen ohne den Geist*" (der Beobachter beeinflußt das Experiment).

Diese beiden Theorien standen eine lange Zeit lang einfach so nebeneinander, ohne daß sie recht zusammen zu passen schienen.

Burkhard Heim kreierte eine erweiterte Feldtheorie, in der er zunächst nicht nur von vier Dimensionen (Höhe x Breite x Tiefe = Raum) und der Zeit ausging, sondern noch eine fünfte und sechste Dimension mit einbaute, die als Steuerungsebene in Erscheinung tritt. Burkhard Heim erkannte, daß jeder von uns einen eigenen Bewußtseinsraum hat, durch den er mit der Welt um ihn herum in Interaktion tritt. Jeder dieser Bewußtseinsräume ist in sich vier-dimensional, also räumlich inklusive einer Zeitkomponente. Es gibt den äußeren Bewußtseinsraum, und den eigenen, inneren Bewußtseinsraum. So hat jeder Mensch einen eigenen Bewußtseinsraum, der mit dem allgemeinen in Kontakt tritt. Um all diese Bewußtseinsräume zu beschreiben muß man mindestens eine fünfte Dimension mit einbauen, die all die Bewußtseinsräume miteinander verbindet.

Die klassische Wissenschaft sagt, daß „*das Leben ein Produkt der Materie ist*".

Burkhard Heim hingegen erklärt: „*Der Lebensprozeß ist ein Aspekt, welcher der Physik zugrunde liegt, der sich vom physikalischen Universum nicht trennen läßt.*"

WAS IST LEBEN?

Jeder von uns ist ein geistiges Wesen, demzufolge könnte Leben definiert werden als *eine Verbindung eines geistigen Wesens mit einem materiellen Körper*. Der materielle Aspekt läßt sich allerdings nicht vollständig beschreiben, ohne seine Beziehung zum geistigen Aspekt zu verstehen. Der Prozeß, der Materie und Geist verbindet, müßte nach diesem Verständnis die Grundlage der Physik bilden, ohne den sich die Atomtheorie und die Kosmologie nicht verstehen läßt. Dann kommen wir zu einem Weltbild, das mit unserem heutigen physikalischen Weltbild nichts mehr zu tun hat. Mit anderen Worten: *keine Physik ohne die Miteinbeziehung des Geistes*. Wenn wir durch die Welt schreiten, verwechseln wir das Bild der Wirklichkeit mit der Wirklichkeit selbst. Wir leiten daraus ab, daß es eine äußere Wirklichkeit gibt. Die Kosmologie zum Beispiel zeigt, daß es so nicht stimmt. Wenn wir einen Stern sehen, könnte es zum Beispiel sein, daß dieser Stern schon seit Milliarden von Jahren nicht mehr existiert. Der private Bewußtseinsraum (vierdimensional) steht mit dem Welt-Bewußtseinsraum in Beziehung. Jeder von uns hat einen solchen Bewußtseinsraum, der sich im Welt-Bewußtseinsraum befindet. Eine Kommunikation findet statt durch eine Interaktion in dem gesamten Bewußtseinsraum. Um all die Räume zusammen zu bringen, braucht man mindestens fünf Dimensionen. Zusätzlich existieren Parallel-Räume, auf denen wir theoretisch auch kommunizieren können (zum Beispiel durch Telepathie).

Betrachten wir nun einmal das brillante physikalische Modell, von Burkhard Heim: sein Ausgangspunkt ist die Gravitation. Nach Einstein entspricht jeder Energie eine bestimmte Masse. Von dieser Masse wissen wir, daß sie ein Gravitationsfeld ($e = mc^2$) hat. Das Gravitationsfeld hat eine Masse, und die Masse wieder ein Gravitationsfeld. Zwischen beiden Gravitationsfeldern besteht eine Wechselbeziehung. Heim entwickelte mathematisch eine kleinste Fläche, welche er als *Metron* bezeichnet. Es ist sozusagen die kleinste Fläche, die vorstellbar ist (physikalisch und mathematisch gesehen ergibt alles noch kleinere keinen

Sinn mehr). In Zahlen ausgedrückt ist diese Fläche 6.15 x 10^{-70} m klein. Metronen sind mit den uns bekannten *Neutrinos* identisch. Das Universum ist vollständig auf diesen Metronen (Neutrinos) aufgebaut, wobei ein „Tau", wie Heim es nennt, den Flächeninhalt eines Metrons (Neutrino) ausmacht. Das Metronenmodell ist als die Quantisierung des Raumes zu bezeichnen. Es ist durchaus mathematisch nachzuvollziehen, daß sich das Heim'sche Modell als weitaus umfassender und präziser darstellt, als die aktuell angebotene *String-Theorie*. Heim entwikkelte in Jahrzehnten eine Physik, welche grundlegend auf 36 physikalischen Gleichungen basiert. Aus diesen Gleichungen läßt sich eine Matrix von 6 zu 6 Dimensionen entwickeln. Einstein hingegen baute sein Welt-Modell auf 4 zu 4 Dimensionen auf. Burkhard Heim geht also von einer sechsdimensionalen Raum-Zeit aus (später werden wir sehen, daß es sich tatsächlich um 12 Dimensionen handelt).

Burkhard Heim benötigt zur ganzheitlichen Darstellung einen sechsdimensionalen Raum und weist nach, das diese weder räumlich noch zeitlich sind. Sie sind quasi imaginärer Art, ähnlich der vierten Dimension. Die fünfte Dimension ist der Ordnungsgrad- oder Entropie-Ebene zugeordnet. Komplexere Systeme liegen höher in der fünften Dimension. Die sechste Dimension hat eine steuernde und/oder auswählende Funktion. Aus der fünften Dimension betrachtet, wäre es ähnlich wie mit den Seiten eines Buches, die gestapelt sind. In dieser Analogie würde jede Seite eine vierdimensionale Welt ausmachen. Aus der sechsten könnte man nach dieser Darstellung alle fünf untergeordneten Dimensionen steuern. Im sechsdimensionalen Raum ist jeder Punkt ein dreidimensionales Gebilde, das sich auf der Zeitachse bewegt. Heim hat nachgewiesen, daß es keine weiteren Hyperräume gibt. Der sechsdimensionale Hyperraum besitzt noch einen zwölfdimensionalen Hyperraum, auf den man alles erweitern kann. Dann kommt der Oktavsprung. Dort geht es nicht mehr weiter.

In den Ebenen der fünften und sechsten Dimension „verbirgt" sich das, was wir mit *Persona*, *Geist*, *Seele* und so weiter bezeichnen – eine Art bildliches Diagramm eines Lebewesens, welches über Gravitationswellen als Informationskanal mit den unteren (1.-4.) Dimensionen kommuniziert. Zwischen diesen Welten liegen nicht Lichtjahre – wie bei der Serie *Raumschiff Enterprise* –, sondern unter Umständen kommen Besucher aus anderen Welten einfach aus diesem anderen Bereich der fünften und sechsten Dimension. Der Urknall ist ein gesteuertes Ereignis der höheren Dimensionen!

Feldtheorie nach Burkhard Heim und der Transzendente Raum G4

Beginnen wir mit den Qualitäten:

Qualitäten, zum Beispiel Farben, haben im naturwissenschaftlichen Weltbild keinen Platz. In der Physik spricht man in diesem Fall von Frequenzen. Auch Klang oder Geruch sind Qualitäten, die in der Naturwissenschaft nicht darstellbar sind. Alles, was existiert, muß in der Physik in das Kartesianische Koordinatensystem eingefügt werden können – *„alles andere existiert nicht"*. Klänge, Farben, Geräusche oder Geschmackswahrnehmungen können nicht organisch eingefügt werden. Jede dieser Qualitäten füllt einen eigenen Raum...

Max Planck meint hierzu: *„Man bekommt die Qualitäten genauso wenig in die Naturwissenschaften hinein, wie man eine Bleistiftzeichnung mit einem Bleistift kolorieren kann."* Man kann zwar blau, gelb, rot usw. darauf schreiben, doch mit dem Bleistift auf keinen Fall darstellen...). Gefordert wird etwas außerhalb des Systems (hier außerhalb des Bleistift-Modells). Es stellt sich zunächst einmal die Frage des Seins und nach der Umgebung des Seins...

Die Prägung (Konditionierung) des Begriffes „Sein" ist im allgemeinen, gesellschaftlichen Bewußtsein eher etwas Positives, wo hingegen das „Nichts" eher als negativ eingestuft wird. Das Dilemma der Naturwissenschaft ist, daß sie auf der einen Seite versucht, objektiv zu sein, dabei aber die wesentlichen Aspekte unseres Lebens einbüßt.

Betrachten wir uns dieses *Nichts* einmal etwas genauer: *Existenz* kommt von (lat.) *heraustreten*. Es tritt aus dem Nichts heraus, dann ist es plötzlich da. Das „Nichts“ ist uns verborgen, doch es ist alles, was uns ausmacht! Nichts ist subjektiv. Burkhard Heim wagte sich mit der Physik immer weiter in diesen Raum hinein, der heutzutage an den Universitäten zum Raum des „Nichts“ gehören würde, und der existiert bekanntlich nicht. So ist tatsächlich durch die Mathematik zu belegen, was nach dem Tod eines Lebewesens tatsächlich passiert, wobei die Schlußfolgerung ist, daß es eine quasi *parallele Raum-Zeit* gibt, in welcher wir parallel existieren. Heim nennt dies „Postmortale Zustände“. Heim ging es zunächst darum, einen Formalismus, eine Logik zu entwickeln, mit welcher man die Aspekte beschreiben kann, die in unserer Gesellschaft – auch in der Naturwissenschaft – nicht beachtet werden. Die Physik, die sich „dahinter verbarg“, war im Grunde nur ein Nebenprodukt. Deshalb stellte er sich die Frage, was Realität und Wirklichkeit ist. Wirklichkeit ist das, was wirkt; Realität ist das, was dahinter verborgen liegt. Was wir erfahren, ist die Wirklichkeit. Und was ist Realität?

Wählen wir die wissenschaftliche Herangehensweise. Hypothese A: Es gibt nur die Physis und sonst nichts, Alles, was in der Raum-Zeit Platz hat, ist die Realität; alles andere sind die Effekte, die daraus abzuleiten sind. Aus diesem Grund braucht unsere Wissenschaft sich auch nur mit der vier-dimensionalen Raum-Zeit zu beschäftigen. Von der Physik leitet sich die Chemie ab, daraus die Bio-Chemie, dann die Biologie; und weiter können wir dann die Neuro-Physiologie ableiten. Hieraus entwickelt sich die Psychologie, die Soziologie und so weiter...

Die (fast) unbemerkte Revolution in der Naturwissenschaft

Das, was sich quasi hinter den Kulissen der großen Forschungszentren zu einer exotisch erscheinenden Wissenschaft etabliert hat, ist von einer noch unvorstellbar bedeutungsvollen Tragweite auf nahezu alle Gebiete der Naturwissenschaft. In dem Fachjournal „Spektrum der Wissenschaft“ (2, 2003) widmete der Verlag einige Sonderausgaben zum Thema der Quantenfeldtheorie.

So wurde im Editorial bereits unmißverständlich zum Ausdruck gebracht: „*Die Quantenphysik hat zu einer der bedeutendsten Revolutionen in unserem naturwissenschaftlichen Weltbild geführt, in ihrem Ausmaß höchstens vergleichbar mit der kopernikanischen Wende vor einem halben Jahrtausend.*“ (U. Reichert).

Das besondere an der Quantenphysik ist einmal, daß sie die logisch erscheinende Naturwissenschaft (klassische Physik) „auf den Kopf“ zu stellen scheint. So äußerte sich der Nobelpreisträger und Mitbegründer dieser Wissenschaft, *Niels Bohr*, hierzu: „*Wer über Quantenmechanik nachdenken kann, ohne wirr im Kopf zu werden, hat sie nicht wirklich verstanden.*“

Eine der Eigentümlichkeiten der Quantenphysik basiert auf dem Umstand, daß die Grenzen zwischen Welle und Teilchen, also Materie und „Nicht“-Materie zu verschwimmen scheinen, oder sich gar ganz auflösen. Wer ist denn darüber informiert, daß unsere gesamte Elektronik – von unseren Radios, Computern, bis zu den Kernkraftwerken – ohne die bahnbrechenden Entdeckungen der Transistoren nicht möglich gewesen wären, um hier nur eine, aus der Quantenphysik abgeleitete Innovation hervorzuheben.

Obwohl Max Planck die Quantentheorie mit Niels Bohr begründete, konnte er selbst sich nie so recht mit ihr anfreunden. Das sonderbare Verhalten der Quanten narrt den gesunden Menschenverstand: Es ist schwer zu begreifen, daß man Wellen (wie Licht) als Teilchen und Materieteilchen (wie Elektronen) betrachten kann, als zwei Ansichten ein und desselben Quantenfeldes; daß ein Teilchen sich an zwei Orten oder in zwei Zuständen gleichzeitig befinden kann. Es ist tatsächlich schwer, sich vom klassischen Determinismus zu verabschieden und in der Welt des allerkleinsten Wahrscheinlichkeiten zu akzeptieren. Und dennoch haben alle Experimente die Modelle bestätigt. In Bose-Einstein-Kondensaten sind sogar über eintausend Atome bei extremer Kälte zu einem einzigen sichtbaren Quantenzustand vereint. Verschränkte Photonen ermöglichen eine Teleportation von Teilchen über makroskopische Distanzen. *„Die Quantenwelt ist wirklich so seltsam, ob es uns nun paßt oder nicht"*, resümieren *Max Tegmark* und *J. Archibald Wheeler*, die so etwas wie die gegenwärtige, geistige Elite darstellen (Princeton University). Stellen wir nun die Quantenphysik in den Betrachtungsrahmen der bio-physikalischen Aspekte, erhalten wir hierdurch erstmalig einen bedeutsamen Schlüssel zum genaueren Verständnis der biologischen Funktionen in ihren Grundlagen. Die hierdurch ermöglichte Perspektive der Betrachtung von elementaren bio-physikalischen Strukturen erscheint zunächst in einem Bild der Unglaubhaftigkeit und der Verwirrung. Trösten wir uns damit, daß selbst herausragende Wissenschaftler von Weltruf anfänglich ähnliche Beurteilungen hierzu abgeben.

Vergessen wird den Fakt, daß die tatsächlichen, ursächlichen Mechanismen und Strukturen eines jeden materiellen Systems außerhalb unserer Beurteilungsfähigkeit liegt. Biologische Systeme wurden bisher in der allgemein praktizierten Naturwissenschaft nahezu überwiegend physikalisch betrachtet, wobei gerade das „Phänomen Leben" sich deutlich durch nichtmaterielle, also geistige Prozesse, definiert. Eine willkürlich durchgeführte Trennung zwischen Geist und Materie führte unter anderem dazu, daß die elementaren Zusammenhänge und Wechselwirkungen der Biologie unverstanden blieben. Dabei ist doch gerade unser Geist, zum Beispiel unser Verstand, das eigentliche Element der Wahrnehmung, des Erkennens und Hinterfragens, wie beispielsweise das seiner eigentlichen Funktionalität. Auf den elementarsten Ebenen der Materie vollzieht sich ein Szenarium, welches die Grenzen zwischen Geist und Materie (Welle/Teilchen) verwischt. Paradox und widersprüchlich erscheint hier die Bühne der Realität. Nur zu gut ist an dieser Stelle der Ausspruch von Albert Einstein zu verstehen: *„Gott würfelt nicht."*

Heute, nahezu zwei Generationen später, offenbart sich der Naturwissenschaft zwar noch ein ähnliches Bild der Absonderlichkeiten, doch sind uns hierfür äußerst scharfe Interpretations-Modelle in die

Hand gegeben. Was liegt nach hundert Jahren Quantentheorie nun vor uns? Welche Rätsel bleiben? Warum gibt es Quanten?

Hierzu widmete das „Spektrum der Wissenschaft" (1, 2003) eine Sonderausgabe „Vom Quant zum Kosmos". Unter anderem äußerte sich hierzu der emeritierte Professor der Theoretischen Physik, *Dieter Zeh* (Universität Heidelberg): *„Debatten um die richtige Interpretation der Quantenmechanik lassen sich grob in einem hierarchischen Schema anordnen, wobei sich jede – zumindest im Prinzip – von fundamentaleren Theorien herleiten, die in der Hierarchie über ihr stehen. Ganz oben thronen die Allgemeine Relativitätstheorie und Quantenfeldtheorie. Die Schicht darunter umfaßt Spezielle Relativitätstheorie und Quantenmechanik, die ihrerseits Elektromagnetismus, klassische Mechanik, Atomphysik usw. unter sich haben. Fachgebiete wie Informatik, Psychologie und Medizin erscheinen in diesem Schema tief unten."*

Ich möchte dem Leser mit der Darstellung dieser neu zu bewertenden Physik – der Quantenfeldtheorie – lediglich eine glaubhafte und schlüssige Grundlage vermitteln. Nicht zuletzt deshalb, weil der Leser dieses Buches mit Beschreibungen der Wissenschaft konfrontiert wird, die er ohne diese Werbung nicht akzeptieren würde. Auch so werden wir bei dem Betrachten der folgenden Kapitel sicherlich sehr schnell an die Grenze der Glaubhaftigkeit geführt. Natürlich obliegt es der Beurteilung eines jeden, ob und inwieweit sich an den entsprechenden Stellen der Glaube zu den Beschreibungsmodellen tatsächlich einstellt. Sicherlich ist mit den hochgepriesenen Quantenfeldmodellen auch nicht die letzte Frage geklärt (wäre auch schade...), jedoch liefert sie uns das zur Zeit „schärfste Instrument" zur Beschreibung und Erklärung des materiellen Seins.

In den folgenden Kapiteln werden wenige, ausgewählte Modelle hierzu vorgestellt. Diese Modelle zählen bei der wissenschaftlichen Elite, in dem Kontext der entsprechenden Frage, zu den ernstgenommensten.

Quantenphysik und Gehirn

„Fotos von Gott?“

Andrew Newberg (University of Pennsylvania) machte in einem Labor Fotos von dem, was Gläubige die Gegenwart Gottes nennen. Er untersuchte Buddhisten und Franziskaner-Nonnen im Zustand von Gebet und Meditation. Newberg entdeckte, daß an der Hinterseite des Gehirns ein kleiner Bereich existiert, der kontinuierlich die räumliche Orientierung eines Menschen berechnet, den Sinn also dafür, wo die Grenzen des eigenen Körpers liegen. Auch das in den Scheitellappen befindliche „Orientierungs-Assoziations-Areal“ (OAA) war bei allen Versuchsteilnehmern besonders inaktiv. Die Aufgabe dieser Hirnregion ist es, uns die physischen Grenzen unseres Körpers zu vermitteln sowie Informationen über Zeit und Raum weiterzugeben. Wird nun ein Teil dieser Funktionen inaktiv, wie es während einer Meditation der Fall ist, so schwindet der Bezug zu Zeit und Raum. Es entsteht dadurch eine Erfahrung, die als Gefühl der Ewigkeit und Endlosigkeit beschrieben wird. Offenbar findet hier eine bewußte Ankopplung zum Hyperraum (>X4) statt.

„Das bewirkt ein Verschwimmen der Grenzen zwischen dem Selbst und der Welt“, erklärte Newberg. Er fügte hinzu: *„Wenn man weit genug geht, löst sich das Selbst komplett auf, und man spürt ein Gefühl der Einheit, der unendlichen Grenzenlosigkeit.“*

Der Neurologe *Vilayanur Ramachandran* (University of California in San Diego) identifizierte eine Region im Gehirn, die er als Gottes-Modul bezeichnet. Dieses Gottes-Modul steht seiner Meinung nach in enger Verbindung mit spirituellen Gedanken. Ramachandran beobachtete bei Epilepsie-Patienten im Schläfenbereich unkontrollierte elektrische Erregungen während ihrer Anfälle. Die Betroffenen selbst berichteten von „spirituellen Visionen“ und anderen intensiven religiösen Erfahrungen.

„Ein Gefühlsreichtum, den sich alle Glaubensrichtungen in ihren Ritualen zunutze machen“, meint Andrew Newberg. Die Abläufe einer religiösen Zeremonie unterschieden sich so sehr von Alltagssituationen,

daß das Gehirn ihnen automatisch den Stempel „besonders bedeutend“ aufdrückt. Um diese Ergebnisse und Interpretationen entsprechend deuten zu können, widmen wir uns nun den hierfür erforderlichen Grundlagen. Aus der Neurologie ist bekannt, daß eine Korrelation zwischen den erhöhten Amplituden unserer Neuronen und dem Grad unserer Aufmerksamkeit besteht.

Diese Aussage hat weitreichendere Konsequenzen, als uns der erste Eindruck vermitteln mag! Die Tatsache, daß im ganzen Gehirn erhöhte Amplituden gemessen werden können, bedeutet, daß hier eine große Anzahl von Neuronen in gleicher Frequenz schwingen. Dieses entspricht einem hohen Maß an Kohärenz. Der Bio-Physiker *Fritz Albert Popp* bemerkte hierzu: *„Veränderte Bewußtseinszustände wie Entspannung und Meditation können als eine Art Kohärenz im langwelligen Bereich unseres Biophotonenfeldes aufgefaßt werden.“*

Nachweislich erhöhten sie die Kohärenz der gemessenen Gehirnwellen und führten höchstwahrscheinlich zu einer Erweiterung des Bewußtseins. Des weiteren ist zu bemerken, daß die hohe Kohärenz den Photonen die Fähigkeit verleiht, Ordnung zu bilden und Informationen zu übermitteln (*Kohärenz* ist die Fähigkeit der Wellen zur Überlagerung, zur Interferenz, wobei sich die Feldamplituden räumlich verschiedener Photonenquellen gegenseitig verstärken oder abschwächen. Dadurch entsteht ein geordneter Zustand, bei dem die Wellen ein zusammenhängendes und kommunikatives Feld bilden und in hohem Maße aufeinander ausgerichtet sind; bei nicht kohärenten – chaotischen oder thermischen – Photonen hingegen brechen die Interferenzen nach sehr kurzer Zeit zusammen; 10^{-9} bis 10^{-5} Sekunden).

Die Eigenschaften der gemessenen Gehirnwellen deuten unter anderem auf eine direkte Ankopplung an eine spezielle, nichtmaterielle Ebene hin. Das, was wir in der Physik als den *Vakuumraum* bezeichnen, ist offenbar die Quelle aller Information an sich (nicht zu verwechseln mit einem „absolut leeren“ Raum).

Information, Struktur und Bewußtsein sind eng verknüpft mit der Struktur des Vakuum-Feldes.

Der oft zitierte Physiker *Fritz Albert Popp* weist darauf hin, daß sich biologische Systeme dem Vakuum gegenüber anders verhalten müssen als die isolierten freien Atome in den Modellvorstellungen der Physiker. Die Atome befänden sich im Gewebe in einer Hohlraum-Situation, womit der berühmte Casimir-Effekt eine Rolle spiele. Dadurch würden sie nicht mehr mit einem unendlichen Vakuum wechselwirken, sondern das Vakuum werde durch den Hohlraum eingeschränkt.

Durch die Wechselwirkung mit dem Vakuum erhalten Zellen und andere Hohlräume – in ihrer Funktion als Hohlraumresonatoren – eine ganz neue Bedeutungsebene. Die große Bedeutung der DNS besteht darin, daß sie ein idealer Hohlraumresonator ist.

Unsere Erde als Kugel-Hohlraumresonator (7,8 Hz) bildet beispielsweise durch eben diese Eigenschaft automatisch eine *Stehende Welle*, welche durch entsprechende *em*-Felder aufgebaut wird. Tatsächlich sieht es so aus, daß Kontraktion und Expansion der DNS, ihr Pulsieren also, auf ein Zusammenwirken der attraktiven Casimir-Kraft (und der repulsiven Exciplexbildung) zurückzuführen ist. Die Wechselwirkung mit dem Vakuum kann tatsächlich als mögliche Triebkraft der Evolution betrachtet werden.

Fritz Albert Popp wagt die Prophezeiung, die DNS werde sich als Schnittstelle zwischen Nichts und Etwas, zwischen Vakuum und Biologie herausstellen.

Die innere Ausrichtung der Chromosomen und Centriolen erfolgt – wie unsichtbar geführt – wie die bekannten Feldlinienverläufe in Abbildung 8 (Erde). Die hauptsächlichsten Eigenschaften des Hohlraumresonators sind im besonderen:

1. Aufbau einer *Stehenden Welle* (ortsfester Wirbel), und
2. seine Resonatorgüte.

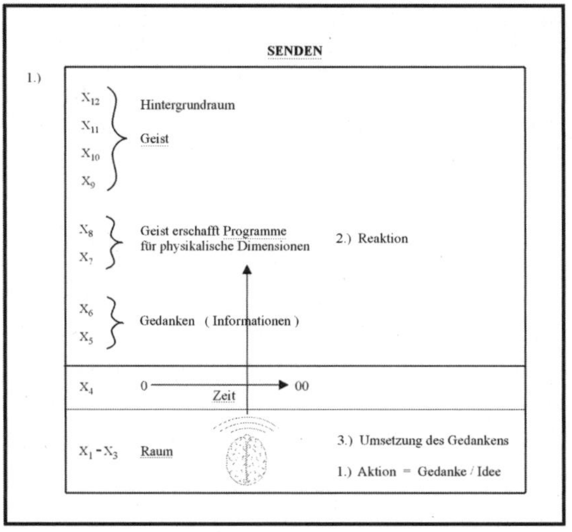

Abb.5:
Ablaufprozeß einer Manifestation am Beispiel eines Gedankens bzw. einer Idee: ***senden.***

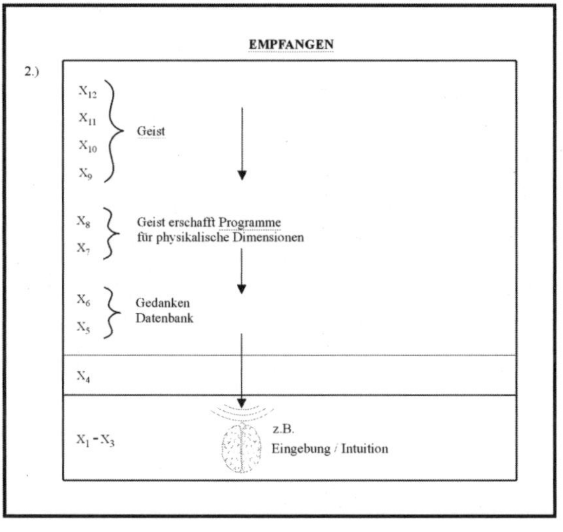

Abb.6:
Ablaufprozeß einer Eingebung aus dem Hyper-Raum zum menschlichen Gehirn: ***empfangen.***
Das Gehirn ist ein Instrument, das – wie offenbar auch die DNS – als Schnittstelle zwischen dem Hyper-Raum und dem vom Menschen wahrnehmbaren vierdimensionalen Raum betrachtet werden kann.
Es ist möglich, willentlich auf diesen Prozeß einzuwirken.
Der Auswahlprozeß vollzieht sich hierbei durch entsprechende Gehirnfrequenzen, wobei die Qualität und die Zeit einer Umsetzung (Reaktionsprozeß) durch eine Synchronisation beider Gehirnhälften optimiert wird.

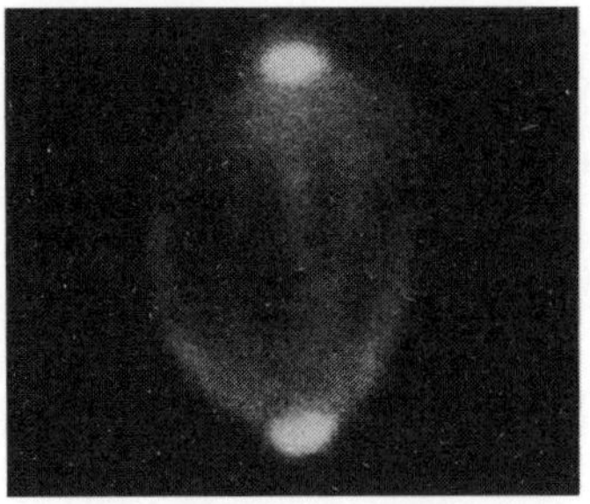

Abb.7:
Mitose einer Zelle in „Ruhestellung“; während dieser Zeit wird die DNS verdoppelt. Die Chromosomen werden sichtbar. Die Zelle erfüllt die gleichen physikalischen Bedingungen wie zum Beispiel auch die Erde – sie ist quasi auch ein Hohlraumresonator.

Die Resonatorgüte ist ein Maßstab für das Speichervermögen des Resonators und für die Informationsfähigkeit der jeweiligen Struktur. Eine *Stehende Welle* wiederum kann die Positionen der Moleküle beeinflussen und stabilisieren. Stehende Wellen sind dem Gesetz der Kohärenz zuzuordnen. Die Kohärenz wiederum sorgt dafür, daß ein Informationstransfer und eine Signalverstärkung stattfindet.

Zusammengefaßt läßt sich sagen, daß die biologische Zelle mit ihrer im Kern enthaltenen DNS eine ideale Antenne zum Senden und Empfangen für Informationen ist. Das herausragende hierbei ist jedoch die Eigenschaft der primären Kommunikation mittels Bio-Photonen und der Bio-Gravitationen (Dubrow).

Hiermit ist das System in der Lage, untereinander (intra- und interzellulär) sowie mit ihrer „Quelldatenbank“ zu kommunizieren.

Diese „Quelldatenbank“ entspricht den imaginären Strukturebenen, die den uns bekannten drei Raumdimensionen übergeordnet ist, also dem, was wir zusammengefaßt den *Hyperraum* nennen.

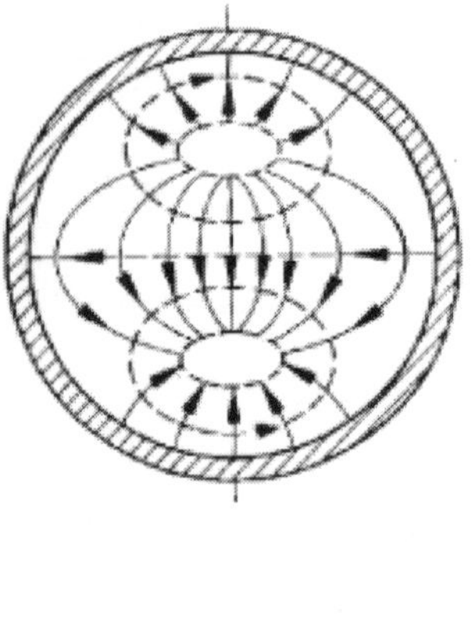

Abb.8:
Die Erde als Hohlraumresonator (etwa 8 Hz als Resonanzfrequenz). Die Linien entsprechen dem typischen Feldlinienverlauf.

Die entscheidenden physikalischen Einflußgrößen, die von höherdimensionalen Strukturen gesteuert werden, sind gravitative Systeme. Eine bekannte, sekundäre Erscheinungsform hiervon ist zum Beispiel das uns bekannte Magnetfeld.

Das Revolutionierende hierbei ist, daß sämtliche Strukturen und Programme, also Informationen, primär nichtmateriell abgelegt sind. Diese sind den höheren Dimensions-Ebenen (X5-X12) zugeordnet (Burkhard Heim et al.). Der eigentliche Grund, weshalb wir das Thema Geist – zum Beispiel als Information – nicht in unser primär materiell orientiertes, naturwissenschaftliches Weltbild integrieren konnten, liegt in seiner „versteckten" Örtlichkeit, ergo in der „höheren" Dimension.

Gerade an dieser Stelle ist der Leser sicherlich mit der Glaubhaftigkeit konfrontiert. Dennoch bleibt die Seriosität und Zuverlässigkeit für die Grundlage dieser Beschreibung aufrecht. Die Ableitung bzw. die Modellbeschreibung des Hyperraums im Kontext der Biologie zu stellen, basiert jedoch auf fundierten Berechnungen und abgesicherten Ergebnissen (zum Beispiel der Experimental-Physik).

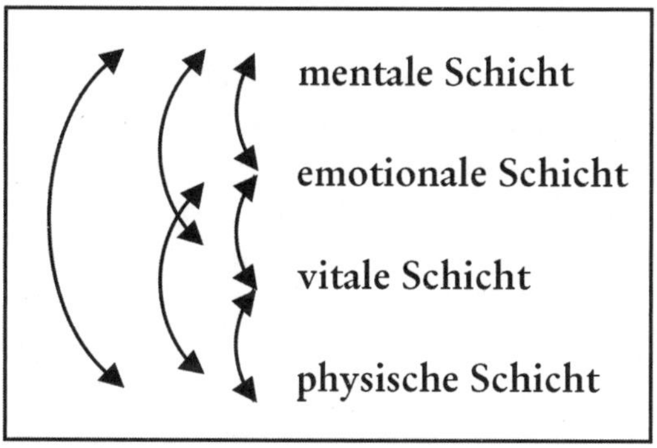

Abb.9:
Bioinformation zwischen den Seinsschichten.
Die Pfeile links (Klammern) bedeuten, daß die Seinsschichten untereinander wechselseitig wirken (und außerdem Unter-Schichten haben, die ihrerseits untereinander wechselseitig wirken).

Sollte dieses phantastische physikalische Modell tatsächlich die Interaktion zwischen Geist und Materie beschreiben, so findet sich hierin unter anderem eine Erklärungsgrundlage für zahlreiche physikalisch und biologische „Ungereimtheiten". So ist beispielsweise immer noch nicht bekannt, wo sozusagen ein Gedanke seinen Sitz hat. Niemand hat bisher auch nur einen Gedanken nachweisen können.

Das, was wir an dieser Stelle angeboten bekommen, sind bestenfalls sekundäre Konstrukte, beispielsweise ein Nachweis, daß ein Denkprozeß eingetreten ist (EEG, PET usw.). Das, was uns dabei unterschlagen wird, ist jedoch, daß ein Gedanke nicht primär elektromagnetischen Ursprungs ist.

Naturwissenschaftliche Hintergründe zum Casimir-Effekt

Zusammen mit *Sinitiro Tomonaga*, *Julian Schwinger* und *Freeman Dyson* entwickelte *Richard Feynman* eine neue Theorie der Quantenelektrodynamik (QED), wie es vor ihnen schon *Paul Dirac* jahrelang versucht hat. Mit einem Vorgehen, welches heute „Renormierung" heißt, haben sie schwierige Passagen in ihren Gleichungen dadurch gelöst, daß sie anstelle von Unendlichkeiten die effektiv gemessenen Werte (Masse und Ladung) eines Teilchens in die Gleichungen einsetzten. Dirac hat sich nie mit dieser Renormierung anfreunden können, doch dieser Trick war sehr erfolgreich, konnte doch jetzt das meßtechnisch bestens bekannte Frequenzspektrum des Wasserstoffatoms (LAMB-Verschiebung) berechnet werden. Mit den Ergebnissen von Feynman wurde ersichtlich, daß sich ein Photon in unglaublich kurzer Zeit in ein Elektron-Positron-Paar (Materie-Anti-Materie) teilen und sofort wieder vereinen kann. Diese virtuellen Teilchen entziehen sich direkt jeder Messung, weil sie viel zu kurzlebig sind. Anderseits erzeugen diese Teilchen ein fluktuierendes Feld (eine Art elektromagnetisches Rauschen), welches auch Wirkungen auf reelle Ladungen hat. Das Vakuum ist nicht mehr leer, sondern aufgefüllt wie ein See aus virtuellen Ladungen („Dirac-See"). *Hendrik Casimir* leitete aus den Feynman-Gleichungen die sogenannte *Nullpunktstrahlung* ab und schlug dazu sein bekanntes Experiment vor.

Lebewesen steuern eigene Raumstruktur und Fluß der Zeit: Dubrows Bio-Gravitations-Modell

Das Bio-Gravitations-Modell des sowjetischen Geophysikers und Biologen *Alexander P. Dubrow* erklärt einen Zusammenhang zwischen Gravitation und Bio-Photonen. Dubrow ist der Ansicht, das primäre Bio-Feld in Organismen werde von einer gravitationsähnlichen Kraft gebildet, die durch lebende Zellen erzeugt werde, sich in jede andere Energie umwandeln könne, jede Abschirmung durchdringe und deren Wirkungen man in allen Lebensprozessen beobachten könne. Sowohl die Bio-Photonen wie auch die *Phononen* (nicht zu verwechseln mit den *Photonen*), die im lebenden Organismus auftreten, sind nach Dubrows Ansicht Sekundärerscheinungen eines konstanten Biogravitationsfeldes, das die Lebensprozesse kontrolliere. Nach Burkhard Heim können elektromagnetische Felder, Ultraviolett- und Infrarotstrahlung, Radioaktivität, Schallwellen und weitere physikalische Erscheinungen Sekundärerscheinungen von Gravitations-Feldern sein.

Eine Veröffentlichung der Fachzeitschrift *Nature Neuroscience* (2002) von *Joe McIntyre* berichtet hierzu: *„Ein Weltraumexperiment legt nahe, daß das menschliche Gehirn über ein internes Modell der Gravitation verfügt."*

Gittermodell des Universums von William Tiller

Tiller hat den relativ jungen Begriff *Subtile Energien* umschrieben:

„Unter subtilen Feldern oder Energien verstehe ich nicht einfach schwache Felder oder Energien. Die Einstein'sche Aussage ‚Gott ist subtil' bedeutet nicht, daß Gott schwach ist. Nach unseren bisherigen ***Erfahrungen sind die subtilen Felder sehr schwach an unsere physikalischen Felder angekoppelt, so daß wir normalerweise nur kleine Wirkungen wahrnehmen. Sie können aber unter günstigen Umständen stark wechselwirken und massive Effekte ermöglichen.*** *Ich vermute, daß unsere zukünftige Technologie in diesem Bereich den latenten Energiegehalt und die Nutzungsmöglichkeiten solcher subtiler Felder entdecken wird, die um*

*viele Größenordnungen stärker sind als die gegenwärtig bekannten physikalischen Felder. ...**Subtile Energien sind wirkliche Energien, die nicht unmittelbar beobachtet werden können, weil sie auf dem Niveau des Vakuums oder des negativ-energetischen DIRAC-Sees wirken.** Sie können in der gegenwärtigen Situation der Menschheit nur durch einen vermittelnden Transducer in eine beobachtbare Größe umgewandelt werden. Derzeit sind diese Transducer vorwiegend lebende Systeme. Sie sind für eine große Anzahl beobachteter Erscheinungen verantwortlich, die auf der Grundlage des bisher allein akzeptierten wissenschaftlichen Paradigmas der vier bekannten universalen Grundkräfte unerklärlich bleiben. Das bekannte magnetische Vektorpotenzial scheint eine Rolle als ‚Brücke' zwischen den subtilen, nicht beobachtbaren Energien und den beobachtbaren EM-Energien zu spielen, die mit den elektrischen und magnetischen Feldern verknüpft sind."*

Die Physik stellt sich das Vakuum des Raumes modellhaft als eine Art Supraflüssigkeit vor, die durch eine geometrische Gitterstruktur in dynamischer Stabilität gehalten wird. So berichtet beispielsweise *Erol Torum* von experimentellen Beobachtungen an Quasikristallen, die darauf schließen lassen, daß das Vakuum in Wirklichkeit aus Ikosaedern bestehen könnte. In diesem Modell stellen dreidimensionale Raumformen, wie das Ikosaeder und das Tetraeder Projektionen komplexerer ursprünglicher Formen im höheren Raum dar.

Dies würde bedeuten, daß harmonische mathematische Beziehungen existieren, welche diese Geometrien des komplexen Raumes und des dreidimensionalen Raumes verbinden. Tillers Gitter stellt eine multidimensionale Feldstruktur dar. Die Grundlage dieser Organisationsform sind Lichtmuster, welche die verschiedenen geometrischen Gitterlinien des Raumes bilden. Diese lichtkodierten Gitter legen die Muster fest, die für die Entfaltung des Lebens, der Galaxien und der Sterne benötigt werden. Diese Gitter-Raster-Struktur existiert außerhalb der Raum-Zeit, ohne die normalen Einschränkungen, die mit den Aspekten der Kausalität (Ursache-Wirkung) einhergeht. Interdimensionale Knotenpunkte bewirken, daß Energien und Informationen zwischen den Dimensionen zirkulieren können. Die Voraussetzungen, um auf diese Kommunikationskanäle zugreifen zu können, sind Abstimmung und Kohärenz des Systems als Ganzes. Zwischen den Ebenen des Gitters existiert eine einzigartige und perfekte Geometrie. Die Wellen, die durch die Gitterstruktur führen, sind Informationswellen, die in Verbindung zum höchsten Aspekt unseres Bewußtsein stehen. Im Grunde verbindet das Gitter die gesamte Wirklichkeit, die gesamte Seinsform.

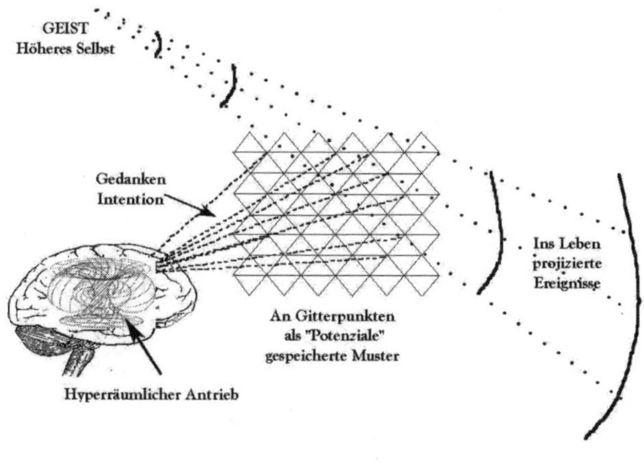

Abb.10: Projektionen von Ereignismustern.

Aus Tillers Sicht bewirken Gedanken und Absicht, daß an den Knotenpunkten der universellen Gitterstruktur „Potenziale" gespeichert werden. Diese Potenziale bilden sich als Muster, für die es erforderlich ist, daß der „Geist oder das göttliche Selbst" mit den Frequenzmustern in Interaktion tritt, damit aus ihnen Ereignisse in unserem Leben werden. Der primäre Strahl zur Projektion entspringt dem „Geist". Tillers Ansicht nach funktioniert dieser Primärstrahl vom Geist so ähnlich wie der Projektionsstrahl eines Hologramms: Er tritt in Wechselwirkung mit den von der Geistebene zwecks Projektion in die physische Ebene festgelegten Frequenzmustern. Eine Veränderung der Muster und Potenziale an den Knotenpunkten verändert die Ereignisse, die in unserer Realität projiziert werden. In der oberen Grafik liefert der Geist den Energie-Referenzstrahl, ähnlich wie bei einem holografischen Rekonstruktionsprozeß. Das Ereignis in unserem Leben ist eine Art holografische Projektion, die einer hyperräumlichen Wirklichkeit entspringt. Der Prozeß ist doppelter Natur: Gedanken und Absicht bilden die Muster, wobei der Geist bei der Aktualisierung mitwirkt. **Die Muster und Potenziale an den Knotenpunkten lassen sich durch Absicht programmieren und ändern.**

Das verändert die Ereignisse, die in unserem Alltag projiziert werden. Offenbar erzeugen unsere Gedanken und Absichten Muster und Potenziale direkt innerhalb des universellen Kalibriergitters (UCL). Das UCL dient zur Verstärkung und Projektion dieser Muster und erzeugt eine Resonanz mit dem äußeren Universum. Der gesamte Prozeß wird durch Bewußtsein und Absicht gesteuert.

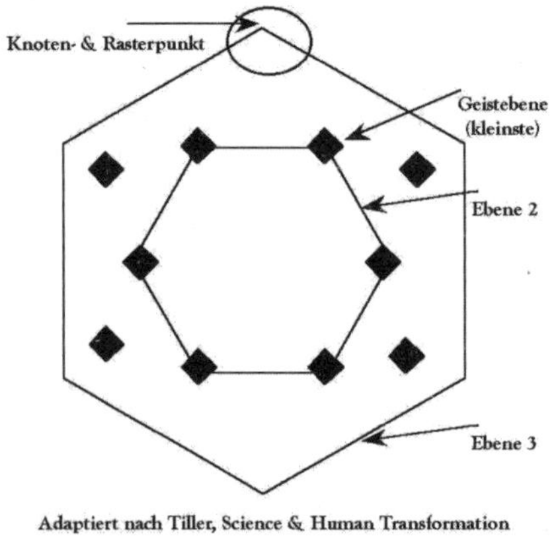

Abb.11:
10-dimensionale Gitterstruktur.

Tiller beschreibt eine 10-Dimensionale Gitterstruktur, durch die das Energiegitter des Geistes mit der physischen Wirklichkeit (Ebene 3) verbunden wird. Ebene 2 ist der Raum der Äthersubstanz (Vakuum).

Bestimmte Knotenpunkte, welche die diversen Ebenen der vielschichtigen Gitterstruktur miteinander teilen, dienen als Anschlußpunkte. Sie verbinden Energien und Informationen zwischen den Dimensionen und übertragen sie von einer zur anderen.

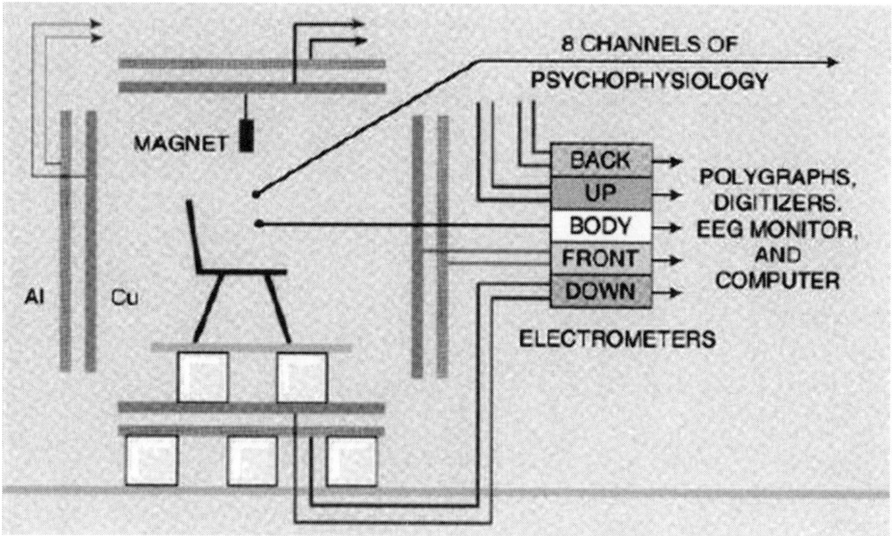

Abb.12:
Versuchsanordnung von Tiller: In dem (mit Aluminium/Kupfer verkleideten) Meditationsraum steht isoliert ein Stuhl, und der darauf sitzende Proband läßt seine Daten an einen außerhalb stehenden Computer übertragen. Elektrische Ströme durch die Al/Cu-Platten werden ebenfalls gemessen und simultan verglichen. Nachweis von Energiezirkulation durch Äthersubstanz.

Es handelt sich um interdimensionale Knotenpunkte, diese kann man als Kanäle des geringsten Widerstandes betrachten, die einen direkten Anschluß und eine direkte Energiezirkulation mit anderen Dimensionsrahmen herstellen können.

Dieses zusammengefaßt bedeutet:

Das menschliche Gehirn ist in der Lage, über die von ihm ausgestrahlten Felder, mit dem, was man als Hyperraum bezeichnet, zu kommunizieren. Unter Hyperraum ist eine Dimensionsebene (X5-12) zu verstehen, die jenseits der uns allgemein bekannten, dreidimensionalen Ebene (räumliche Maße X1-3) besteht. Im Hyperraum existiert keine Zeit (X4) und kein Raum (in unserem verständlichem Sinne). Alle Handlungen und Aktivitäten erfolgen quasi umgehend. Ein Kriterium für die Verbindung zum Hyperraum sind die kohärent schwingenden Neuronen und damit der von denen ausgestrahlten Felder.

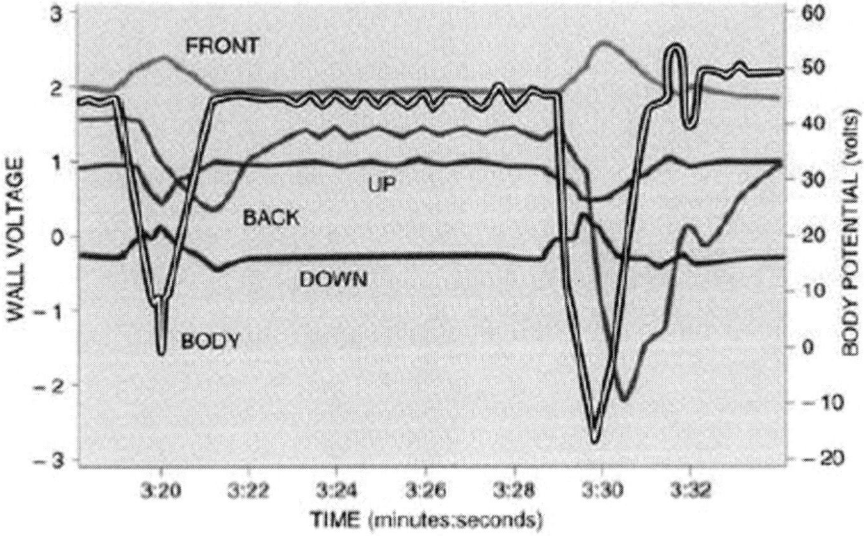

Abb.13:
Die Grafik zeigt einen Vergleich der Meßdaten.
Die Einteilung nach *Professor Tiller* in verschiedene Schichten. Jede Schicht hat eine einzigartige Substanz und Infrastruktur. Die beiden äußeren Schichten stellen die physisch/zeitliche Wirklichkeit dar. Die mittlere Schicht ist ohne zeitliche Struktur belegt und wird in diesem Modell als Seele definiert. Die anderen Infrastrukturen, die koppelnd den größten Teil zwischen den Schichten ausmachen, geben Aufschluß über den Gesundheitszustand einer Person.

So betrachtet ist festzuhalten:

Das Gehirn ist ein Instrument, das (wie offenbar auch die DNS) als Schnittstelle zwischen dem Hyperraum und dem von uns wahrnehmbaren 3+1. dimensionalen Raum betrachtet werden kann *(1= Zeit/X4)*. Es ist uns möglich, willentlich auf diesen Prozeß einzuwirken. Der Auswahlprozeß vollzieht sich hierbei durch entsprechende Gehirnfrequenzen. Aus der Perspektive der Quantenfeldtheorie sind die realen Gegenstände nur in besonderer Weise angeregte Formen von Quantenfeldern und den daraus folgenden Elementarteilchen wie Elektronen, Photonen, Quarks und so weiter. Schlüsse aus Heisenbergs Unschärfe-Relation weisen sehr deutlich darauf hin, daß derartige Bausteine aus dem „Nichts" entstehen können, um sich abhängig von ihrer aufgenommenen Energie wieder in „Nichts" aufzulösen. So mag es im Vakuum brodeln, ohne daß die Zeitspannen der Existenz solcher Teilchen genügend lang wären, daß Menschen sie heute mit ihren Mittel wahrnehmen können. Theoretische Berechnungen sagen beispielsweise vorher, daß in einem leeren Raum mit der Anwesenheit eines sehr starken elektrischen Feldes Elektronen und Positronen aus dem „Nichts" entstehen müßten.

Ein Beispiel ist der Casimir-Effekt, der 1997 durch einen amerikanischen Forscher sogar meßbar nachgewiesen werden konnte. Casimir berechnete 1948, daß zwei Metallplatten, die im Vakuum dicht zusammengebracht werden, ohne äußeren Grund aneinandergepreßt werden müßten. Der Grund wäre, daß sich in dem dünnen Spalt zwischen den Platten nicht mehr beliebige „Quanten-Teilchen" bilden könnten, sondern nur noch solche, deren Wellenlänge in den Abstand paßt.

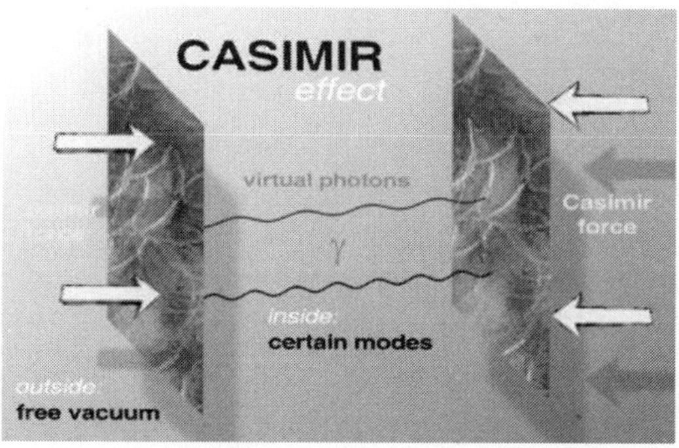

Abb.14:
Der Casimir-Effekt als Schnittstelle zum Hyperraum.

So entstünde innerhalb des Spalts eine geringere Anzahl von Teilchen als im umgebenden Raum, worauf, wie bei dem bekannten Phänomen des Luftdrucks, die Platte von außen zusammengedrückt werden müsse.

Die theoretische Physik ist voller weiterer Beispiele. Im Moment sucht sie nach dem Higgs-Feld, das nach dem britischen Physiker *Peter Higgs* benannt wurde, der es berechnete. Dieses Feld ist der Schlüssel für die Eigenschaft, die wir als *Masse* bezeichnen. Die Wechselwirkung mit diesem Feld würde erklären, warum ein Elektron Masse besitzt und warum diese so viel geringer ist, als bei einem Proton. Man hofft, dieses

Feld demnächst nachweisen zu können, wenn der neue CERN-Beschleuniger *Large Hadron Kollider* fertiggestellt wurde. Sollten diese und andere Annahmen der theoretischen Physik bestätigt werden – was sehr wahrscheinlich ist – so wäre das Vakuum die Basis, aus der die materielle Welt hervorgekommen ist. So, wie dann in ihm ein Photon oder ein Elektron entstehen könnte, wären selbst komplexe Systeme wie ein menschlicher Organismus nur eine Vergrößerung dieses Phänomens. Physikern ist bekannt, daß auch im perfektesten Vakuum ständig virtuelle Teilchenpaare aus Materie und Antimaterie entstehen, welche die Energie zu ihrer Erzeugung vom Vakuum „ausleihen" und sie nach sehr kurzer Zeit wieder zurückgeben, indem sie sich gegenseitig vernichten (annihilieren). Man kann virtuelle Teilchen nicht beobachten, jede Beobachtung würde sie sofort zu reellen Teilchen werden lassen. Ein indirekter Beweis für die Existenz dieser virtuellen Teilchen existiert bereits (zum Beispiel die Bewegung der Wasserstoffatome durch winzige Verschiebung ihres niedrigsten Energieniveaus). Allein im Moment ihrer Entstehung hat das Vakuum bereits eine negative Energiedichte, weil es einen kleinen Anteil seiner Energie an die Teilchen entliehen hat. Die virtuellen Teilchen kann man auch nach dem Welle-Teilchen-Dualismus als Welle auffassen. **Der Casimir-Effekt repräsentiert, sozusagen beweisführend, daß der materielle Schöpfungsprozeß durch das Vakuum (Hyperraum) erfolgt.** Um diesen Prozeß hervorzurufen, sind jedoch sehr eng definierte, physikalische Voraussetzungen erforderlich. So ist beispielsweise neben dem Material und der Geometrie auch der Abstand dieser Materialien von entscheidender Bedeutung. Es passen sozusagen nicht alle Wellenlängen zwischen beiden Materialien (Platten), sondern nur stets ein ganzzahliges Vielfaches bestimmter Wellenlängen, während außen alle möglichen Fluktuationen bzw. Wellenlängen existieren dürfen.

Im Endeffekt drücken somit von außen mehr Wellen gegen die Platten, als im Zwischenraum ausgeglichen wird; es entsteht hier somit ein Feld mit negativer Energiedichte. So entsteht das, was man *negative Energie* nennt und dementsprechend ein negativer Druck im Spalt. Immerhin wird das Anziehen der Platten auch als ein weiterer Beweis für die Existenz der virtuellen Teilchen gesehen.

Die Originalberechnung von Casimir ergab einen Abstand der Platten von etwa einem Mikrometer. Wenn man die Platten einander nähert, passen noch weniger Wellen in den Spalt – die negative Energiedichte steigt weiter. Zieht man sie auseinander, verschwindet der Effekt.

BEWUẞTSEIN UND REALITÄT
(aus neuer physikalischer Sicht).

Holografie des Bewußtseins:

Zunächst wies der Neurologe *Karl Pribram* nach, daß das technische Modell der holografischen Speicherung von visuellen Informationen auch für die Menschen zutrifft. Das bedeutet, daß unsere Erinnerung nicht lokal in irgendwelchen einzelnen Zellen gespeichert ist, sondern verteilt als Interferenzmuster = Hologramm über ganze Areale.

Über das materielle Substrat der Interferenzmuster sind sich die Wissenschaftler noch nicht ganz einig, ob nur in den Nervenzellen (Dendritenpotenziale) oder in allen Körperzellen diese Informationsverarbeitung vonstatten geht. Später weitete dann Pribram seine Theorie dahin aus, daß auch alle anderen Sinneseindrücke auf dem holografischen Prinzip basieren. Zusammen mit *David Bohm* (ein Schüler von Albert Einstein) erkannte er, daß der ganze Kosmos ein holografisches Universum ist, wobei unser Gehirn wiederum ein **Hologramm** darstellt! In dieser Wirklichkeit befinden wir uns in einem Ozean von Wellen und Frequenzen. Unser Gehirn hat nun die Fähigkeit, daraus kontinuierlich auf mathematischem Wege (Fourieranalyse/Fouriertransformation) eine objektive Realität durch die Interpretationen der Interferenzmuster zu konstruieren!

Mehrere Autoren, wie zum Beispiel Bearden, York und so weiter fassen das menschliche Gehirn als Skalarwellendetektor auf. Die beiden Hirn-Hälften würden demnach eine (auch aktivierbare) Interferometer-Anordnung bilden. Nach Thompsen jr. wird eine Transkommunikation mittels Skalarwellen realisiert, die als **holografische Muster unendlicher Dimensionen existieren**, wobei proportional zur Komplexität der Information viele derartige Muster überlagert sind. Pribram konzipiert ein umfassendes Paradigma, das die Hirnforschung eng an die Physik bindet. Normale Wahrnehmung, paranormale und transzendente Erfahrungen sind darin Teile der holistischen Natur. Der Funktionalismus sieht Bewußtsein als reine Information und fundamentaler als die mate-

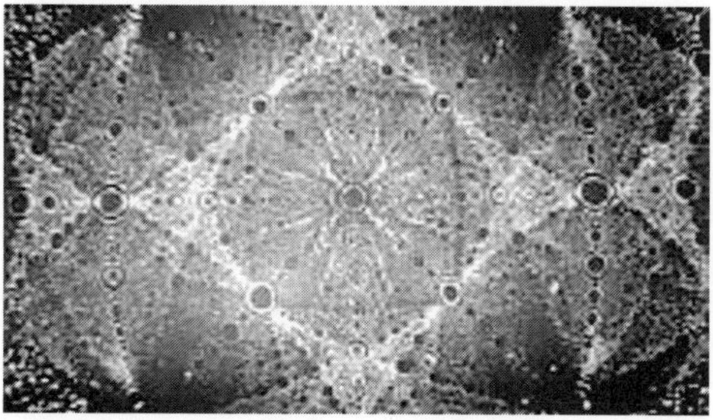

Abb.15:
Materie als komplexes Feld STEHENDER WELLEN. Feldionenmikroskopische Aufnahme einer Platinspitze mit 500.000facher Vergrößerung. Die weißen Punkte sind einzelne Atome. So etwa sollte man sich Materie als Feld stehender Wellen vorstellen.

rielle Welt. *Eccles* erkennt die Gehirnstruktur als Interface zu nichtmateriellen geistigen Bereichen und den Geist als „Programmierer" des Gehirncomputers!

Eccles erklärt in seinem neuen Buch *„Wie das Selbst sein Gehirn steuert"* (1999), daß die Steuerung der Synapsen in Bereichen erfolgen kann, die dem Heisenberg'schen Unschärfeprinzip unterliegt!

Harris Walker aus Cambridge legt dar, daß der Bewußtseinsprozeß nicht chemischer Natur ist, sondern auf einen quantenmechanischen Tunneleffekt basiert. Er führt überzeugende Beweise dafür an, daß in der *Synapse* irgendein quantenmechanisches Phänomen stattfindet. Auch *David Bohm* und *Basil Hiley* berichten von *„verblüffenden Ähnlichkeiten zwischen dem Quantenpotenzial und den Verbindungen des Gehirns"*. Sie fanden heraus, daß der Raum zwischen den Nervenenden sich niemals ganz still verhält („Nullpunktenergie des Vakuums"), sondern eine kontinuierliche Aktivität langsamer Wellenpotenziale aufweist.

In diesem *Synaptischen Spalt* herrscht nun eine unaufhörliche komplexe Aktivität von Wellenformen (bis zu 20 Impulsen pro Sekunde) mit Interferenzmustern – eine Grundvoraussetzung, um holografisch verschlüsselte Informationen entstehen zu lassen. Dies würde erklären, daß Erinnerungen nicht allein auf bestimmte Gehirnzellen begrenzt bleiben, sondern sich (zeitgleich) im gesamten Gehirn ausbreiten.

Materie ist aus Schwingungen aufgebaut

Moderne Wissenschaftler stellen sich die Entstehung des Universums etwa so vor: „Am Anfang war das Wort", waren Ton und Licht – also Schwingungen, Felder. Materie stellt man sich aus Feldern entstanden vor, als Verdichtung dieser Felder, die nur scheinbar eine von den Feldern unabhängige Existenz haben. Sie sind als Knoten sich überlagernden Wellenfronten (*Stehende Wellen*) aufzufassen und lösen sich genauso, wie sie aus den Feldern hervorgegangen sind, am Ende ihrer Lebensdauer auch wieder in diesen auf. Doch auch da, wo sich bereits bestehende Teilchen zu Atomen, Molekülen, Zellen und ganzen Organismen anordnen, stehen Felder als organisierende Kräfte und Muster dahinter.

Teilchen und Felder entstehen aus dem „Nichts". Letztlich entstehen aber nicht nur Teilchen und sämtliche Formen und Strukturen der materiellen Welt, sondern auch die Felder selbst aus dem Vakuum, dem leeren Raum, der nach der modernen Physik überhaupt nicht leer, sondern von der unaufhörlichen Aktivität der sogenannten „Nullpunktfluktuationen" erfüllt ist. Jack Sarfatti meint dazu: *„Materie bildet sich, wenn Information dem Substrat der chaotischen Nullpunktbewegung kohärente Ordnung aufprägt. Elementarteilchen sind, auf der grundlegensten Ebene, ganz einfach kohärente Organisationen der ungeordneten Nullpunkt-Quantenfluktuationen in der Geometrie der Raum-Zeit."*

Die Elementarteilchen werden gebildet durch Information, die eine Form des Bewußtseins ist.

Quantenphysik behandelt Realität nach dem Vorbild der Akustik. Wie der Physiker *Hamprecht* gezeigt hat, behandelt die Schrödinger'sche Wellengleichung, Grundlage der modernen Quantenmechanik, alle Zustände der Materie und des Lichts nach dem Vorbild der Akustik, nämlich wie Grund und Obertöne einer schwingenden Saite oder

Luftsäule, die genauso diskrete (gequantelte) Zustände (Tonfolgen) ohne Zwischenformen bilden wie Materie und Licht. Nur, daß hier nicht die Saite oder Luft das schwingende Medium bilden, sondern der leere Raum, das Vakuum selbst!

Elektronen und Photonen, genauso wie alle anderen Bausteine der Materie, sind als bestimmte Schwingungszustände des Vakuums zu verstehen; Fermionen (wie die Elektronen und Neutronen) sind materiehafte Bosonen (wie die Photonen), lichthafte Erregungszustände des Äthers! Die Bewegung von Teilchen und die Emission von Photonen durch die Atome finden beim Wechsel des Elektrons von einem Eigenzustand (Schwingungszustand) in einen anderen statt. Somit beschreibt die Quantenmechanik „*Licht und Materie wie die Musik eines verborgenen nichtmateriellen Instrumentes – nämlich des Raumäthers*".

Mentale Unterdrückung des Radioempfangs

Die Arbeitsgruppe „Instrumentelle Transkommunikation" unter der Leitung von *Professor Ernst Senkowski* beschäftigt sich seit den sechziger Jahren mit dem Phänomen „Kommunikation mit Jenseitswesen" (Verstorbenen). Über Vakuum-Hyperraum stoßen wir auf Wirkbrükken „Mensch-Materie". Mittels elektronischer Mikrotechnik werden überraschend nüchterne Ergebnisse erzielt. Die „Instrumentelle Transkommunikation" (IK) ist inzwischen ein Forschungsfeld mit streng „naturwissenschaftlichen Methoden". Herausgehoben soll an dieser Stelle ein Versuch der mentalen Beeinflussung des Radioempfangs. Tatsächlich gelang es dem spirituellen Medium *Homes* am 20.3.1997 nach 30 Minuten Meditation, aus etwa 4 m Abstand den Fernsehempfang mehrere Male etwa 0,6 Sekunden lang, mental bewirkt, zu unterbrechen. Er bat die Jenseitsgruppe „FDL" um eine unterschiedliche Zahl von Unterbrechungen (von 3 bis 15), die sich jeweils nach einigen Sekunden korrekt verwirklichten. Während der Unterbrechungen trat ein starkes Rauschsignal auf, das eventuell den normalen Empfang unterdrückt hat. Mit starker Konzentration gelang es Homes auch, aus etwa 1,5 m Entfernung die normale Funktion eines auf UKW eingestellten Empfängers vorübergehend mental zu blockieren. Vermutlich befand er sich dabei in einem veränderten Bewußtseinszustand. Das Oszillogramm des zeitlichen Ablaufs bestätigt den subjektiven akustischen Eindruck des verzögerten Effektes.

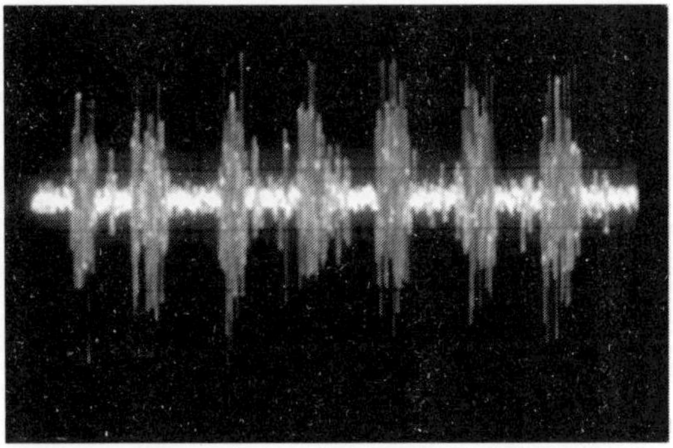

Abb.16: Unterdrückung (sieben mal in Folge) des TV-Empfangs durch ein Rauschsignal.

Roger D. Nelson (Princeton, USA) stellt seine Bewußtseinsforschung (Feldbewußtsein) in einen erweiterten Zusammenhang. Eine zufällig beobachtete, computerstatistisch erkennbare Abweichung vom Normalverhalten (reduzierte Amplitude des Rauschens – zusätzliche Ordnung), synchron mit der Veröffentlichung des Todes von *Yitzhak Rabin*, löste eine Entwicklung aus, die zur weltweiten Installation von etwa 75 Meßstationen führte, in denen das computerisierte Verhalten von Rauschdioden fortlaufend beobachtet wird. Die Daten laufen in Princeton zusammen und werden im Hinblick auf eventuelle Korrelationen mit weltbewegenden emotionalen Ereignissen ausgewertet. Ein besonders spektakulärer Effekt zeigte sich zur Zeit der Terroranschläge am 11. September 2001, bei dem die Abweichungen bereits einige Stunden vor den tatsächlichen Ereignissen einsetzten, dann ein synchrones Maximum erreichten und nach mehreren Stunden abklangen. Sämtliche Phänomene dieser Art kennzeichnet hochsynchronisierte, harmonische Zustände im Gehirn, die ansonsten vorwiegend während der Meditation auftreten. Außerdem wurden enge Korrelationen der Gehirnwellen einander nahestehender Personen dokumentiert.

Dr. Nitamo Montecucco analysiert unter Benutzung einer größeren Anzahl von Elektroden die Gehirnwellen im Beta- bis Theta-Bereich nach Amplitude und Frequenz und stellt die Spektren der rechten und linken Hirnhälfte in einem gemeinsamen Diagramm dar. Dabei gibt es deutliche Zusammenhänge der langsamen Theta-Wellen und speziellen Impulsen während der Fernheilung (mit Synchronisation zwischen Heiler und Patient) sowie mit meditativen Bewußtseinszuständen und medialen Aktivitäten. Eccles ordnet die Gehirnstruktur als Interface zu nicht-materiellen geistigen Bereichen ein und den Geist als *„Programmierer des Gehirncomputers“*. So schreibt *Eccles* in seinem Buch *„Wie das Selbst sein Gehirn steuert“*, daß die Steuerung der Synapsen in Bereichen erfolgen kann, die der Heisenberg'schen Unschärferelation unterliegen. Nach *Tom Bearden* haben *York* und *Jensen* in den USA bereits vor Jahren die Gehirnwellenmuster einiger gesprochener bzw. nur gedachter Worte entschlüsselt.

Die Autoren *Henry Gris* und *William Dick* zitieren in ihrem Buch *„PSI als Staatsgeheimnis“* die russische Neurologin *Bechtereva*: *„Eine meiner Ambitionen im Leben ist, nicht nur Worte zu verschlüsseln und zu entschlüsseln, die vom menschlichen Gehirn akustisch registriert werden, sondern das gesamte Spektrum der geistigen Aktivitäten des Menschen elektronisch zu transkribieren.“*

Sie resümierte, daß es bereits möglich sei, den Code für bestimmte Worte durch Elektroden in das Gehirn zu senden.

Nobelpreisträger Eccles hält übereinstimmend mit der Heim'schen Theorie eine nichtenergetische Steuerung der elementaren Gehirnprozesse aus den quantentheoretischen Wahrscheinlichkeitsfeldern für möglich.

Nach überwiegend russischen Forschungsberichten treten bei Psychokinese-Experimenten relativ starke EM-Felder und eine merkliche Reduktion des umgebenden kosmisch-terrestrischen Strahlungsfeldes sowie Ultraschallfelder auf, die mit den Effekten selbst und physiologischen Daten korreliert sind (Sergejev/Uphoff). Japanische Wissenschaftler haben im Nahfeld von Kiyota EM-Wellen bei 34,5 MHz nachgewiesen, die vom linken vorderen Gehirnlappen abgestrahlt wurden. Die erste Beobachtung erfolgte zufällig während der Konzentrationsphase der Versuchsperson, weil die 34,5 MHz Strahlung die Videoaufzeichnung störte. Später wurde eine Ausstrahlung erheblich höherer Amplitude von 26,5 MHz bei Yamashita gefunden (Uphoff 1980).

Para-wissenschaftliche Aspekte

Die Materie, oder auch die Realität davon, wird aus der Anti-Materie heraus manifestiert. Der Magnetismus zieht es nach oben, um in Realität geschaffen zu werden (und wenn es stattfindet, machen wir dessen Erfahrung und unsere Realität wächst). Die Seele ist das „Buch" in dem alle unsere Erfahrungen aufgezeichnet werden.

Gott ist der Geist, der wir sind – Geist, die Superintelligenz von Bewußtsein und Energie, die „tote" Materie lebendig macht. Und worauf immer wir unseren Geist richten, beginnt Realität lebendig zu werden!

Anti-Materie = Unterbewußtsein,
Materie = Bewußtsein
(beide sind gleichwertig).

Durch das Unterbewußte hält sich das Bewußte stabil. Anti-Materie ist es, durch die Materie geschaffen wird – weil Anti-Materie im Unterbewußtsein existiert!

Spirale ist Zeit. Sie muß durch jede Sequenz 7 Stufen hindurchgehen. Alles, worauf wir uns im Bewußtsein ausdehnen, muß durch 7 Stufen von Gedankenwellen hindurch entworfen werden. Die Spirale muß um jene Realitätsgrade herabfallen, um sich hier in dieser dreidimensionalen Ebene zu manifestieren. Dieses beansprucht Zeit, da in dem Moment, in dem wir Materie/Bewußtsein „haben", in dem Moment, in dem wir es innerlich fixieren und durch unsere Emotion mit Energie versehen, das Bewußtsein seinen Fall nach „unten" antreten muß. Es fällt 7 Ebenen in der Schwingung, um zu seiner Polarität am unteren Ende des Kreises/Spirale zu gelangen. Dann trifft es auf Anti-Materie (Unterbewußtsein). Und von daher wird sich das, was wir im Bewußtsein geschaffen haben, auf dem nächsten oberen Teil der Spirale manifestieren und Realität sein! Ergo: Bewußtsein erschafft Materie.

Gehirn als Transformator = Erschaffungs-Organ!

Während wir über einen speziellen Gedanken nachdenken, setzen wir den Gedanken in seiner Frequenz herab. So entsteht bewußte Materie (nun in der Spirale der Schöpfung). Sie wird nun vollständig in diesem Zeitfluß herabgesetzt, so daß sie in der Realität erschaffen wird. *„Magnetismus ist eine göttliche Energie."* (Ramtha)

Magnetismus ist ein Phänomen der Schöpfung. Magnetismus ist ein Phänomen der Zeit, denn Magnetismus ist die Energie, die geschaffen wird, wenn wir anfangen, unser Bewußtsein zu dehnen und somit sein Abstieg in der Spirale beginnt. Durch das Unterbewußtsein und Anti-Materie wird ihm Gültigkeit verliehen und es beginnt mit seinem Aufstieg!

Das ist der Moment, in dem Magnetismus in dieser Manifestation geschaffen wird. Magnetismus kann einen Gedanken „heraufziehen" und ihn in unserer Realität erschaffen. Das Unterbewußtsein ist NICHT die angesammelte Erfahrung. Das Unterbewußtsein ist das weite „Nichts". Das Unterbewußtsein wird als das „IST" bezeichnet. Es ist die Leere im Raum.

Es ist alles Leben.
BEWUßTSEIN ist bewußtes „IST".
BEWUßTSEIN ist erwachte Intelligenz.

Das *ist* das schlafende Potenzial.

Bekannt ist aus der Quantenphysik:

Das Verhalten der Materie ändert sich, wenn sich Atome in einem höheren Energiezustand (*e*-Orbit) befinden. Sie reflektiert und absorbiert dann andere Bereiche des Lichts. So ein Zustand kommt nur zustande (quanten-physikalisch) durch starke Bewußtseinskräfte! Ein Mensch mit einem solch hohen Energieniveau wäre im Bewußtsein sehr sensibel geworden. Er würde sich und andere mit gleichem Energieniveau/Bewußtsein sehen, wäre aber für andere unsichtbar! Unsere DNS sendet eine Art infrarotes Laserlicht, welches nach *Ananda*, einem spirituellen Lehrer aus England, der den sogenannten „Lichtkörper-Prozeß" lehrt, direkt aus dem Null-Punkt oder Vakuum entspringt. *Roger Penrose*, *Fritz Albert Popp* und andere haben nachgewiesen, daß IR-Licht der Virtualität, dem Null-Punkt entspringt und daß von dort unser Bewußtsein stammt. Unser Bewußtsein wird nicht nur durch IR-Licht erhalten, sondern stammt auch von unserer VORSTELLUNGSKRAFT !

Da nachgewiesen wurde, daß unsere Vorstellungskraft aus dem „Nichts" in die supraleitfähigen Centrozyme eingeht, ist das Infrarot nur das Laser-Produkt, der Laserstrahl, der aus dem Bewußtsein stammt. In der Visualisierung, der Meditation zur Erneuerung und Erhaltung unseres Körpers, wird unser eigenes Bewußtsein zu unserer „Nahrung".

Franz Bludorf und *Grazyna Fosar* erkannten: *„Menschliches Bewußtsein ist eng verknüpft mit der im Weltall allgegenwärtigen Schwerkraft. Es besteht eine Art Polarität zwischen Bewußtsein und Gravitation!"*

Gravitation krümmt Raum und Zeit und verdichtet zu Materie. Bewußtsein ist bestrebt, sich aus der Materie zu befreien. Schwarze und weiße Löcher sind Eingänge zu Raum-Zeit-Tunneln.

Schwarzes Licht: Es verdichtet sich Bewußtsein zu Materie; es wird dadurch unbewußter; die Zeit verlangsamt sich (im schwarzen Loch ist Stillstand der Zeit).

Weißes Licht: Die Materie wird sich selbst bewußter; die Zeit beschleunigt sich.

Beide Kräfte (weißes/schwarzes Licht) wirken vor allem auf das menschliche Bewußtsein = Tore zu höheren Dimensionen!

Bewußtsein und Gravitation sind zwei Seiten des Gleichen!
(viel Materie = viel Bewußtsein ?)

Nobelpreisträger *George Wald*: *„Unser Bewußtsein ist nicht nur die Voraussetzung der Wissenschaft, sondern der Wirklichkeit. Was existiert, ist das, was sich dem Bewußtsein offenbart hat.“*

Die Raum-Zeit als physisches Konstrukt ist mit dem Transbereich durch die Gravitation dynamisch verbunden. Der Informationsfluß steigt und fällt, er ist aber in der physikalischen Raum-Zeit nicht erfaßbar. Harmonische Gedankenmuster erschaffen Materie und Licht! Elementarteilchen und Atome sind spezielle Schwingungsmuster. Die Realität ist als holistische Struktur relativ statisch erscheinender und dynamisch veränderlicher Systeme von stehenden Gravitationswellen aufzufassen, deren relative quantitative Werte von der Beobachtungsmethode abhängen, oder als unendlich komplexes Feld von Wahrscheinlichkeiten des zeitlichen Ablaufs (der Zeitlinien).

Gregory Dubrov von der University of Michigan beschreibt: *„Zeit und Raum besitzen metrische und topologische Strukturen, die sich als Ergebnis psychischer Prozesse verändern können. Schließlich kann die Welt als relativ stabile Massenhalluzination (Indische Maya-Schleier) interpretiert werden, deren Zusammenhang durch eine globale Synchronisation der Gehirntätigkeit gewährleistet ist.“*

Es ist also zunächst festzuhalten, daß gespeicherte Informationen nicht wie bisher angenommen, lokalisiert in bestimmten Gehirnarealen, sondern auf das ganze Gehirn verteilt gespeichert werden und daß das Gehirn die in einem Photonenfeld gespeicherten Informationen abliest, indem es durch eine „Foureir-Transformation“ die Frequenzen im Hologramm in Nervenimpulse umwandelt. Selbst die Erkenntnisse Hameroffs ließen sich in dieses Modell einordnen. Die von ihm entdeckten Erscheinungen im Bereich der Bewußtseinsforschung würden elegant in dieses holografische System passen. *Keith Floyd* ist der Ansicht, die höheren Gehirnfunktionen wie Wahrnehmung, Gedächtnis, Vorstellung usw. seien am besten auf der Grundlage eines optischen Systems zu verstehen. Er meinte, daß der von Pribram vorgeschlagene holografische Mechanismus sich einer Art von dreidimensionalem organischem Bildschirm bedienen könnte, einer bestimmten Gehirnregion, in der sich Bewußtseinsprozesse abspielen würden. Jener Bereich des Mittelhirns, der unmittelbar hinter der Sehnervkreuzung liegt, könnte eine solche neurale holografische Platte darstellen. Für Floyd ist die Zirbeldrüse (*pineal gland*) der Mittelpunkt des holografischen Nervenenergiefeldes, das hier als Bildschirm dient.

So schreibt Floyd: *„Hier ereignet sich jener Lichtblitz, der als Bewußtseins-Bildschirm erlebt wird, und auf dem sich ständig verändernde Figur-Hintergrund-Beziehungen die äußere Realität repräsentieren. Hier müßte auch der Punkt sein, wo sich unser Zeitgefühl und unser Gefühl für Bewegung und Veränderung manifestiert, so daß die Entdeckung nicht überraschen sollte, daß die Entfernung der Zirbeldrüse unsere biologische Uhr durcheinander bringt. Wenn die Zirbeldrüse entfernt ist, ist allerdings nur der Kontrollmechanismus für die rhythmischen Lichtblitze eingebüßt; die Blitze selbst aber gehen weiter an derselben Stelle vor sich, obwohl das Organ, bei welchem sie abgelaufen waren, nicht mehr vorhanden ist.“*

Zur Erinnerung sei darauf hingewiesen, daß bis heute der „Sitz des Bewußtseins“ unentdeckt blieb. Vielmehr geht es um die Wechselwirkung von Energiefeldern im Gehirn im allgemeinen. Es wird unter den entsprechenden Spezialisten zur Zeit eine entsprechende Hypothese diskutiert. Hiernach würden die Bewußtseinsprozesse ein Vergleichen von außen kommender elektromagnetischen Wellen mit Photonen aus dem Nervensystem beinhalten, das in diesem zentralen Hirnbereich vor sich geht. Bei der Wahrnehmung, so meint Floyd, werden in den beiden gegenüberliegenden Gehirnhälften Gehirnwellenmuster erzeugt, die auf dem wahrgenommenen holografischen Bild beruhen. Die Erinnerung spielt sich so ab, daß die bei der ursprünglichen Wahrnehmung aktivierten Nervenstromkreise wieder auf die selbe Art erregt werden, wie bei dem Erlebnis selbst. Dadurch werden die gleichen Gehirnwellenmuster reaktiviert, die auch der ursprünglichen Erfahrung zugrunde lagen – und zwar in der Form einer Überlagerung von Interferenzwellen von beiden Gehirnhälften, so daß das ursprüngliche Hologramm rekonstruiert wird. Was wir „Erinnerung“ nennen, wäre somit eine bewußt vor sich gehende Interpretation der grundsätzlich vieldeutigen Figur-Hintergrund-Muster auf oder in der holografischen „Platte“, dem Feld im Gehirnbereich um die Zirbeldrüse (drittes Ventrikel und Hypophyse), wo sich die Bewußtwerdungsprozesse abspielen. Natürlich könnte das nur funktionieren, wenn tatsächlich kohärente Energie im Gehirn vorhanden wäre. Heute gibt es ernstzunehmende Forschungsergebnisse, die nachweisen, daß elektromagnetische Vorgänge im Gehirn koordiniert und kohärent ablaufen. Schon einzelne Neuronen sind nach *Erich Jantsch* Spezialisten für schnelle, nichtlineare Transformationen. Die Gehirnwellen, die wir im EEG aufzeichnen, zeigen, daß sogar Tausende bis Millionen von Gehirnzellen kohärent schwingen. Sie zeigen in ihrem Kommunikationsverhalten Phänomene der Selbstorganisation. Ihre Dynamik erinnert an dissipative Strukturen (Ilya Prigogine).

Neueste Forschungen haben ergeben, daß Gehirnzellen aus weit auseinanderliegenden Hirnbereichen auf Reize, die vom gleichen Wahrnehmungsobjekt stammen, koordiniert reagieren. Es ist durchaus anzunehmen, daß die zusammenhängenden Bilder von Objekten tatsächlich durch kohärente Wellen elektrischer Aktivität, die für einen Moment das Gehirn durchlaufen, gebildet werden. Die längsten EEG-Wellen müßten also die kohärentesten sein. Tatsächlich wird in Zuständen tiefer Entspannung (Meditation) die Dominanz der schnellen Betawellen des Alltags von einer Koexistenz mit langsameren und längeren Alphawellen abgelöst.

Bevorzugt treten diese Wellen bei Yogis oder Mystikern in höchster Versenkung sowie bei Heilern während ihrer Heilertätigkeit auf. Meditation kann so als eine Art Kohärenztherapie im langwelligen Bereich unseres Photonenfeldes verstanden werden. Nachweislich erhöht die Meditation die Kohärenz unserer Gehirnwellen und führt möglicherweise zu einer Erweiterung unseres Bewußtseins.

In einem Zustand „luzider Wachheit", wie er sich beispielsweise bei Heilern einstellt, treten alle drei Wellenbänder – Beta-, Theta- und Gamma-Wellen – symmetrisch in beiden Hirnhälften auf! Gleichzeitig synchronisieren sich beim Heilen auch die Gehirnwellen von Heiler und Patient!

Im komplexen Netzwerk von miteinander auf vielfacher Weise gekoppelten Oszillatoren im Organismus spielt offenbar das Nervensystem als Gewebe mit der höchsten Kohärenz eine besondere Rolle. Der Chaostheoretiker *Ralph Abraham* ist der Ansicht, daß *„das Netzwerk der Neuronen in erster Linie als Lieferant von Stoffwechselenergie für die Aufrechterhaltung von biochemischen Oszillationen und als Kopplung zu anderen Vibratoren im Organismus dienen könnte, wie beispielsweise zu den Muskeln und zu den Sinnesorganen. Ich schlage vor, daß Wahrnehmung ein Phänomen der Resonanz zwischen dem Gehirn und externen Vibratoren ist"*.

Der Biologe *Roger Coghill* meint, daß das Gehirn über die elektromagnetischen Signale einer morphogenetischen Gehirnstrahlung mit der DNS jeder einzelnen Zelle verbunden ist. Dieses Signal soll als individualspezifisches „Erkennungszeichen" eine digitale Repräsentation des gesamten Bauplanes des Organismus enthalten, und der Zelle über die Antenne DNS die nötigen Startbefehle für die Teilung und die Synthese von Proteinen geben. Wegen der Abwesenheit von Sonnenlicht-Input und minimalem internem Rauschen könnte das Gehirn – insbesondere nachts, und am intensivsten während des REM-Schlafs (Traumphase) – mit den Zellen kommunizieren und auf elektromagnetischem Wege ihre Reparatur, ihren Ersatz, aber auch die Tätigkeit des Immunsystems instruieren.

Der Chemiker *H. Primas* veröffentlichte hierzu bereits 1985 (Chemie in unserer Zeit 4/85): *„Die polarisierte Wirklichkeit ist nicht absolut, sondern eine spezifisch dem Ich-Bewußtsein zugeordnete Wirklichkeit. Diese Polarisierung wird* ***durch unser Bewußtsein erzeugt.****"*

Die durch diese Symmetriebrechung konstruierte Realität ist insofern objektiv, als sie immer dann eindeutig bestimmt ist, wenn wir uns für eine bestimmte Optik entschieden haben. Aber die Wahl der Optik ist uns von der Quantenmechanik nicht vorgeschrieben. Ein konstruktiver Geist kann diese Freiheit nützen und eine neue Realität erschaffen (!) und so im Sinne von Leonardo zum *fabricator mundi* werden! Jede Abstraktion schafft ihre eigene Realität, und die erfahrene Wirklichkeit ist abhängig von der gewählten Abstraktion.

Holografie des Bewußtseins aus quantenmechanischer Sicht

David Bohm bewies schließlich durch seine Forschungen in der Quantenmechanik, daß es nur entweder *Realität* oder *Lokalität* geben kann, nicht aber beides. Das bedeutet, wenn wir uns nicht von der Realität der äußeren Wirklichkeit verabschieden wollen, wir akzeptieren müssen, daß es eine begrenzte Lokalität der Ereignisse unabhängig vom Rest des Universums nicht gibt. Alles ist mit allem verwoben und steht im ständigem (zeitgleichen!) Informationsaustausch.

Jedes Teilchen im Universum ist jeden Augenblick über alle anderen Teilchen des Universums informiert!

Eine andere Besonderheit der subatomaren Teilchen ist, daß jedes Teilchen ständig von einer virtuellen Wolke von anderen Teilchen umgeben ist, die unentwegt neu entstehen und wieder vernichtet werden. Dabei sind die Teilchen um so energiereicher, je näher sie ihrem Ursprungsteilchen sind und je kürzer ihre Lebensdauer ist. Dies geht soweit, daß Teilchen, die sich in Nullentfernung vom Ursprungsteilchen bilden und in Nullzeit wieder vernichtet werden, eine unendliche Energieenge beinhalten und/oder eine unendliche Masse besitzen. Dies führte *Hans Dehmelt* (Nobelpreis für Physik) zu der starken Vermutung, daß die gesamte Materie aus kleinsten Teilchen, den sogenannten *Kosmonienen* besteht, welche die gesamte Masse des Universums in sich vereinigen! Die Topologie des Kosmos wäre so eine fraktale Möbiusschleife, bei der jedes Teilchen den gesamten Kosmos aus einer bestimmten Perspektive heraus beinhaltet. Der „Rand“ jedes Teilchens wäre gleichzeitig der „Rand des Kosmos“ aus der Perspektive des Teilchens (Ereignishorizont = Entfernung, bei der die Expansionsgeschwindigkeit des Universums die Lichtgeschwindigkeit erreicht), was das Universum zu einer holografischen Projektion macht. Wie wir uns das vorzustellen haben kann uns das Bild des schwarzen Lochs zeigen.

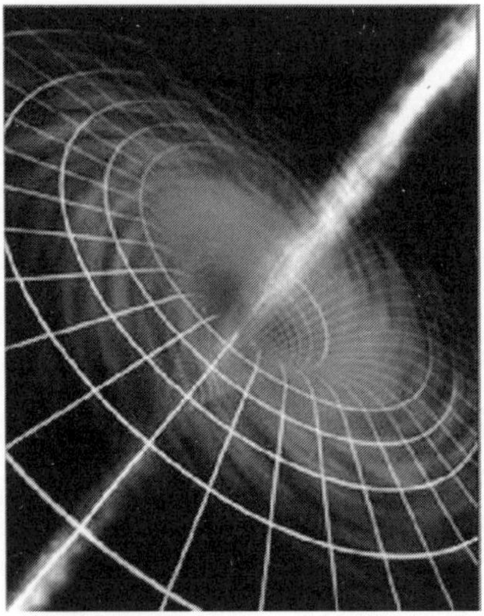

Abb.17:
Darstellung der NASA: Schwarzes Loch.

Im Ereignishorizont des schwarzen Lochs (wo die Fluchtgeschwindigkeit der Schwerkraft die Lichtgeschwindigkeit erreicht) kippt die Raum-Zeit derart, daß Zeit zu Raum wird und Raum zu Zeit. Dies zeigt uns, daß Raum und Zeit austauschbare Komponenten sind, und beweist uns jene Behauptungen von *Immanuel Kant* auf der philosophischen Seite und *Albert Einstein* auf der physikalischen Seite, daß Raum und Zeit eher psychische Kategorien denn physikalische Realitäten sind. Das Denken im Geist des Menschen scheint eine Sonderform des das gesamte Universum durchdringenden Prinzips zu sein.

Rein physikalisch betrachtet genügt es, daß ein Medium, welches Hologramme speichern kann, irgendwo Grenzflächen hat und eine wellenförmige Energieform in sich trägt (Referenzlicht), um Objekte zu erzeugen, die sich selbst verstärken und stabilisieren. Diese Substanz sollte man sich wie eine Flüssigkeit vorstellen, in der sich Schwingungen fortpflanzen. Die speichernden Strukturen müssen ebenfalls aus dieser Flüssigkeit bestehen. Möglicherweise kommen hierfür Wirbel in Frage. Ihre leichte Beweglichkeit befähigt sie zum Fokussieren ihrer Information, daß sie ein gemeinsames Abbild ihres Hologramms erzeugen können. Warum sollte „tote Materie“ so etwas tun? Entweder, weil sie von bewußten Energien gesteuert wird, oder weil sie selbst gar nicht tot ist! Es genügt, wenn sie sich so verhält wie ein Funktions-Fraktal in der komplexen Zahlenebene.

Durch die Rückkopplung von Abspeichern und Wiederabstrahlen kann ein stabiles Gebilde erzeugt werden, das gänzlich aus Lichtenergie besteht und das die Energie einer Hologrammspeicherstruktur bei weitem übersteigt. Diese Energieansammlung „lebt" nach wie vor vom Überlagerungsprinzip und hängt im Fokus ihrer gemeinsamen Erzeuger. Wenn sich die Erzeuger bewegen, wird sie unscharf (Heisenberg), weil aus Synchronmangel (bei Beschleunigungen) zeitweise Auslöschungen erfolgen können. Doch bei einigermaßen synchroner Bewegung bewegt sich die gepumpte Lichtansammlung mit, ansonsten zerfällt sie unter Lichtabgabe (Bremsstrahlung).

Das würde konkret heißen: Die holografische Energieansammlung ist Masse, ist materialisierte Lichtenergie, ist das Produkt einer kollektiven Energiepumpe. Ein Beispiel für diese Masse könnte ein Elektron, ein Proton, ein Neutron oder irgendein anderes massenbehaftetes Elementarteilchen sein. Die primären Hologrammspeicherstrukturen (HSS) aus dem Ur-Medium sind sehr viel kleiner, beinhalten aber informatorisch das Elementarteilchen noch einmal. Sie könnten stabile kinetische Wirbelstrukturen im Urmedium sein. Die HSS haben vermutlich etwas mit Bewußtsein zu tun, weil sie mit Information zu tun haben. Ein Teil der eingefangenen Energie ist ständig unterwegs zwischen HSS und Masse, um die Information in der HSS zu aktualisieren und auf dem Rückweg die Masse durch neues Licht zu stabilisieren. Zusätzlich müssen im Urmedium genügend Referenzwellen vorhanden sein, weil sonst prinzipiell kein Hologramm entstehen kann!

Da es auch Schall-Holografie gibt, genügt es auch, sich diese urmedialen Wellen wie longitudinale Schwingungen vorzustellen: Am Anfang war das Wort. So ist es möglich, daß zu jedem Materieteilchen mindestens zwei HSS-Teilchen gehören. Richtiger sogar umgekehrt, denn die sehr viel kleineren HSS hätten primär zu sein. Gibt es nun pro Materieteilchen genügend überschüssige HSS, könnten diese sich auch abkoppeln, ohne daß sich die Materie in diffuses Licht auflöst. Sie könnten dann als viel dünneres Materie-Doppel bisweilen ein Eigenleben führen (zum Beispiel als wandelnde Astralkörper). Dazu müssen sie aber ihren Gesamtzusammenhang behalten. Dieses wäre möglich, denn schon die Bindung zweier Elementarteilchen zum Atom erfordert ein gemeinsames Bindungs-HSS. Ebenso dürfte die Molekülverbindung in einer Molekül-HSS-Zentrale die Informationen aller beteiligten Atome vereinen. Sobald etwas energetisch zusammengehört, war es vorher in einem HSS-Hauptspeicher dieser Ebene aufgenommen worden. Solche Hauptspeicher muß es auch für jede Zellorganelle, für jede Zelle, für jedes Organ und auch für den Gesamtorganismus geben. Ob es sich dabei um zusammengeballte Einzel-HSS handelt (HSS-Moleküle) oder um Kompaktinformationen am zentralen Ort, sei dahingestellt. Ein fest vorgegebener Energiefluß verbindet dieses dichte Netz, das bis ins kleinste Elementarteilchen hinabreicht, mit der Hauptzentrale. Die Energie schwingt hin und her, vom höchsten System bis zum niedrigsten und zurück. Hologramme haben die Eigenschaft, alle Bildpunkte flächenhaft (Burkhard Heims Metronen sind Flächen!) abzulegen und gleichzeitig das gesamte Bild in einem Punkt zu speichern. Dadurch wird in der Hauptzentrale alles mit allem verbunden.

Zusammenspiel der Schwingungsmuster

Untersucht man einen Organismus, erweist sich dieser als ein hierarchisches Netz zahlreicher einzelner Schwingungskörper. So schwingen das Herz und Gehirn auf der Organ-Ebene, im höheren Bereich, die Nervenimpulse hingegen auf der zellularen Ebene.

Auf einer unteren hierarchischen Ebene sind es zum Beispiel die Proteine. Sie produzieren mit die höchsten Schwingungsfrequenzen.

Die höchsten Frequenzen werden von den Wassermolekülen abgestrahlt (2,4 GHz-Resonanz-Frequenz). Die Synthese organischer Stoffe ist zwar in der DNS kodiert, aber das dynamische Schwingungsverhalten dieser Stoffe ist zusätzliche Information, welches durch Bio-Photonen im elektromagnetischem Spektrum ein optimales Übertragungsmedium darstellt (Fritz Albert Popp, G. Nagel, et. al.).

Dies wäre vergleichbar mit einem Computer, wobei als Analogie die Hardware die molekulare und die Software die elektromagnetische Ebene darstellt! So findet bereits auf molekularer Ebene kollektives Verhalten statt.

Es sei bereits jetzt darauf hingewiesen, daß die Rolle des Wassers als Kopplungssubstanz des dynamischen Netzes nicht hoch genug bewertet werden kann (siehe auch *extrazelluläre Flüssigkeit*). Es besitzt offensichtlich ideale Eigenschaften, die es zum Informationsspeicher macht. Zusammen mit den Wassereigenschaften bildet die Zelle ein dynamisches Netz, das chaotisch oder geordnet schwingen kann, je nach Mischung der Frequenzen, Stärke der Verkopplung oder Einfluß eines dominanten Regelmechanismus. Dieser Punkt soll nachstehend aus Ausgangspunkt dienen. Wenn die Zellbestandteile bestimmte Positionen eingenommen haben, um ihre Funktion zu erfüllen, können sie auch in geordneter Weise ihre Schwingungen weiterleiten. Ein festes Schwingungsmuster (Stehende Welle) wiederum kann die Positionen der Moleküle beeinflussen und stabilisieren, wie zum Beispiel bei Chladnischen Klangfiguren.

Zusammenfassung

Das menschliche Gehirn, mit seinen 10^{10} Neuronen (Nervenzellen), welche sich in zwei Hemisphären aufteilen, ist unter holografischen Aspekten zu betrachten.

Um dem Prinzip des Hologramms zu entsprechen, sollten sogenannte *Stehende Wellen* aufgebaut sein. *Stehende Wellen* sind dem Gesetz der Kohärenz zuzuordnen. Kohärenz bedeutet, daß Schwingungen – elektromagnetisch oder akustisch – sich im Gleichtakt beziehungsweise in Resonanz befinden. Dieses geschieht im Gehirn, besonders im Gehirn eines Menschen. Die Signale, die wir beispielsweise durch ein

EEG messen können, zeigen in unterschiedlichen Frequenzbereichen (0,5-40 Hz) grundsätzlich nur die kohärenten, gleichschwingenden Neuronen. Die Höhe der Amplitude zeigt uns die Menge der kohärent schwingenden Neuronen. Man könnte es, elektrotechnisch gesehen (es gelten in biologischen Bereichen die physikalischen Gesetze als Basis), so ausdrücken: je höher die Amplitude, um so größer die Sendeleistung. Je mehr also einzelne Neuronen synchron miteinander schwingen (in Resonanz sind), um so besser ist die Voraussetzung für die holografischen Eigenschaften!

Diese synchron schwingenden Neuronen bilden eine sogenannte *Stehende Welle*. Eine höhere Qualität (Klarheit/Schärfe) und eine abrufbare, verfügbare Kapazität wird über eine größere Anzahl beteiligter, kohärent schwingender Neuronen erreicht. Dieses geschieht in der Regel immer dann, wenn wir eine große Aufmerksamkeit erreichen. „Aufmerksam sein“ heißt: Konzentration oder Meditation auf einen Punkt zentriert.

So haben also unsere Wahrnehmung, unsere Gedanken etwas mit dem Synchronschwingen unserer Neuronen zu tun. Denken wir an oder über etwas Bestimmtes nach, zum Beispiel einen Stein, so wäre also dieser Gedanke die Frequenz dieses Steins, die also zumindest ein Neuron veranlaßt, eine bestimmte Spin-Vorzugsrichtung (Veränderung der Achsenlage) einzunehmen. Die Aufmerksamkeit, mit der wir über diesen Stein „nachdenken“, wäre – in Analogie zu unserem elektrotechnischen Modell (Nachrichtentechnik) – die Sendeleistung.

Abb.18:
Dreidimensionales Bild.

Je aufmerksamer beziehungsweise emotionaler wir über diesen Stein „nachdenken“, um so mehr Neuronen schwingen synchron miteinander – in gleicher Frequenz. Das bedeutet, es besteht eine Zwangsläufigkeit zwischen der Emotion und der an diesem Gedanken beteiligten Neuronen. Bei diesem Vorgang senden die Neuronen die mit der Information „Stein“ versehenen elektromagnetischen Felder aus. Die entsprechende Emotion entscheidet über die Vielzahl dieser elektromagnetischen Felder. Diese *em-Felder* sind es, welche nun unter diesen kohärenten Bedingungen eine holografische Struktur bilden. Die Schärfe beziehungsweise Klarheit oder Güte des Hologramms entscheidet über die Kohärenz der Gedanken. Ein weiterer Aspekt, diese kohärenten em-Felder (Schwingungen) im Gehirn aufzubauen, sind Bereiche, die primär nichts mit den Emotionen zu tun haben. Hierzu gehören die Ebenen, die beide Gehirnhälften (Hemisphären) gleichschwingen lassen. Dieses zusammen Gleichschwingen der intuitiven (unbewußten) und rationalen (bewußten) Gehirnhälften entsteht unter anderem in der Meditation. (Es gibt Techniken wie zum Beispiel das 3-D-Sehen, welche diese

Synchronisation der Hemisphären bewirken und damit offensichtlich auch Zugang zu den „höheren Ebenen“ verschaffen.)

Über dieses nun so aufgebaute Hologramm des Gehirns bestehen direkte Interaktionsmöglichkeiten mit dem Umfeld, dem ganzen Universum! Von der Physik wissen wir, daß unter Bedingungen einer *Stehenden Welle „eine Informationsübertragung quasi zeitgleich erfolgt, da innerhalb dieser Welle alles mit allem verbunden ist“.*

Unsere Erde als Kugel-Hohlraumresonator (7,8 Hz) bildet durch eben diese Eigenschaft automatisch eine *Stehende Welle*, welche durch entsprechende em-Felder aufgebaut wird. Diese *Stehenden Wellen* regen pausenlos die Erde selbst zur Eigenschwingung (Resonanz) an. Bemerkenswerterweise stimmen bestimmte Frequenzen (Schönwetter-Sferics) – sowohl in ihrer Impulsform wie auch in ihrer Frequenz – in frappanter Weise mit dem Alpha-Gehirnwellen-Rhythmus (8-12 Hz) überein! *König*, *Fröhlich*, *Presman* und andere Wissenschaftler gehen davon aus, daß gerade diese em-Felder eine entscheidende Rolle in der Prägung der Evolution gespielt haben – sind es doch gerade die Frequenzen, die für die Ausbildung der elektrischen Steuerungs- und Regelungsvorgänge bei Lebewesen von großer Bedeutung sind. Eingebettet in ein quasi homogenes Meer von em-Feldern, die zumindest in ihrer natürlichen Form als eine kosmische *Stehende Welle* fungieren, können wir (wir sind das Ganze) auf diese Weise aktiv teilhaben am „Spiel des Universums“.

Mit unseren Gedanken sind wir in der Lage, in Resonanz mit dem zu gehen, an das wir denken. In Analogie eines Computers wäre es dann möglich, Modelle wie *Akasha* und *mophogenetische Felder* zu erklären. Unser Gehirn wäre dann so etwas wie der Arbeitsspeicher, wobei die Festplatte in der ersten Ebene unsere Erde mit ihrem Magnet-Feld (0,5 Gauß) in Verbindung mit den freien Elektronen (u.a. von der Sonne), darstellt. Von entscheidender Bedeutung dürfte, diesem Beispiel folgend, unser Bewußtsein und unsere Wahrnehmung sein. Hieraus ergibt sich die Qualität (als Intensität und Prägung) unserer Gedanken. Konkret heißt das, daß aus der Vielzahl der Sinneseindrücke, die auf uns ständig einwirken, ein bewußt selektives Auswählen erfolgen sollte. Erst wenn entsprechende, kohärente Schwellenwerte (größere Anteile an synchron schwingenden Neuronen) erreicht werden, ergeben sich holografische Strukturen, die einen prägenden Einfluß (Erkenntnisse, Erleuchtung...) bewirken.

So besitzt also unser Gehirn die konkrete Möglichkeit, in den materiellen Schöpfungsprozeß einzuwirken. Die Voraussetzungen hierzu sind aus physikalischer Sicht, daß ein Gedanke mindestens drei Sekunden „gehalten“ wird!

In der Physik heißt es: Überlagerungen (konstruktive Interferenz = Voraussetzung eines Hologramms) treten nur auf, wenn das Licht oder die em-Welle kohärent sind und wenn die Phasenbeziehungen während eines Verhältnis zur Schwingungsdauer lange Zeit konstant bleiben. Auf diese Weise bewirken die Strukturen der Schwingungsfelder, daß auch die Materie sich in sie hineinordnet!

Materielle Strukturen entstehen sowohl im Mikro- wie im Makrobereich aus Schwingungsüberlagerungen. Mikroteilchen sind selbst solche „Knotenphänomene“ (*Stehende Wellen*), die sich nicht mehr fortpflanzen, sondern sich lokalisieren, weil sich an dem betreffenden Ort die Feldkräfte die Waage halten – und wachsen dann in dieses Feld hinein!

Nach *Dr. Injuschin* bildet das Bioplasma (Bio-Photonen) ein Medium, in dem vom Organismus selbst erzeugte oder von außen kommende Infrarot- und Ultraviolett-Biophotonenstrahlung in der Form von angeregten Oszillationen langlebig gespeichert wird. Diese im Organismus wie in einem Hohlraumresonator gespeicherten Wellenzüge besitzen unterschiedlichste Kohärenz – ein biologisches Feld, das eine komplexe holografische Wellenstruktur von großer Stabilität bildet.

MATERIE UND BEWUẞTSEIN

Das Bewußtsein entwickelt sich nach Charon frei innerhalb von zwei sich deterministisch entwickelnden „Wohnstätten“: den präonischen und äonischen Mikrouniversa (Imaginäres) und dem immensen kosmologischen Universum (Realität).

Diese zwei, in ihren Dimensionen sehr verschiedenen Behausungen weisen dennoch viele Ähnlichkeiten auf, was ja auch nicht weiter verwunderlich ist, da ihnen seit Anbeginn der Welt dieselben physikalischen Gesetze zugrundeliegen. Sie haben vor allem eines gemeinsam: Beide sind geschlossene, lichterfüllte Räume, deren Radius in periodischer Schwingung ist. Sehen wir uns diese Behausungen des Geistes etwas näher an.

Die präonischen und äonischen Mikro-Universa

Bekanntlich unterscheiden sich die Präonen von den Äonen dadurch, daß die elektrische Ladung der Präonen gleich Null ist, während die Äonen eine positive oder negative Ladung (Elementarladung *e*) aufweisen. Die Eigenmassen der Äonen bilden ein kontinuierliches Spektrum, das verschiedenen Quantelungszuständen entspricht.

Die Eigenmassen der Präonen bilden dagegen ein kontinuierliches Spektrum. Außerdem gliedern sich die Präonen je nach ihrer Spinquantenzahl in zwei Gruppen: halbzahliger Spin (Neutrinos) oder ganzzahliger Spin (Photonen). Die Neutrinos sind also Präonen der Wirkungsstufe *1* (aufgeteilt in Spin und Impulse).

Sie entstehen oder verschwinden je nachdem, wie die Erhaltung der Wirkung oder der Impuls-Energie es fordert. Sie sind Bestandteile der Struktur des Äons und die Quelle der Psi-Welle, die von jeder Psychomaterie ausgeht! Sie besitzen nur die 16 Komponenten, welche die Psi-Welle charakterisieren. Die Initialbedingungen dieser 16 Komponenten informieren das Teilchen, von dem die Psi-Welle ausgeht, über die „Geometrie" der umgebenden realen Raum-Zeit. Das Neutrino verfügt also noch über kein „Gedächtnis" im eigentlichen Sinn. Es kumuliert nicht Informationen aus dem umgebenden Raum, sondern ersetzt die vorhandenen durch die gegenwärtigen (siehe auch die Veröffentlichungen von *Lothar Göring*).

Es hat demnach auch keine eigene Freiheit, sondern versieht „Aufklärerdienste" und sammelt Informationen über die Außenwelt, die von den Teilchengedächtnissen dann verwertet werden.

- Neutrino (Psi-Welle) = Informant

Die Photonen sind Präonen der Wirkungsstufe 2 (aufgeteilt in Spin und Impulse). Sie werden durch die „Fusion" (im Sinne Louis de Broglies) von zwei Neutrinos gebildet, die ihre jeweiligen Dreh- und Schwingbewegungen vereinigen.

2 Neutrinos = 1 Photon

Der wellenförmige Aspekt der Photonen ist vollständig darstellbar durch ein Feld mit $16^2 = 256$ Komponenten. Diese Komponenten enthalten auch die 16 Komponenten, die das einzelne Neutrino charakterisieren. Das Photon besitzt also ein eigenes Gedächtnis und ist frei. Wenn sie in ein äonisches Mikro-Universum eingehen, können die Photonen einen 1 übersteigenden Gesamtspin annehmen und so die Grundstruktur des deutungsfähigen äonischen Gedächtnisses (Sigma-Feld) schaffen.

Außerhalb des äonischen Mikro-Universums kann das Photon sein eigenes Gedächtnis zum Transport von Informationen von einem Psychomaterieteilchen zum anderen benutzen:

- Photon (Sigma-Feld) = Bote

Die Äonen, jene punktförmigen Strukturen, die sich im realen Raum als geladene Leptonen und Quarks manifestieren, interessieren uns ganz besonders.

Äonen = Leptonen (Elektronen, Protonen und Neutronen). Sie sind nämlich jene Teilchen, die Milliarden von Symbolen (Informationen) unauslöschlich kumulieren können.

Am interessantesten sind in diesem Zusammenhang jene Äonen, die zu Bestandteilen stabiler Strukturen werden – namentlich der Nukleonen (Protonen und Neutronen), welche die Atomkerne bilden, und der Elektronen, die um diese Kerne kreisen. Das Lebensalter solch stabiler Äonen wird nach Jahrmilliarden gemessen. Ihre Lebensdauer übersteigt damit tatsächlich die des Universums selbst.

Die Äonen (Leptonen) entstehen paarweise (ein Äon und ein Antiäon) aus dem Licht, wenn zwei Photonen (Photon und Antiphoton), die über die nötige Energie verfügen, zusammenstoßen. Elektronen, Neutronen und Protonen bestehen aus Photonen. Auch die umgekehrte Reaktion ist theoretisch möglich: Ein Äon und ein Antiäon können bei ihrem Zusammentreffen verschwinden und durch ein Paar Photon/Antiphoton ersetzt werden.

Allerdings schränkt die Komplexe Relativitätstheorie diese „Vernichtungsreaktion“ ein: Die Äonen stellen eine Raum-Zeit dar, die eine „negentropische“ Entwicklung durchläuft, das heißt, in der die gespeicherten Informationen nicht verloren gehen können.

Das bedeutet wiederum, daß ein Äon, in dessen Gedächtnis mehr als die maximal 256 Symbole gespeichert sind, die das Gedächtnis eines einzelnen Photons aufnehmen kann, nicht mehr der Vernichtung anheimfallen kann, durch die es sein Gedächtnis verlöre und in Licht verwandelt würde. Nur Äonen mit wenig Gedächtnis (niedrigem Bewußtseinsgrad) können verschwinden. Im Universum des Wortes bleiben die Formen/Symbole erhalten.

Wir können also feststellen, daß die Äonen, die unter ihrem kosmologischen Aspekt (also so, wie sie von der Physik im realen Raum dargestellt werden) Elektronen und Quarks genannt werden, die eigentlichen Bestandteile des Wortes sind: Sie verfügen über eine Einrichtung zur Aufnahme von Informationen (Neutrino mit Psi-Welle), über ein unzerstörbares Gedächtnis mit faktisch unerschöpflicher Kapazität (Sigma-Feld) und über ein „Bewußtsein" (Geist), das sie frei macht. Dazu kommt, daß (zumindest die bewußteren) Äonen praktisch „ewig" leben. Aus all dem läßt sich schließen, daß wir es bei diesen Trägern des Wortes mit wahren Persönlichkeiten zu tun haben:

- Äon (Psi-Sigma-Feld) = Persönlichkeit

Das heißt nun natürlich nicht, daß komplexe Wesen wie wir (oder jeder andere Organismus im Tier- oder im Pflanzenreich), die aus einer riesigen Menge von Äonen bestehen, diese Bezeichnung deshalb nicht mehr in Anspruch nehmen dürfen. Die einzelnen Äonen und unser „Ich" haben ein und denselben Geist. Doch haben wir auch dasselbe „Ich"? Wenn ich sterbe, lebt mein Geist weiter, denn er ist ja auch der transzendente Geist des Seienden. Was geschieht jedoch mit meinem „Ich"? Mit dieser Frage werden wir uns noch beschäftigen müssen, nachdem wir den Begriff des „Ichs" genauer definiert haben.

Ergänzende Hintergründe zur „Informations-Physik" aus aktueller Sicht der Quantenfeldphysik

Die physikalischen Eigenschaften der elektrischen Ladung von Elektronen und Positronen wird geradezu dadurch verursacht, daß Elektronen und Positronen eine innere Raum-Zeit-Struktur mit Photonen/Anti-Photonen besitzen. Neben den rein physikalischen Aspekten hat die elektrostatische Wechselwirkung noch eine „geistige" Bedeutung. **Durch den Photonen-Impulsaustausch können die beiden Elektronen untereinander Informationen in Form von Lichtmustern austauschen. Das heißt, sie können von einander „lernen", es erfolgt ein Informationszuwachs!**

Im inneren der Photongase der Elektronen sind nicht nur gewöhnliche Photonenzustände mit Spin = +/-1tn möglich, sondern auch solche mit höherem Spin = +/-1 tn, +/-2 tn, +/- tn und so weiter (wie eine Arbeit von Louis de Broglie zeigt). Charon belegt, daß durch solche höheren Spin-Zustände die Anzahl der möglichen Lichtmuster im inneren der Elektronen zunimmt. Somit können die Elektronen (wie alle geladenen Teilchen) sehr komplizierte Lichtmuster indirekt untereinander austauschen – durch den Photonen-Impulsaustausch. Und mit jedem Photon-Impuls-Austausch werden die Elektronen vertrauter miteinander, da die Zahl der gemeinsamen Lichtmuster zunimmt. Das Positron sammelt in gleicher Weise wie das Elektron Erfahrungen durch Speicherung von Antilichtmustern im inneren seines Antiphotonengases. Außerdem werden die Lichtmuster/Anti-Lichtmuster zwischen dem Elektron und dem Positron ausgetauscht. Der Photon–Antiphoton-Impulsaustausch hat jedoch zur Folge, daß sich das Elektron und das Positron anziehen und gegenseitig festhalten.

Die Elektron-Positron-Wechselwirkungen sind für die Kondensation und Verdichtung materieller Strukturen (Quarks = Neutrinos) von Bedeutung. Diese elektrostatische Wechselwirkung zwischen geladenen Teilchen ist nur ein Teilaspekt der allgemeinen em-Wechselwirkung.

Neben diesem Photon-Impuls-Austausch, von Innenraum zu Innenraum können die Elektronen auch mit dem äußeren Raum-Zeit-Kontinuum in Kontakt treten und zwar durch Abstrahlung beziehungsweise Empfang von reellen Photonen, die sich in der äußeren Raum-Zeit mit Lichtgeschwindigkeit ausbreiten. Die Gesamtheit dieser reellen Photonen im Außenraum bildet das Spektrum der em-Wellen. Aus den elementaren stabilen Teilchen *Neutrino* und *Antineutrino* lassen sich alle übrigen Teilchen bilden. Neutrinos bilden Photonen, Photonen bilden Elektronen und Positronen, diese bilden die Quarks, die Quarks bilden die stabilen Kernteilchen Proton und Neutron. Aus Protonen, Neutronen und Elektronen wird die gesamte stabile im Universum vorkommende Materie aufgebaut.

Rückkopplungsschleifen des Gehirns

Ein weiteres Merkmal von Sarfattis Post-Quantentheorie ist sein „Back-Action-Modell" (Gegenwirkung). Das Back-Action-Modell beschreibt die Wechselwirkungen zwischen Geist und Materie. Dieser interaktive Prozeß ist in beiden Richtungen wirksam. Dieser Zweiwegeprozeß erzeugt eine aktive Rückkopplungsschleife, die Geist und Materie zu einem ungeteilten Ganzen verbindet. *Back-Action* bedeutet, daß die oberste Steuerungsinstanz des Gehirns in jedem Moment mit ihrer Pilotinformation arbeitet. Im Verlauf des interaktiven Prozesses kommt es zu einem dauernden Umbauvorgang.

Ursache dieser Interaktionen sind *„äußere Botschaften aus der Vergangenheit, der Zukunft und andernorts des momentanen Hier-Jetzt-Lichtkegels des Gehirns. Die Back-Action haucht den Gleichungen der Physik das Leben ein"*, so Sarfatti selbst, *„sie ist der Heilige Geist"*. Die Absicht des Geistes, die auf der Quantenebene von Materie wirkt, kommt mit der Gegenwirkung (Back-Action) der Materie auf den Geist zusammen.

Hieraus ergeben sich folgende Phänomene:

- sich spontan selbstorganisierende Systeme,
- Extraktion von Nullpunktenergie aus dem Vakuum,
- einem empfindungsfähigen absicht-bewußten Erleben,
- der Entstehung „seltsamer Schleifen".

Sarfatti ordnet „Seltsame Schleifen" einer zeitverbindenden Eigenschaft zu. Er erklärt, daß sie in zweifacher Form auftreten, und zwar als *„Absicht aus den Zukunftsschleifen mit Erfahrungen aus der Vergangenheit, wie etwa bei Erinnerungen, zusammen mit der Vorausaktion oder rückwärts gerichteten Verursachung", und als „Absicht aus den Vergangenheitsschleifen mit Erfahrung aus der Zukunft, wie etwa bei präkognitiven Fernwahrnehmungen oder Remote Viewing sowie bei jeder Art von schöpferischem, geistigem Akt"*.

Einheitlichkeit von Geist und Materie

Geist und Materie agieren in Form eines „Back-Action", eines Gegenwirkungs-Prinzips. „Empfindsame Absicht" steuert offenbar die „Pilot-Q-Bit-Informationswellen", welche die Materie organisieren. **Gedankliche Energie läßt sich in die Energie des elektromagnetischen Feldes oder in Lichtenergie umwandeln.**

Nach *Tom Bearden* wirkt die Gedankenenergie dahingehend, daß sie das Nachfolgende ermöglicht oder in Gang setzt:

- Entweder die Ladung eines geladenen Teilchens auszulöschen oder eine Ladung an einem Objekt aufzubauen, das zuvor keine elektrische Ladung hatte;
- ein elektrostatisches Feld im Umfeld eines Objektes zu erzeugen, damit eine Interaktion entsteht; und
- feinstoffliche Energien in den Hyperfeldfluß von Magnetfeldern zu kondensieren. Zusätzlich verdichtet sich Gedankenenergie fortlaufend zu elektrischen Mustern, welche alle Vitalfunktionen des menschlichen Körpers beeinflussen, formen und modulieren.

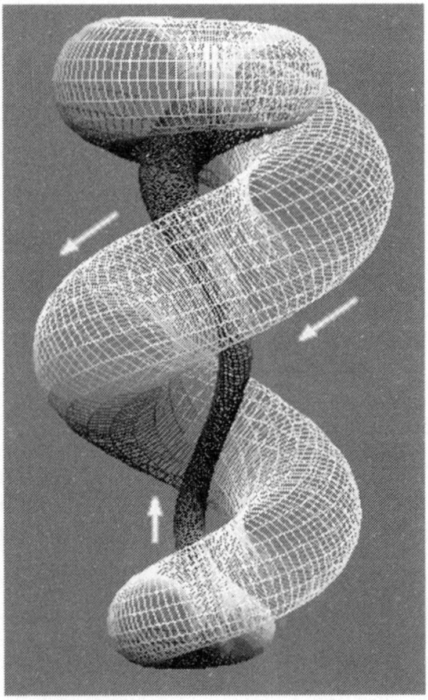

Abb.19:
Torus (Ringwirbel)

Wenn ein Elektron sich auf einer elliptischen Bahn im Atom dem Kern nähert, wird es beschleunigt und seine Ätherteilchen bewegen sich immer schneller. Nehmen wir an, daß dabei vom Torus Ätherteilchen, welche die Lichtgeschwindigkeit erreicht haben, abgerissen werden (wie Elektronen vom Atom bei seiner Ionisierung). *W.A. Azjukowski*, entwickelte 1974 und 1990 ein Modell für Elementarteilchen, Atome und Moleküle als **Wirbel und Kreisströmungen vom gasförmigem Äther.** Hier ist ein Elementarteilchen ein Torus. Die Ätherteilchen um die Achse des Torus erzeugen das Magnetfeld (Spin) des Teilchens. Gleichzeitig rotieren sie im Ring um den zentralen Kreis (die Seele) des Torus und erzeugen so die elektrische Ladung. Der Äther bewegt sich also im Elementarteilchen gleichzeitig kreis- und schraubenförmig. *Roger Penrose* geht davon aus, daß sich in unserem Kopf ein komplettes Universum darstellt. Er wies nach, daß sich in Pineal-Peturi, Hypothalamus, Thalamus, Medula Oblongata und Hypocampus natürliche Resonanzkörper bilden.

Mikromagnetische Felder, die gemessen wurden, zeigten im EEG die Form eines Torus (Wurmloch/Schwarzes Loch).

Der Ablauf der geometrischen Entfaltung einer Lebensform ist immer gleich. Das Leben beginnt mit einer Eizelle oder Kugel, wandelt sich in ein Tetraeder, in ein Stern-Tetraeder, in einen Würfel, in eine weitere Kugel und schließlich in eine röhrenförmige Ring-Schnecke, in einen Torus. Ein solcher Torus – in diesem besonderen Fall könnte man ihn als Röhrentorus bezeichnen, da er an das Innere einer Röhre erinnert – ist von daher etwas Einzigartiges, als er sich einwärts falten und sich dabei nach innen oder nach außen drehen kann. Keine andere existierende Form kann dies oder etwas ähnliches.

Der Torus ist die erste Form, die sich ergibt, wenn das Genesismuster vollendet ist, und er ist absolut einzigartig unter allen Formen. *Arthur Young* entdeckte, daß es bei dieser Form sieben Regionen gibt, die man zusammengenommen als *seven-color map* bezeichnet.

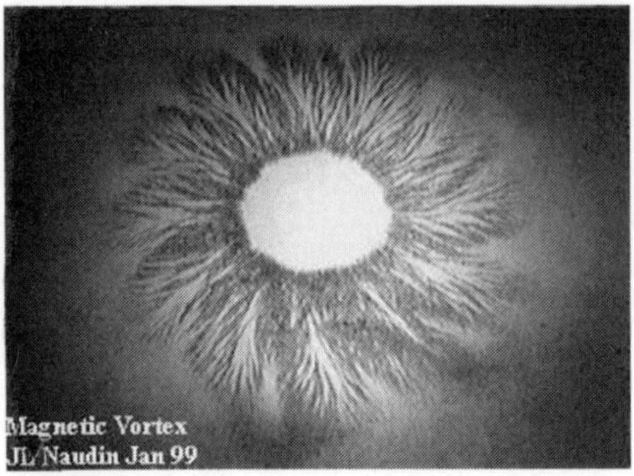

Abb.20:
Feldlinienverlauf durch elektrotechnische Anregung

Der Torus, der Ringwulst, herrscht als Form bei vielen Aspekten unseres Lebens vor. So zum Beispiel hat das menschliche Herz sieben Muskeln, die einen Torus bilden, und es pumpt Blut in die sieben Regionen. Der Torus findet sich buchstäblich in allen Formen von Leben, allen Atomen und allen Himmelskörpern wie etwa Planeten, Sternen, Galaxien und so weiter.

Das Herz und Gehirn im Zustand der Liebe – Harmonie durch Kohärenz von Herz und Gehirn

Existieren objektivierbare Aspekte für das, was wir mit Liebe ausdrücken? Ist nicht Liebe etwas, was sich der rationalen Hinterfragung entzieht – ein dualistischer Aspekt, dem Welle-Teilchen-Dualismus gleichkommend? Im Zustand der Hingabe löst sich das persönliche Selbst, um sich im Gefüge des Seins als Ganzes zu integrieren. Absolute Hingabe erfahren wir im Zustand der Liebe und ist mit ihr gleichzusetzen. In diesen Momenten hören wir scheinbar auf zu existieren, sind offenbar außerhalb des Zeitgefüges. Wir befinden uns im Fluß des kosmischen Seins, ohne an persönliche Aspekte gebunden zu sein. Unser Handeln verläuft nach harmonischen, weichen Fließgesetzen der unpersönlichen Natürlichkeit. Gefühle der Ekstase tragen die inneren Bilder unserer Wahrnehmung. Unser Ego stellt sich diskret in den Dienst des erfahrenen Glücks, welches sich seiner Reichweite entzieht. Liebesenergie ist die eigentliche vereinheitlichende, anziehende Kraft (Kohäsionskraft) des Universums. So ist sie beispielsweise die Kohäsionskraft zwischen den Elementarteilchen wie die Elektronen. Diese Liebe ist die Intelligenz, welche die Elektronen in eine bestimmte Form führt.

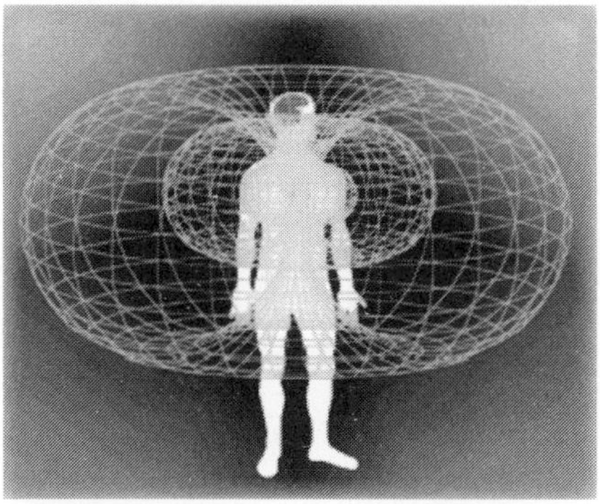

Abb.21:
Das elektromagnetische Potenzial eines Kinderherzens. Deutlich erkennbar ist die Form eines Torus. Dieses Torus-Feld hat eine Reichweite von etwa zwölf bis fünfzehn Fuß (vom Körper entfernt). Die Quelle dieses Torus ist das Herz.

Abb.22:
Magnetfeldlinien eines menschlichen Herzens. Diese Aufnahme stammt von der „University of Utah – Computer Department".

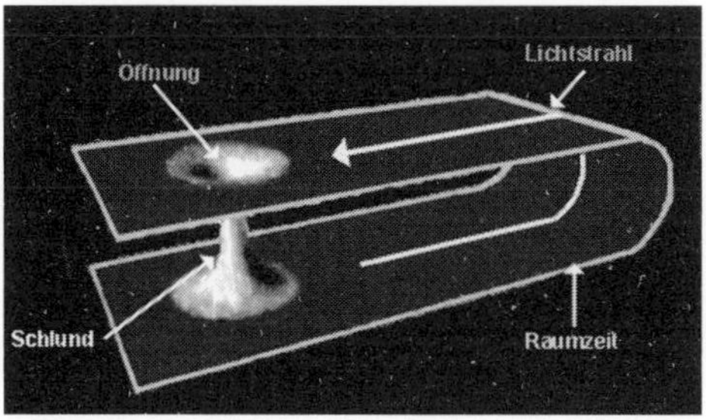

Abb.23:
Wurmloch/Dimensions-Tor als Torus.

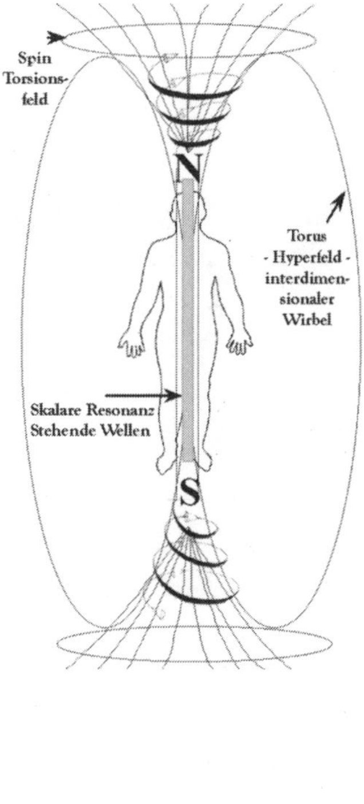

Abb.24:
Der Mensch als Schnittstelle zum Hyperraum.

Willenskraft ist die Energie, welche die Elektronen um den Atomkern rotieren läßt – und zusammenhält. Dies bezieht sich auf alle Wirbelkräfte im Universum. Selbst der atomare Kern wird durch einen solchen Wirbel verursacht. Es sind die rotierenden Elektronen, welche aus Ätherteilchen, den Neutrinos, bestehen.

Das Prinzip *Liebe* beginnt bei der biologischen Evolution, also hier in den äußeren Elektronen der Atome, die Lichtenergie (Photonengas) in den Innenräumen der Elektronen zu bündeln. Im Vergleich zu Pflanzen und Tieren ist beim Menschen der Bündelungsgrad der inneren Lichtenergie der Elektronen wesentlich höher. In Atomen eines menschlichen Körpers wird schon viel Lichtenergie in tiefer liegenden Atomorbitalen gespeichert. Die Energieportionen solcher Elektronenübergänge liegen im Bereich der ultravioletten bis hinauf zur harten Gammastrahlung. Der Denkprozeß des Menschen (Gedanken) entspricht möglicherweise solch hohen Lichtfrequenzen. Bei geistiger Transformation durch Meditationen werden die Lichtenergien im Inneren der Elektronen noch stärker gebündelt. Schließlich werden auch die Teilchen im Atomkern davon erfaßt. Auch die Antilichtenergie (Antiphotonengas) im Inneren der Positronen beginnt nun, sich immer stärker zu bündeln. Die möglichen Energieübergänge im Atomkern entsprechen bereits außerordentlich hohen Frequenzen (harte Röntgen- bis Gammastrahlung). Bei weiterer Bündelung werden sogar die Kern-

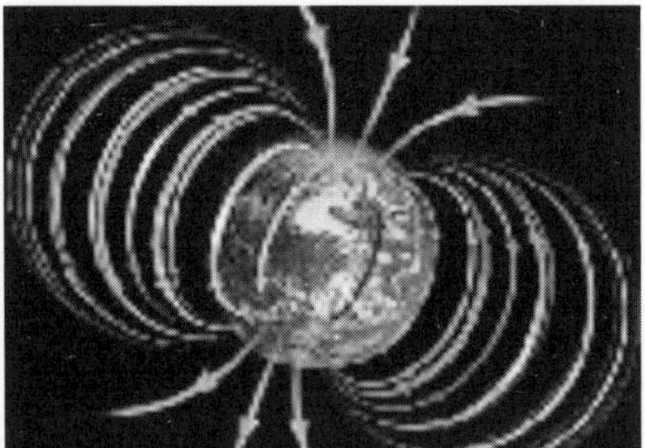

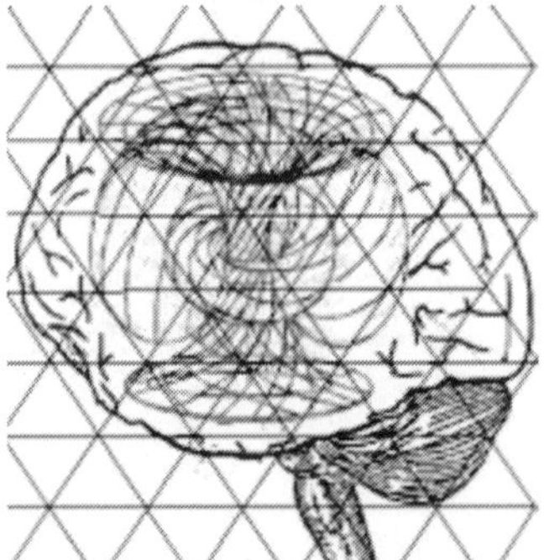

Abb.25 und **26**:
Erde und Gehirn als Torus.

teilchen (Protonen und Neutronen) in ihre Bestandteile, die *Quarks*, zerlegt. Auch die Quarks, die aus stark miteinander gekoppelten Elektronen und Positronen aufgebaut sind, werden bei weiterer Bündelung aufgelöst. Die Materie befindet sich damit mehr und mehr in angeregten Energiezuständen. Der Bündelungsprozeß der Lichtwolken in den inneren Raum-Zeiten der Elektronen kann beim Menschen durch geistige Transformation schließlich soweit gehen, daß die gesamte innere Lichtenergie des Elektrons (und die gesamte Antilichtenergie des Positrons) auf ein einziges Superphoton (bzw. Superantiphoton) zusammengezogen wird. Wenn dies geschieht, schwingt das Licht im Inneren der elektronischen Raum-Zeit mit der höchstmöglichen Frequenz.

Wie kann man Herz und Gehirn nun zusammenbringen?

Über eine Phasenwaage kann man beobachten, wenn man ein EEG (Meßgerät für Gehirnströme) gleichzeitig mit einem EKG (Meßgerät für Herzfrequenzen) zusammenschließt. Auf diese Weise wird erkenntlich, in welchen bestimmten Situationen wir zum Beispiel Freude erfahren. Reine, ehrliche und unschuldige Freude ist im Grunde genommen ein Parameter der Liebe.

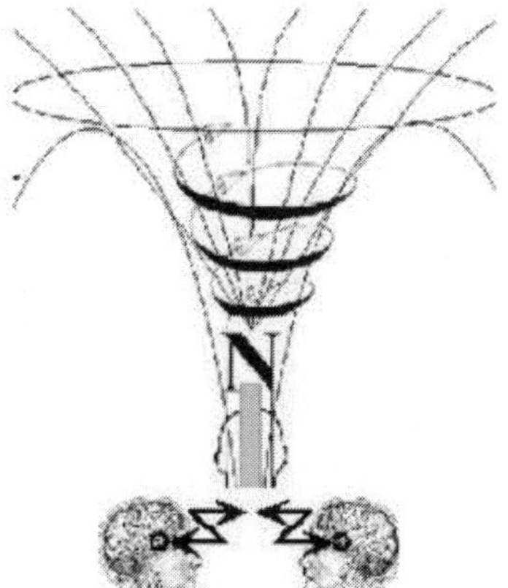

Abb.27:
Kommunikation zweier Gehirne über Hyperraum.

Das wirft die Frage auf, warum unsere Gesellschaftsform die reine Freude des Menschen so extrem erschwert. Vielmehr werden Strukturen der Ablenkung, richtig gehender Unter-Haltung (sie halten uns wahrhaft *unten*) unterstützt, um die Menschen immer weiter zu degenerieren. Wahre Freude ist die Unschuld, sich in Harmonie mit etwas wieder zu finden und darin auflösen zu können. In der Regel sind es natürliche Aspekte. Wir selbst sind im Grunde ein natürlicher Aspekt. Wenn wir uns in dem Naturschauspiel des Sonnenaufgangs wiederfinden und uns von Herzen daran erfreuen, dann stellt auch dies einen Liebesaspekt ganz direkter Art dar.

Prozesse im Gehirn beeinflussen auch parapsychologische Geschehnisse. Schlüsselbereich ist die Zirbeldrüse. Sie gibt eine besondere Flüssigkeit in den Blutstrom hinein, welche die Synapsen der Nerven beeinflußt. Das Potenzial ist allen Menschen gegeben, es ist jedoch bei spirituellen Medien (sogenannten *Hellsehern*) mit einer größeren, strukturell verschiedenen Zirbeldrüse stärker ausgeprägt. Chemische und elektronische Möglichkeiten der PSI-Induktion existieren, jedoch sei die beste Methode die mentale Einstimmung auf Friede, Harmonie und Liebe.

„Es ist unmöglich, daß sich ein höherer Bewußtseinszustand einstellt ohne die endogene Erzeugung mindestens winziger Mengen gewisser Hormonmoleküle durch die neurosekretorischen Zellen im Gehirn.“

Dies meint *Charles Muses*.

GEHIRN UND HYPERRAUM

Als multidimensionale Wesen zeichnen wir uns in unserem Innersten durch Elemente aus, die auf dieser „Realitätsbühne“ materiell anwesend sind. Diese Elemente bieten die Mechanismen, die uns helfen, unser Leben zu gestalten. In unserem physischen Körper sind wir Menschen mit elektromagnetischen Zugangswerkzeugen zum Hyperraum ausgestattet. Wenn wir diese Werkzeuge in Anspruch nehmen, treten wir bewußter als multidimensionale Wesen in Aktion, die an der Gestaltung ihrer Wirklichkeit arbeiten. Tatsächlich verfügen wir Menschen über angeborene, schöpferische Fähigkeiten, dessen Funktionen überwiegend in unserem Unterbewußtsein ablaufen. Die Absicht bringt uns auf bewußter Ebene mit unseren hyperräumlichen Schöpfungsfähigkeiten in Verbindung. Absicht erzeugt eine Kräuselwelle in Zeit und Raum, durch die dann Bewegung ausgelöst wird. Unsere Absicht dient dazu, Energien durch interdimensionale Portale hindurchzuführen und zu lenken. Das Halten der Absicht erzeugt eine Flutwelle, welche die Raum-Zeit ändert und so neue Ereignisse in unsere Realität plaziert. Die Führung durch die miteinander verknüpften, geometrischen Strukturen innerhalb des Hyperraumes wird zu einem interdimensionalen Prozeß. Der Schlüssel zum Verbinden von Ebenen bestimmter Dimensionen liegt darin, die Verbindungswege zu finden oder herzustellen, welche die Geometrien auf natürliche Weise miteinander verbinden.

Unser Bewußtsein steuert und durchdringt sämtliche Dimensionen des Seins. Verbindungen dieser Art sind die naturgemäßen Frequenzen, interdimensionale Knotenpunkte, Einstein-Rosen-Brücken, Wurmlöcher oder geometrische Verbindungselemente. Das Nutzen dieser Möglichkeiten stellt einen interdimensionalen Prozeß dar, bei dem innerhalb der geometrischen Muster über die volle Bandbreite unserer multidimensionalen Natur eine Integration hergestellt wird.

Ein interdimensionaler Prozeß erlaubt die Übertragung oder den Übergang energetischer Muster von einer Dimension in die andere.

Diese mit dem Geist verbundenen Energiemuster tragen das Element der Umwandelbarkeit in sich. Diese Muster erschaffen unsere Realität. Elektromagnetische Phänomene und der Magnetismus haben ihren Ursprung in den höheren Dimensionen. Elektromagnetismus kann als ein Kräuseln oder eine Schwingung aus der fünften Dimension verstanden werden, die wiederum mit der Geometrie der noch höheren Dimensionen in Verbindung stehen.

Das elektromagnetische Feld ist ein Hyper-Feld

Das elektromagnetische Feld ist in Relation zu unserem physischen Körper das erste Hyperfeld. Das elektromagnetische Feld kodiert in sich die Muster und Informationen der Hyperfelder aus noch höheren Dimensionen. Das Licht und die elektromagnetischen Felder sind Reflexionen und Schwingungen der fünften Dimension. Beide Phänomene – die ähnliche Eigenschaften aufweisen – sind die Träger der Kodierung von Informationen aus höheren Dimensionen. Beide wirken sich auf den Ausdruck und die Organisation von Materie in der physischen Wirklichkeit aus und beeinflussen diese. Unsere multidimensionale Natur erlaubt uns, durch die bewußte Einprägung von Mustern in den Hyperfeldern des höheren Raums unsere eigene Wirklichkeit zu kreieren. Die Gitterabmessungen variieren je nach Gitter-Struktur, wobei sie vom Gitter des Geistes (Kleinstes) zur physischen Wirklichkeit reichen (Größtes). Nach *Tiller* gibt es durch das Netzwerk wandernde Wellen, die mit dem Bewußtsein in Verbindung stehen. Wir werden jedoch später noch genauer darauf eingehen.

Nichtlokale (nonlocal) Teilchen stehen in Wechselwirkung mit der gesamten Zeit

Nach *Tom Bearden* tritt das Elektron in Wechselwirkung mit anderen Raum-Zeit-Systemen, während wir auf unserer dreidimensionalen Bühne lediglich einen Teilabschnitt von ihm erfahren. Wenn wir die Elektronen darüber hinaus als Schleifen oder Verwölbungen im Raum-

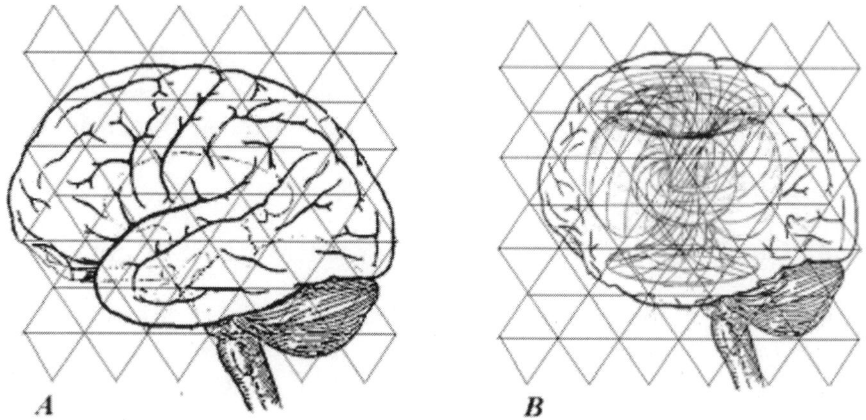

Abb. 28 und **29**:
Energetisches Gitternetz im Gehirn.

Zeit-Gefüge verstehen, erscheint das Ganze noch bizarrer. *Mark Hadley* zufolge ist die Verwölbung so ausgeprägt, daß die Raum-Zeit sich rückwärts auf sich selbst faltet und dabei einen Knoten entstehen läßt, bei dem die Zeit zu einer geschlossenen Kurve verschlungen ist, ähnlich einer Achterschleife oder eines Möbiusbandes. Vergangenheit und Zukunft werden zusammen durch diese Zeitschleife verbunden. Diese Schleife ermöglicht es, daß die Elektronen nicht nur mit anderen Elektronen in ihrer eigenen Zeit in Wechselwirkung treten, sondern auch mit Elektronen, die in deren Vergangenheit oder auch in deren Zukunft existieren mögen.

Nichtlokale Phänomene stellen in der Naturwissenschaft eine revolutionäre Entdeckung dar. Tatbestand ist, daß die Nichtlokalität ein naturgegebener Fakt ist, was zur Folge hat, daß unsere physische Wirklichkeit nichtlokal ist. **Das Bewußtsein, das Denk-Gehirn-System und die multidimensionalen Aspekte unseres Seins sind gänzlich nichtlokaler Natur.** Sie alle verfügen über die Fähigkeit, sich mit anderen Systemen zu interagieren, unabhängig von der Entfernung, die sie zu trennen scheint. Nach Tillers Modell durchdringt das 10-dimensionale universelle Kalibriergitter das Gehirn (Bild A).

In Bild B finden wir eine Überlagerung zwischen dem Gitter und dem hyperräumlichen Antriebsmechanismus. *Jack Sarfatti* nach dient eine ganze Reihe von „Nanoantennen", gebildet durch Elektronen innerhalb des Gehirns, dazu, den Mikrotubuli des Gehirns Informationen zu übermitteln.

Die Denkmaschine Gehirn ist ein nichtlokales System

Amit Goswami beschreibt ein Experiment, das die Nichtlokalität der Interaktion zwischen zwei menschlichen Denk-Gehirn-Systemen bestätigt. Diese Versuche, die von *Jacobo Grinberg-Zylberbaum* durchgeführt wurden, gelten als das Äquivalent zu dem wegweisenden *Aspect-Experiment*, das bekanntlich mit Photonen durchgeführt wurde. In diesem Experiment traten über einen bestimmten Zeitraum zwei Versuchspersonen in Interaktion, so daß beide das Gefühl einer inneren Verbundenheit hatten. Anschließend wurden beide Versuchspersonen in zwei separaten Faraday'schen Käfigen untergebracht. Der Faraday-Käfig schirmt bekanntlich alle herkömmlichen elektromagnetischen Signale ab. Versuchsperson Nummer 1 wurde nun einem Lichtblitz ausgesetzt, wovon die Versuchsperson 2 nichts wußte. Der Lichtblitz bewirkte als Signal sofort ein meßbares Potenzial im EEG. Gleichzeitig wurde die Hirntätigkeit von Versuchsperson 1 aufgezeichnet. Tatsächlich trat hierbei gleichzeitig im Gehirn der anderen Versuchsperson ein Signal ähnlicher Form und Intensität auf.

Der Forschungsleiter *Goswami* meinte hierzu: *„Die beiden Gehirne, Denkapparate fungieren als nichtlokales korreliertes System. Die Korrelation der Denk-Gehirn-Systeme wird durch nichtlokales Bewußtsein und die Quantennatur unseres Gehirns erhalten. Eine derartige Resonanz zu erzielen, ist eine inhärente und natürliche Fähigkeit unseres nichtlokalen Bewußtseins und unseres Quantengehirns."*

Dieses Experiment verdeutlicht, daß die Kontaktaufnahme von Menschen untereinander immer unsichtbare, aber nichtsdestoweniger reale, nichtlokale Korrelationen mit sich bringt. Dieser Informationstransfer stellt auch eine Resonanz mit dem Hyperraum dar.

Nichtlokalität als Merkmal der Ganzheitlichkeit

Nichtlokalität bezeichnet jene Eigenschaft, die mit der sofortigen Weitergabe von Information in Verbindung steht, gleich, wie weit auseinander und wie stark getrennt die Partikel (oder Systeme) sind. Während die Photonen sich voneinander wegbewegten, „kannten" sie weiterhin den Polarisationszustand des anderen Photons.

Dieses Wissen erfolgte sofort und beschränkte sich nicht auf die Lichtgeschwindigkeit. Ein ähnliches Experiment wurde 1997 wiederholt (Gisin, Universität Genf), nur daß dieses Mal die Photonen 11 Kilometer weit entfernt waren, anstatt 13, wie beim *Aspect-Experiment*. Anhand dieses Versuches von 1997 ließ sich nachweisen, daß man das Merkmal der Nichtlokalität selbst dann noch bestätigen könnte, wenn sich die Partikel an entgegengesetzten Enden des Universums befän-

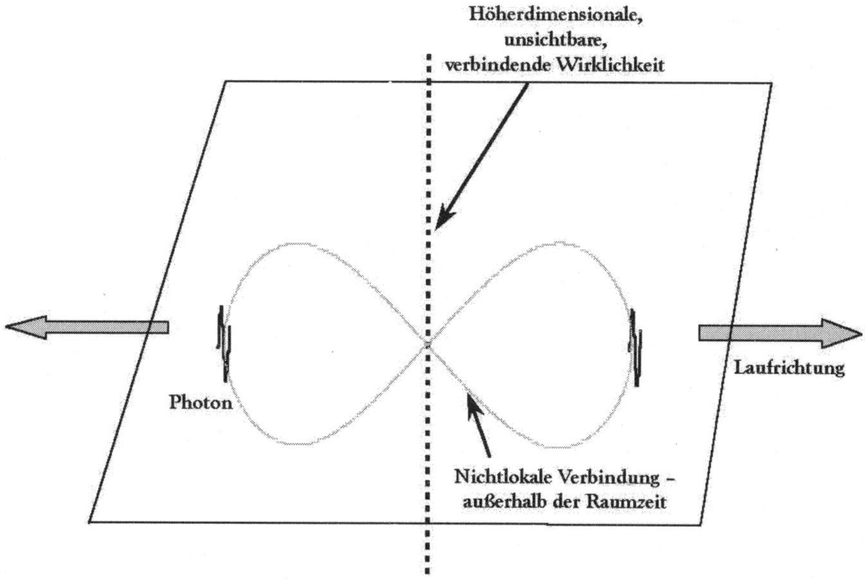

Abb.30:
Interaktion und Anbindung an den Hyperraum.

den. Nichtlokalität verweist auf die Existenz einer unsichtbaren, einer verbogenen Wirklichkeit, die der physischen Wirklichkeit zugrunde liegt. Durch diese Wirklichkeit besteht eine ungeteilte Verbundenheit, die jenseits der Grenzen von Zeit und Raum kommuniziert. 1982 stellte das Aspect-Experiment erstmals eine nichtlokale Verbindung zwischen zwei Photonen her, die aus einem gemeinsamen Ereignis stammten. Dieses Experiment brachte die Physiker zwangsläufig zu dem Schluß, daß Nichtlokalität eine universelle Lebensdynamik des Kosmos ist. Damit ergeben sich einerseits äußerst eigenartige räumliche Beziehungen, eben so genannte Nichtlokalitäten im Sinne des Einstein-Podolsky-Rosen-Phänomens (Spin-Umkehr bei einem Teilchen führt zu augenblicklicher (instantaner) Spin-Umkehr eines beliebig weit entfernten, sogenannten „verschränkten" Zwillingsteilchens, andererseits ist es möglich, mit Hilfe einer Lorenztransformation im Raum-Zeitdiagramm die Reihenfolge der Ereignisse umzukehren (das heißt somit auch den Zeitpfeil). Hier kommt ebenfalls das Raum-Zeit-Problem zum tragen, das schon *Pauli* und *Jung* in ihrem Briefwechsel beschäftigt hat.

Als Erstes läßt sich somit zusammenfassen:

Das menschliche Bewußtsein, das Denken, die Funktion des Herzens und die Emotionen des Menschen, sind sämtlich nichtlokal.

IST UNSERE REALITÄTSBÜHNE EIN HOLOGRAMM? (Diplomarbeit von Werner Held)

Einer der bedeutungsvollsten Physiker des letzten Jahrhunderts war sicherlich *David Bohm*. Kaum ein anderer Physiker des 20. Jahrhunderts hat unseren Paradigmawechsel in der Naturwissenschaft mehr beeinflußt. David Bohms bedeutendster naturwissenschaftlicher Beitrag ist seine Beschreibung von Wirklichkeit. Nach ihm ist die physikalische Wirklichkeit ein ungeteiltes Ganzes, das sich in einem ständigen Fluß befindet. Ähnlich wie die Gezeiten der Meere ist dieses ungeteilte Ganze in einer ständigen Bewegung. Aus dem Äther tauchen sämtliche Stofflichkeiten auf und kehren unmittelbar wieder zum Ursprung zurück, wobei sich in einigen Fällen eine zeitlich befristete Materialisation entwickeln kann. Diesen Zyklus nie abreißender Veränderung in unserer Wirklichkeit, bezeichnete Bohm als *Holobewegung*. Diese Holobewegung vereint Materie und Geist. Die Inspiration zu der Holobewegung erfuhr David Bohm durch die große Ähnlichkeit zu dem Aufbau eines Hologramms. Die sichtbare Wirklichkeit unserer Wahrnehmung ist eine holografische Projektion eines unsichtbaren, verborgenen, in der impliziten Ordnung des höheren Raums gebildeten Hologramms.

Seine *implizite Ordnung* ist der Ursprungsort der verborgenen Ordnungsprinzipien für alle Erscheinungen. Die implizite Ordnung verlagert das nach außen oder bringt das zur Entfaltung, was wir als Wirklichkeit erfahren – und was David Bohm die *explizite Ordnung* nennt. Die implizite Ordnung ist als die primäre Wirklichkeit zu verstehen. Das, was wir zuvor als die „höheren Dimensionen" bezeichnet haben, entspricht der Bohm'schen „impliziten Ordnung". Das Bohm'sche Modell ist mit denen von *Jean-Emile Charon* und Burkhard Heim kompatibel. Zu einer wertvollen Erweiterung dieser Modelle trägt sicherlich Jack Sarfatti bei. Er entwickelte die *Post-Quanten-Theorie*. Auch Sarfatti behandelt mit einem Schwerpunkt das Thema der Interaktion zwischen Geist und Materie, wobei seine Post-Quanten-Theorie hierbei sehr dienlich erscheint.

- Vor- und nachdenken

Wer oder was denkt für uns? Libet und Feinstein erhielten ein aufregendes Ergebnis ihrer Experimente: Das Gehirn beginnt bereits bis zu 1,5 Sekunden, bevor die Versuchsperson eine einfache willkürliche Handlung vornimmt, wie beispielsweise eine Hand zu heben, entsprechende Wellen auszusenden, und dies völlig unbewußt. Das Bewußtwerden der Entscheidung passiert erst 2/10 sec vor Beginn der Bewegung. Nur in dieser extrem kurzen Zeit des Bewußtwerdens kann der Handlungsimpuls noch gestoppt werden.

Die Interpretation dieses Ergebnisses wäre: Die Absicht zu handeln entsteht aus einer Aktivität, die nicht Teil unserer bewußten Wahrnehmung ist. Und: Das Bewußtsein ist der Wächter über die vom Gehirn erzeugten Absichten. Das paßt zu der Theorie, wonach das Bewußtsein lediglich dem Zugriff zur Steuerung der Vakuumenergien entspricht.

- Bewußtseinsmodell nach **Hameroff/Penrose**

In den sogenannten Mikrotubuli und anderen Strukturen der Neuronen im Hirn finden nach Hameroff/Penrose quantenphysikalische Vorgänge statt. Der Baustein der Mikrotubuli, das Protein *Tubulin*, kann in zwei verschiedenen Zuständen vorkommen (bedingt durch unterschiedliche Elektronenlokalisationen, die mit unterschiedlichen Masseverteilungen einhergehen).

Diese beiden Möglichkeiten befinden sich vor einer Entscheidung für einen definitiven Zustand in einer quantenphysikalischen Superposition, einer Verschränkung. Diese Quantenkohärenz (verschiedene Teile gehen in einen einheitlichen Zustand über, der mit einer Schrödinger'schen Wellengleichung beschrieben werden kann – man nennt diesen Zustand auch Bose-Einstein-Kondensat) soll sich nun auf größere Bereiche ausdehnen können, vermutlich angetrieben durch thermale und biochemische Energien (wie von *Herbert Fröhlich* beschrieben).

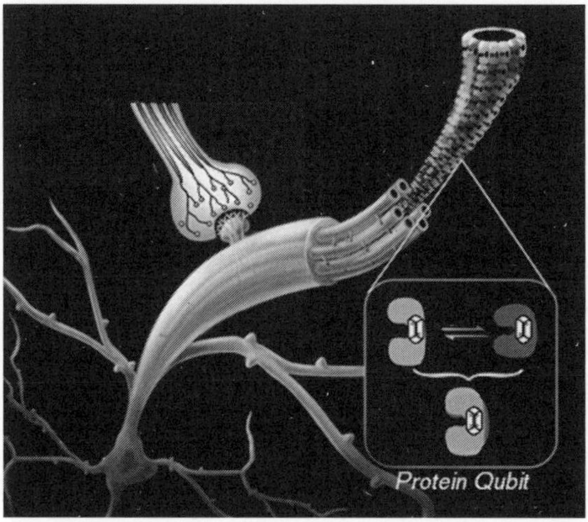

Abb.31:
Qubit-Modell von Roger Penrose.

Penroses Idee (basierend auf *Karolyhazys*) ist jetzt, daß die beiden unterschiedlichen potentiellen Zustände des Tubulins mit zunehmender Kohärenzzeit unterschiedliche Masseverteilungen annehmen und sich dadurch ein Auseinanderklaffen der Raum-Zeit-Geometrie der beiden Möglichkeiten ergibt, bis eine (bislang nicht definierte) Schwelle in der Quantengravitation überschritten wird und sich ein selbstorganisierter Kollaps der Wellenfunktion, also das Ende des verschränkten Zustandes, zugunsten eines realen Zustands der Tubulinproteine, ergibt. Diese Reduktion des Wellenpakets nennt er in den Mikrotubuli jetzt *Orchestrated Objektive Reduction* (*Orch OR*) im Unterschied zu seiner früheren (1994) Bezeichnung *Objective Reduction* (*OR*), weil bei dieser Art natürlichen Meßvorgangs die MAPs – genetische und andere Veränderungen der Tubulin-Proteine – diesen Prozeß auf eine nicht näher beschriebene, aber jedenfalls nicht kausale Weise bestimmen, sozusagen *tunen*. Die gängige Kopenhagener Interpretation der Quantenphysik, die natürlich keine Aussagen zu Quantenphänomenen in lebenden Systemen macht, geht hingegen von der zufälligen Reduktion *R* des Wellenpakets aus, die Bewußtseinsinterpretation (in der Folge Wigners) geht dagegen von einer durch das Bewußtsein erwirkten subjektiven Reduktion aus *SR*. Penroses Idee der *OR* stellt eine Art natürlicher Meßvorgang durch die Wirkung der hypothetischen Quantengravitation dar. Er meint, daß ein objektives Kriterium für einen Kollaps im Sinne einer Quantengravitationsschwelle vorläge. Mit Penroses zunehmender Hinwendung zum lebendigen Organismus nimmt er mit der selbstorganisierten *Orch OR* eine notwendige Erweiterung vor. Wie man aber die ganz und gar nicht objektiven, sondern zustands- und erfahrungsabhängigen Prozesse in Organismen mit einer objektiven Reduktion zusammenbringen will, bleibt sein Geheimnis. Er sieht zwar die *OR* – aufgrund seiner früheren Überlegungen zu Gödels Unvollständigkeitstheorien und seiner daraus folgenden Absage an die prinzipielle Möglichkeit einer künstlichen Intelligenz – als nicht algorithmisierbar und damit nicht computerisierbar an, löst aber damit nicht den grundsätzlichen Widerspruch zwischen seinem, als objektiv formuliertem Konzept und den Wahrscheinlichkeitsaussagen der Quantenphysik und der Selbstorganisation.

- Berechnung der Quantengravitationsschwelle

Penrose übernimmt nun die von dem Neurophysiologen *Benjamin Libet* in seiner *Time-On-Theorie* geäußerte Vermutung, daß lediglich die Dauer der Nervenaktivität bestimmen könnte, was bewußt wird. Libet kam zu etwa einem Drittel bis einer halben Sekunde notwendiger Vorlaufzeit der unbewußten Nervenaktivität (in Form eines seit den sechziger Jahren durch *Kornhuber* und *Deecke* bekannten Bereitschaftspotenzials, also einer langsam ansteigenden, negativen Spannungsverschiebung, die untrüglich auf eine gleich einsetzende Tätigkeit hinweist). Penrose setzt dann die Dauer der Kohärenz der Mikrotubuli mit der halben Sekunde unbewußter Nerventätigkeit gleich und versucht somit, den Übergang von unbewußten Vorgängen zu bewußten Vorgängen mit den Vorgängen in den Mikrotubuli gleich zu setzen. Die verschiedenen Formationen der Mikrotubulibausteine des Proteins Tubulin stellen für Penrose die Schwelle für den Übergang der quantenphysikalischen zur klassischen Beschreibung dar, da nach dem Selbstkollaps der Anstoß für die weiteren neurophysiologischen Vorgänge und Funktionen dann klassisch (also kausal und lokal) beschrieben werden kann.

Die Formel für die Quantifizierung der Quantengravitationsschwelle lautet dabei $T = h/E$, wobei T die zeitliche Dauer der Superposition zwischen den Tubulins ist, h Plancks Konstante darstellt und E die Gravitationsenergie der unterschiedlichen Massenverteilungen der zwei Tubulinzustände (abhängig von der Zahl der kohärenten Tubulinproteine). Penrose nimmt dabei als durchschnittliche Superpositionszeit eine halbe Sekunde an. Penrose kommt nun zu folgenden Rechnungen: Ein typisches Neuron weist ungefähr 10^7 Tubulins auf. Wenn jetzt etwa 10% (also 10^6) davon einen Zustand der Quantenkohärenz bildeten, würden 1.000 Neurone, die für eine halbe Sekunde korreliert wären, die Schwelle der Quantengravitation überschreiten = *Orchestrated Objective Reduction* (*Orch OR*) der Wellenfunktion. Folgerung: Ein Organismus, der fähig ist, eine Quantenkohärenz von über 10^9 Tubulins für 500 msec. aufrechtzuerhalten, ist in der Lage, bewußte Erfahrungen zu haben. Mehr Tubulins für eine kürzere Zeit oder weniger für eine längere Zeit erreichen dasselbe.

Da jetzt Quantenzustände nichtlokal sind, kann jede *Orch OR* verschiedene Superpositionen zusammenbinden, die entweder räumlich verteilt oder aber zu verschiedenen Zeiten entstanden sind. Die Erklärung hierzu wäre die Überschreitung der Gravitationsschwelle zu einem Moment. Nach seiner Berechnung könnte auch das einzelne Elektron Bewußtsein erlangen. Dazu müßte es aber seine Superposition in ungestörter Isolation längere Zeit (und zwar länger als das uns bekannte Alter des Universums) aufrechterhalten können. Kann es das nicht, erfolgt die jetzt dann zufällige Reduktion *R* mit seiner Umgebung. Penrose unterscheidet also zwischen zufälliger *R* und nichtzufällige, nichtalgorithmisierbare Reduktion *OR*.

Die Fragwürdigkeit dieser Unterscheidung zeigt sich darin, daß also gewisse Teile des Organismus nur völlig zufällig funktionieren, die Mikrotubuli hingegen nichtzufällige Prozesse bewirken. Aber dies auch nicht ausschließlich, denn die Mikrotubuli beheimaten – nach Penrose – sowohl klassische als auch quantenmechanische Prozesse!

Die Polarität der Tubulin-Endzustände, die sich in Nanosekundenschritten (10^{-9} sec) ändern können, pflanzt sich lokal (klassisch) auf benachbarte Regionen fort, bildet damit Muster und kann als Signalvermittlung fungieren. Das kann mit einer Geschwindigkeit von 8 bis 800 Metern pro Sekunde geschehen und ist daher genau so schnell die Weiterleitung der Aktionspotentiale. Diesen klassischen Prozeß setzen Hameroff und Penrose mit autonomen, nicht bewußtseinsfähigen Aktivitäten gleich, während die weitreichenden, langanhaltenden (quantenphysikalischen) Kohärenzen in den Mikrotubuli mit unbewußten, aber zum Bewußtsein führenden Prozessen gleichgesetzt werden.

Es stellen sich nun die Fragen:
Ist das Gehirn nichts anderes als Quantenphysik bzw. Quantengravitation? Und wo ist der Schnitt zur Erzeugung der Wirklichkeit? Die vielleicht wichtigsten Erklärungslücken der Quantenphysik lauten: Warum kommt es zum Kollaps der Wellenfunktion? Und wann findet der Kollaps statt?

Penrose bietet auf die erste Frage eine rein formale Antwort (und geht damit weiter als andere Theoretiker): ***„Es kommt zum Kollaps, weil die Quantengravitationsschwelle überschritten wird.“***

Weitere Ansätze, die auf die Mikrotubuli-Hypothese aufbauen

Der Physiker *Del Giudice* (1988) aus Mailand geht mit seiner Hypothese noch über die von Hameroff beschriebenen, optischen Leitungsfähigkeiten der Mikrotubuli hinaus. Er behauptet, daß Mikrotubuli nicht nur Lichtphotonen weiterleiten, sondern auch aus Lichtphotonen aufgebaut und strukturiert werden. Ursache dieses Phänomens ist die Fokussierung kohärenter Wellen, welche die Bedingungen dafür schafft, Materie entsprechend dem Strahlenkegel anzuordnen und zu verketten. Es handelt sich also um eine gegenseitige Stabilisierung von kohärenter Strahlung und Materie.

Yasue, *Jibu* und *Pribram* (aufbauend auf *Umezawa* 1967) stellten in ihrer Theorie der „*quantum brain dynamics*“ eine neurale Wellengleichung auf, die dieselbe Form wie die Schrödinger'sche Wellengleichung in der Quantenmechanik aufweist. Welleninterferenz spielt bei der neuralen Wellengleichung eine entscheidende Rolle, denn nach David Bohm geht jede raum-zeitliche **Ordnung in eine nichtlokale implizite Ordnung über, wenn sie in eine Interferenz eingeht.** Betrachtet man das Gehirn also aus der Sichtweise der Quantenmechanik, so bedeutet dies, daß, wenn ein Input die Interferenz der Gehirnwellen erreicht, er in eine nichtlokale, also überall verbreitete Ordnung übergeht, er also durch andere Muster interpenetriert wird und keine Spur von ihm zurückbleibt. Diese implizite, nichtlokale, quantenphysikalische Ordnung muß unterschieden werden von der makrophysikalischen, lokalen Ordnung topologischer Zuordnungen, die der Hauptzweig der Hirnforscher in seiner Beschreibung der gehirnarealgebunden Funktionen versucht. *Gordon Globus*, der besonders *Yasues*, *Jibus* und *Pribrams* (*Y, J & P*) Auffassungen zuneigt, beschreibt einen Übergang von einem lokalen zusammengesetzten Muster (Computation), das heißt, einer bedeutungslosen syntaktischen Form zu einer nichtlokalen Aktivität (beispielsweise, wenn Formaspekte zu einem Bild eines Dreiecks zusammengesetzt werden). Der Gestaltsprung wird also als nichtlokales Phänomen gedeutet. **Globus erweitert die Mikrotubuli-Hypothese, über die Membran hinaus, auch auf den extrazellulären Raum und damit in den synaptischen Spalt.**

Extrazellulär nennt man diese Eiweißröhrchen *Matrix*. Diese Fäden sind vielfach von innen nach außen über Wasserstoffbindungen verknüpft (zwei Fäden teilen sich ein Wasserstoffatom). Dieses Fadennetz muß nach seiner und *Y, J & Ps* Meinung als quantenphysikalisches System angesehen werden, denn mit seiner Ladung „fängt" sich das Netz nichtlokale Photonen. Auch Wassermoleküle sind mit dem Fadennetz eng verbunden. Wassermoleküle haben eine schwache elektrische Ladung und fügen sich zu einem Riesenwassermolekül zusammen, das etwa 50 Mikrometer große Regionen umspannt. Solch ein Riesenmolekül verlangt eine quantenphysikalische Beschreibung, das heißt, die Nichtlokalität bleibt erhalten. Also sind die vermittelnden Instanzen der Transferfunktion der Zellen Riesenwassermoleküle und Licht.

- Das quantenphysikalische **Modell von Eccles/Beck**

Der Ansatz von *John C. Eccles* konzentrierte sich auf die Synapsen. Denn seiner Meinung nach können Quantenvorgänge im gesamten elektro-physiologischen Prozeß des Neurons nur dort eine Rolle spielen (solch eine Aussage ist allerdings nur in diesen Größenordnungen plausibel). Zusammen mit dem Physiker *Friedrich Beck* entwickelte er daher in seinem Buch „*Wie das Selbst sein Gehirn steuert*" (1994) ein Modell für die quantentheoretische Beschreibung der Synapsentätigkeit. In den Boutons, den grundlegenden synaptischen Einheiten, vollzieht sich ein Prozeß, *Exozytose* genannt. Das heißt nichts anderes, als die vorübergehende Öffnung eines Kanals in der präsynaptischen Membran und die Freisetzung der Transmittersubstanz in den synaptischen Spalt. Exozytose vollzieht sich immer nach dem „Alles-oder-Nichts"-Prinzip. Wenn die Transmittersubstanz ausgeschüttet wird, dann ganz. Eine Analyse ergab, daß ein Impuls, der von einem Axon zum Bouton weitergeleitet wird, mit einer durchschnittlichen Wahrscheinlichkeit von sehr niedrigen 25% eine Freisetzung auslöst. Für diesen Wahrscheinlichkeitsprozeß entwickelten die beiden eine quantenphysikalische Beschreibung. Dabei nahm man an, daß eine Tunnelbewegung eines Quasi-Teilchens den Auslösemechanismus der Exozytose darstellt.

Eccles Hypothese lautete nun, daß der mentale Vorsatz (das Wollen) durch eine momentane Zunahme der Wahrscheinlichkeit einer Exozytose in ausgewählten Bereichen des Kortex tätig wird. In der Sprache der Quantenphysik bedeutet dies eine Selektion von Ereignissen, die bereits mit einer gewissen Wahrscheinlichkeit vorbereitet waren. In der Benennung des zeitlichen Rahmens bezieht sich Eccles auf die Experimente Libets, die ein Intervall von 200 msec zwischen bewußtem Wollen und der Ausführung einer willentlichen Handlung ergaben.

Eine andere Betrachtungsweise wäre folgende:

Das menschliche Gehirn ist in der Lage, über die von ihm ausgestrahlten Felder, mit dem Hyperraum zu kommunizieren. Ein Kriterium für diese Verbindung sind die kohärent schwingenden Neuronen und damit der von denen ausgestrahlten Felder.

Es bleibt festzuhalten: Das Gehirn ist ein Instrument, welches (wie offenbar auch die DNS) als Schnittstelle zwischen dem Hyperraum und dem von uns wahrnehmbaren vier-dimensionalen Raum betrachtet werden kann. Es ist uns möglich, willentlich auf diesen Prozeß einzuwirken. Der Auswahlprozeß vollzieht sich hierbei durch entsprechende Gehirnfrequenzen. Die vom Hirn abgestrahlten Frequenzen sind entsprechenden Bewußtseinszuständen zugeordnet. Erst wenn sehr langsame (langwellige) Schwingungen bewußt über einen bestimmten Zeitraum gehalten werden, sind diese Kriterien erfüllt. Insofern können wir einen bewußten Einfluß auf diesen Prozeß ausüben. Unsere Bewußtseinslage entscheidet somit über die Ankopplung an den Hyperraum. Körpereigene (endogene) und äußerlich zugeführte (exogene) Drogen (psychoaktive Substanzen) tragen lediglich zu einer Verstärkung der neuronalen Aktivität bei. Die äußere Zufuhr einer psychoaktiven Substanz (zum Beispiel LSD) führt zu einer verstärkten Aktivität der Neuronen, was umgekehrt genauso geschieht. Das heißt, die körpereigenen psychoaktiven Substanzen bewirken eine entsprechende Neuronen-Aktivität. Dieses sind in beiden Fällen die Bedingungen, sich mit dem Hyperraum zu verbinden. Es sind auch die Voraussetzungen, welche zu einer der Intensität entsprechenden Aufmerksamkeit führen. Höhere Neuronen-Aktivitäten bedeuten zum einen eine höhere Feld-Intensität und eine höhere Aufmerksamkeit. Nun sagt die Aufmerksamkeit noch nichts über den Grad der bewußten Wahrnehmung aus. Wir können, wie in Träumen zum Beispiel, durchaus sehr aufmerksam sein, und sind doch kaum bewußt! Die Bewußtheit entscheidet über die Ebene der kontrollierten Wahrnehmung.

Nehmen wir hierzu ein Beispiel: Wenn wir unsere Lieblingsspeise zu uns nehmen, entscheidet die Aufmerksamkeit über den Grad des empfundenen Genusses. Die gleiche Speise wird uns, wenn wir in einer weiteren Aufmerksamkeits-Aktion eingebunden sind, und zum Beispiel einen spannenden Film gleichzeitig auf uns einwirken lassen, kaum die Geschmacks-Intensität vermitteln, als wenn wir uns nur mit unserer

Speise beschäftigen würden. Zwar verfügen wir über eine Lenk-Funktion, einen Selektor, welcher eine Auswahl aus einer Vielzahl von möglichen Entscheidungen trifft, setzen diesen jedoch kaum bewußt ein! Wir sind eher am Reagieren auf das, was auf uns einwirkt, als daß wir von einer souveränen Position aus Agieren würden. An folgender Stelle (1/2 Sekunden-Phänomen, „Freier Wille") werden wir erkennen, daß wir uns überwiegend marionettenhaft darstellen (welches sich in einer Funktionalität begründet). Unsere bewußte Aufmerksamkeit entscheidet nun, ob und in welcher Intensität das entsprechend Fixierte auf uns einwirkt (*„alles schmeckt besser/schlechter"*). Es existiert also noch eine andere Ebene, welche offensichtlich die Entscheidung der Bewußtheit trifft, womit der sogenannte „Freie Wille" ins Spiel kommt. Da wir diesem Thema ein eigenes Kapitel zugeordnet haben, werden wir an dieser Stelle nicht näher darauf eingehen.

Gehen wir jetzt der Frage nach:

Was entscheidet über den Grad unserer Bewußtheit?

Hierzu ist es erforderlich, den bio-chemischen Bereich etwas eingehender zu betrachten. Es bleibt festzustellen, daß psychoaktive Substanzen körpereigene und äußerlich zugeführte Substanzen zu sehr ähnlichen Wirkungen führen. Betrachten wir nun die vom menschlichen Körper selbst produzierten Substanzen, die sogenannten *Neuro-Transmitter*. Grundsätzlich dominieren (was unser Bewußtsein betrifft) in unserem Körper zwei von diesen Neuro-Transmittern – Serotonin und Melatonin. Vereinfacht kann man sagen, daß Serotonin uns im Wach-, und Melatonin uns im Schlaf-Zustand hält. Unser Körper produziert die jeweiligen Neuro-Transmitter zu der entsprechenden Tages- beziehungsweise Nacht-Zeit. Viel Serotonin geht einher mit einer größeren Aufmerksamkeit im Wach-Zustand, und viel Melatonin bewirkt die Intensität unserer Träume (REM-Phase), was einer Traum-Aufmerksamkeit entsprechen könnte. Mit zunehmender Lebensdauer nimmt der absolute und relative Anteil des REM-Schlafs am Gesamtschlaf ab. Im REM-Schlaf wird die intensivste psychische Aktivität nachgewiesen, die sich in visuell und motorisch geprägten Erlebnisprozessen darstellt, zum Teil in bizarrer Ausformung, wobei Einsicht, Urteilskraft und Kontrolle typischerweise dabei fehlen. In beiden Fällen sind unsere Neuronen in einem erhöhten Aktiv-Zustand. Der Hauptunterschied hierbei ist der Grad der Bewußtheit. Im Traum verliert sich unser ICH weitestgehend, wohingegen wir im Wachzustand uns unserer Identität durchaus bewußt sind. Nun existiert noch eine weitere Ebene, welche uns eine Antwort auf die Frage geben kann: Was entscheidet über den Grad unserer Bewußtheit?

Hinter dieser Ebene verbergen sich die Phänomene: Klartraum (Luzides-Träumen) und Nahtod-Erfahrung. In diesen Zuständen sind wir uns unserer Situation im vollem Umfang bewußt, obwohl wir zum Beispiel träumen. Hier verzerren sich die Zeit- und Raum-Dimensionen teilweise ganz erheblich. So kommt es in diesen Zuständen nicht selten vor, daß wir in bereits vergangene oder zukünftige Prozesse bewußt eingreifen können. Beobachtet man diese Prozesse meßtechnisch etwas eingehender, ist festzustellen, daß die Frequenz der aktiven Neuronen (3-8 Hz) für dieses Phänomen verantwortlich ist. Konkret bedeutet, daß die Alpha- und Theta-Frequenzen dominieren, also der Frequenzbereich tiefster Entspannung (3-8 Hz). Vergleichen wir ein solches aufgezeichnetes Signal eines Menschen mit den Meßdiagrammen der Erd-Frequenzen (Schumann-Resonanz), so werden wir eine frappierende Ähnlichkeit der Frequenzen und deren Kurvenform – zwischen Hirn und Erde – erkennen.

Herausragende Naturwissenschaftler zum Thema *Quantenphysik und Bewußtsein* sind beispielsweise:

Roger Penrose

Der Physiker und Mathematiker *Roger Penrose* geht ausdrücklich von einer realen Existenz platonischer Ideen – zumindest mathematischer Art – aus. In seinem Buch *„Computerdenken"* widmet er dem Kontakt mit diesen Ideen ein eigenes Kapitel und beschreibt seine eigene Wahrnehmung mathematischer Formeln explizit in der Form einer Wiedererinnerung an platonische Ideen.

Diesem Kapitel vorangestellt sind weitläufige Überlegungen zur Funktion des menschlichen Gehirns und eine Beschreibung der Tatsache, daß einzelne nicht-determinierte Quantenereignisse den Gang der Gedanken in menschlichen Gehirnen beeinflussen könnten. Penrose bringt also explizit die nicht-Kausalität von Quantenereignissen mit einer Wirkung platonischer Ideen in Zusammenhang. Bei seiner Untersuchung des Phänomens des Bewußtseins charakterisiert er unbewußte Denkvorgänge als *„automatisch, gedankenloses Befolgen von Regeln, programmiert, algorithmisch"* und grenzt sie ab gegen bewußte Denkvorgänge, die charakterisiert seien durch *„gesunden Menschenverstand, Wahrheitsurteil, Verstehen, künstlerische Wertung"*.

Er schreibt: *„Ich meine daher, daß unbewußte Hirntätigkeiten gemäß algorithmischen Prozesses ablaufen, während die Tätigkeit des Bewußtseins davon ganz verschieden ist und in einer Weise vor sich geht, die durch keinen Algorithmus beschrieben werden kann."* Und: *„Das Bilden von Urteilen, das ich für ein Wesensmerkmal von Bewußtsein halte, ist an sich selbst etwas, von dessen Programmierung auf einem Computer die KI-Forscher keinen Begriff haben."*

Für Penrose ist gerade der bewußte Geist etwas klar gegen algorithmisierbare, das heißt rationalisierbare Logik. Penrose läßt also die von Platon vorgeführten Schwierigkeiten einer Rationalisierung von Begriffen bestehen und postuliert vielmehr, daß sich das menschliche Bewußtsein gerade durch diese Fähigkeit einer Erkenntnis des Irrationalen auszeichne.

Henry Stapp

Der amerikanische Wissenschaftler *Henry Stapp* schlägt eine funktionale Verknüpfung von bewußten Gedanken und neuronalen Aktivitätsmustern über quantenphysikalische Phänomene vor. Die wesentliche verbindende Qualität ist die Unteilbarkeit ihrer Komplexität. Stapp stützt sich auf das Werk von William James, in dem ein einzelner Gedanke wie folgt als holistische Einheit charakterisiert ist: *„...each conscious thought is essentially a complex whole; each thought has components, which can be examined by subsequent analysis, but, as given, is a unified* *whole that cannot be reduced to a collection of parts without destroying its essence.*"

Man fühlt sich bei diesem Zitat an Platons Definition der Ideen als unteilbare Einheiten erinnert. Anders aber als Platon versucht Stapp nicht, die Vorstellung einer unteilbaren Komplexität in logische Absurditäten zu führen, sondern er akzeptiert diese Vorstellung als ungeprüfte Prämisse. Stapp sucht nun in der wahrnehmbaren physikalischen Realität nach einem materiellen Korrelat als Träger von Gedanken. Und er glaubt es in koordinierten Quantenereignissen in den Synapsen und Neuronen menschlicher Gehirne vermuten zu dürfen.

Stapp bezieht sich dann auf C. G. Jungs Idee der „Synchronizität", die er wie folgt definiert: „*Synchronicity refers to the occurrence of representations of archetypes in meaningful coincidences that defy causal explanation.*"

Hier ist es der Begriff „Archetyp", der an die platonischen Ideen erinnert. In Verbindung mit dem Vorhergesagten scheint Stapp unter diesen Archetypen etwas unteilbar Komplexes zu vermuten, das aber gedankliche Abläufe über Quanteneffekte zu beeinflussen vermag und Ausdruck einer uns verborgenen Realität zu sein scheint. Es sind aber gerade die quantenmechanischen Unbestimmtheiten, welche es unmöglich machen, den Einfluß dieser anderen Realität empirisch zu fassen. Die beeinflußten Ereignisse in der von uns wahrgenommenen Realität sind zwar akausal, sie werden aber von dem Zufallscharakter der Gesamtheit aller Quantenereignisse verwischt. Demnach ist es gerade die quantenmechanische Wahrscheinlichkeit, welche ein Wirken einer anderen Realität in die unsrige hinein zuläßt, aber gleichzeitig auch unkenntlich macht. Es verwundert, daß Stapp in dem zitierten Buch Platons Ideen nicht explizit nennt. Für die vorliegende Arbeit ausreichend ist aber die Erkenntnis, daß der quantenphysikalische Wahrscheinlichkeitsbegriff in einer Weise interpretiert wird, die unter Verletzung der Kausalität die Wirkung einer fremden Realität gleichzeitig zuläßt und verschleiert. Nach Stapp läge es demnach in der Natur der Sache, daß Platon bei dem Versuch einer rationalen Erfassung dieser jenseitigen Welt zwangsläufig scheitern mußte.

Karl Popper und John Eccles

Der Philosoph *Karl Popper* und der Neurophysiologe *John Eccles* stellen in ihrem gemeinsamen Buch *„Das Ich und sein Gehirn"* die These einer dreigeteilten Welt auf. Popper geht im ersten Teil des Buches im Zusammenhang mit dem Geist-Körper Problem ausführlich auf die philosophischen Grundlagen von Mehrweltentheorien im allgemeinen ein. Dabei setzt er sich unter anderem detailliert mit Platon auseinander. Im zweiten Teil des Buches macht Eccles einen konkreten Vorschlag einer quantenphysikalisch plausiblen Beeinflussung menschlicher Gehirnaktivität, ohne daß dies gegen die Kausalabhängigkeiten der beobachtbaren physikalischen Realität verstoßen soll. Popper plädiert im Gegensatz zu Platon für eine Dreiteilung der Welt. Poppers *Welt 1* entspricht Platons Welt der sinnlich wahrnehmbaren Erscheinungen. Poppers *Welt 2* hat als Welt psychischer Zustände keine unmittelbare Entsprechung in Platons Gedankengebäude. Sie kommt Platons Vorstellung von Seelen als vermittelnde Instanz allerdings recht nahe. Poppers *Welt 3* deckt sich mit Platons Ideenwelt in vielen Aspekten. Popper charakterisiert sie als *„die Welt der Inhalte des Denkens"*. Doch anders als Platons Ideen sind die Gegenstände Poppers *Welt 3* Menschenwerk. Popper schreibt diesen Gegenständen eine Eigenständigkeit zu, die an die Autonomie der platonischen Ideen erinnert. Popper grenzt sich aber gegen Platons Ideenannahme unter anderem dadurch ab, daß er beispielsweise falsche Theorien als Gegenstände seiner *Welt 3* akzeptiert, was Platon nach Meinung Poppers wohl nicht akzeptieren könne. Popper setzt sich ausführlich mit der Erkennbarkeit der Gegenstände seiner *Welt 3* auseinander, bleibt aber ähnlich wie Platon vage in seinen Anleitungen dazu. Wie aber Poppers Gegenstände der *Welt 3* selbst etwas Falsches darzustellen vermögen, so kann auch der Prozeß der Erkennung durch den Menschen selbst fehlerhaft sein. Der Akt der Erkenntnis ist auch nicht wie bei Platon ein erleuchtungsähnliches, plötzliches Ereignis, sondern ein aktiver, geistiger Prozeß. Die Elemente von Poppers *Welt 3* sind also Menschenwerk und sie können von Menschen auch grundsätzlich erkannt werden. Popper grenzt sich zudem klar gegen Platons Vermutung ab, daß es Gegenstände eines eigenen Seinsbereiches gäbe, die nur in einem Akt irrationaler Erkenntnis wahrgenommen werden könnten. Denkbaren Wechselwirkungen zwischen den Gegenständen seiner *Welt 3* und der *Welt 1* der physikalischen Dinge widmet Popper ein eigenes Kapitel. Die vermittelnde Instanz zwischen diesen Welten ist *Welt 2*, die Welt psychischer Zustände im allgemeinen und des Bewußtseins im speziellen. Aber obwohl die kausale Abgeschlossenheit der *Welt 1* plausibel sei und von den meisten Physikern akzeptiert werde, postuliert Popper die kausale Offenheit von *Welt 1* als Voraussetzung für die „menschliche Freiheit". Dies erinnert stark an Platons Wiedergabe von Sokrates' Gedanken über die Ursachen seiner Handlungen in seiner Todeszelle. Poppers „menschliche Freiheit" kommt hier Sokrates' „wahrer Ursache" nahe und Popper interpretiert diese Passage in Platons Werk als eine klare Benutzung des modernen Kausalitätsbegriffes.

Und so wie Sokrates eine rein materialistische Erklärung seiner Handlung als nicht hinreichend verwirft, so glaubt auch Popper, daß ein „radikaler Physikalismus" (kausale Abgeschlossenheit von *Welt 1*) aufgrund der Tatsachenbefunde der Quantenphysik nicht aufrecht erhalten werden kann. Popper gelangt also aufgrund philosophischer Betrachtungen und unter vielfacher Bezugnahme auf Platons Schriften zu dem Schluß, daß die Welt der sichtbaren Dinge kausal nicht abgeschlossen ist und Gegenstand einer Einflußnahme einer immateriellen *Welt 3* sein könnte. Als Vermittlungsinstanz sieht Popper seine *Welt 2* psychischer Zustände, welche am ehesten mit Platons verschiedentlichen Beschreibungen der Seele verglichen werden könnte. Der Neurophysiologe Eccles stimmt dieser Analyse Poppers weitgehend zu und übernimmt ausdrücklich dessen Begriffe zur Beschreibung einer dualistischen Theorie. Eccles beschränkt sich aber nicht auf philosophische Betrachtungen. Als Naturwissenschaftler unterbreitet er experimentell überprüfbare Hypothesen zu zwei Kernproblemen menschlicher Erkenntnisfähigkeit und Handlungsfreiheit. Zum einen unterstellt er – ähnlich wie Henry Stapp –, daß räumlich über das gesamte Gehirn verteilte Quantenzustände beziehungsweise Aktivitätsmuster von Neuronen mit bestimmten Bewußtseinsinhalten korrelieren, mit diesen aber nicht identisch sind. Der selbstbewußte Geist (die „Seele" in Platons Sprache) interpretiert neuronale Zustände menschlicher Gehirne und integriert daraus Erfahrungen. Aus der Tatsache, daß der selbstbewußte Geist der *Welt 2* angehört, erklärt sich auch das Phänomen, daß die integrierende Wirkung, welche bewußte Wahrnehmung erzeugt, nicht mit rationaler Logik alleine erfaßt werden kann, sondern holistisch gedeutet werden muß. Zum zweiten macht Eccles in einem eigenen Buch einen konkreten Vorschlag, an welchen physiologischen Strukturen im menschlichen Gehirn die Wirkung von Quantenereignissen menschliche Gedanken und Empfindungen beeinflussen könnte, ohne dabei gegen die statistischen Gesetze der Quantenmechanik zu verstoßen. An den Schnittstellen zwischen Nervenzellen, den sogenannten *Synapsen*, werden elektrische Reize mit Hilfe chemischer Botenstoffe übertragen. Die Wahrscheinlichkeit einer Übertragung dieser chemischen Stoffe wird unter anderem durch den Zustand der synaptischen Strukturen beeinflußt. Diese Strukturen sind nun klein genug, daß die gezielte Beeinflussung von Quantenereignissen die Wahrscheinlichkeit einer Reizübertragung zwischen Nervenzellen modifizieren könnte. Eccles bleibt also nicht bloß dabei, eine willentliche Beeinflussung von Quantenereignissen im Gehirn als Voraussetzung einer Steuerung menschlicher Handlung zu postulieren, sondern er schlägt auch konkrete, wissenschaftlich handhabbare Wirkmechanismen auf der Grundlage quantenphysikalischer Unbestimmtheit vor.

William A. Tiller

1997 veröffentlichte *William Tiller* das umfangreiche Werk „*Science and Human Transformation – Subtle Energies, Intentionality and Consciousness*" (Wissenschaft und Transformation des Menschen – Subtile Energien, Absicht und Bewußtsein).

Hier sind die Abschnitte Bewußtsein, psychophysikalische Wechselwirkungen, Psychosomatik/Geistige Heilung und Evolution übernommen worden: Gott erscheint Tiller als durch und in der Schöpfung pulsierendes Bewußtsein, das reine, schnell pulsierende Gedankenenergie erzeugt, die ihrerseits Ton und Licht aussendet und in vollkommen harmonischen Raumgittern eine *Matrix* erschafft, die das evolutive Wachstum und die Gestalt aller Lebensformen ebenso steuert wie die Bewegung der Sterne. Diese unsichtbare *Matrix* formt alles Sichtbare in einem kontinuierlichen, harmonischen Fluß mittels eines momentanen Informationsaustausches in alle Richtungen (Transformation bei HOMES: *„Alles, was geschieht, geschieht im Zusammenhang mit allem, was geschieht."*).

Das Physische manifestiert sich als Schatten der höheren Dimensionen, zu denen unser Körper spezielle Kontakt- oder Empfangsorgane besitzt: Gehirn, Herz, Akupunktur-Meridian-System, Chakren (Russische Wissenschaftler betonen die Bedeutung der DNS). Jedes Individuum als biophotonische „Lichtmaschine" strahlt und absorbiert Energie in allen Dimensionen über aurische „Antennensysteme". Die Außenwelt ist eine „Lern- und Übungsmaschine" zur inneren Entwicklung, und der Körper ist ein Lerngerät für den Geist. Alle Veränderungen beginnen innen. Tiller setzt das kommunikationstheoretische Modell in die höheren Dimensionen hinein fort und kennzeichnet die verschiedenen Bewußtseinszustände durch ihre „Bandbreiten" und „Kanalkapazitäten" (Burkhard Heim verwendet hierfür Begriffe wie: „postmortale Zustände", „entelechiale Höhe" und „maximales Potenzial postmortaler Rheimirphismen"). **Unser „Normalbewußtsein" erschafft, beispielsweise durch Angst, seine eigenen Hemmungen: Wir sind unsere eigene Impedanz (Scheinwiderstand) und legen uns selbst Steine in den Weg.**

Als Korrelat des Geistes in der Materie ist Bewußtsein eine systemische Eigenschaft. Es steht in einer hierarchischen Rangordnung über Energie und Materie, schafft Energie und Substanz und ist zur Realisierung aller (angeblich) „paranormalen" Effekte befähigt. Subtile **Gedankenenergie als Teil des Bewußtseins vermag das kosmische Computersystem zu steuern**, und die geistähnlichen Eigenschaften der Materie sind vom lokalen Bewußtsein abhängig. Information mit praktisch unendlicher „Ausbreitungsgeschwindigkeit" kann instantan-gleichzeitig an einer unendlichen Zahl von Orten vorhanden sein. Jedes Individuum beeinflußt das multidimensionale dynamische Gleichgewicht, und der Fluß geht nicht nur nach außen, sondern innerhalb des all-holografischen Musters zur Quelle zurück: **Der Mensch ist aktiver Teil eines rückgekoppelten Systems.**

Psychophysikalische Wechselwirkungen

Die Manifestationen der Energie in den verschiedenen Dimensionen sind wesentlich ein fortlaufender Informations-Transformations-Prozeß, und die psychophysikalischen Wechselwirkungen erfolgen unabhängig von unserer Elektromagnetik. Tiller definiert „*Intention Imprinted Electronic Devices*" („*Absicht-geprägte elektronische Systeme*"). In solchen zwitterähnlichen „hybriden Anordnungen" sind die unbewußten Fähigkeiten des Operators mit den Eigenschaften eines Gerätes korreliert oder integriert. Geeignete oder ausgebildete Individuen prägen und imprägnieren mittels subtiler Energie spezielle (neuartige) elektronische Geräte, um unbewußte geistige Strukturen bewußt wahrnehmbar zu machen. Auf dem tiefsten (Subquanten-)Niveau gewinnen Elektronen im Vakuumfeld eine zusätzliche ätherische Dimension und ermöglichen dank ihrer veränderten Eigenschaften gemäß der vorgefaßten Absicht des Operators den informatorischen Übergang in die subtilen Bereiche des multidimensionalen Universums.

Die Verwirklichung dieser Prozesse als Kombination von Logik und nicht-linearer Intuition ist bei derzeit unvollständigem Verständnis eine Sache der Praxis und wird bereits labormäßig angestrebt (vergleiche auch die Arbeiten von *Masaru Emoto* über die Kristallisationsformen von mental beeinflußten Wasserproben).

Psychosomatik und geistige Heilung

Entsprechend der engen Kopplung des Bewußtseins an die biologischen Strukturen sind bei hinreichendem Entwicklungsniveau alle Arten mentaler Beeinflussung der psychosomatischen Abläufe zur Verbesserung der Lebensdynamik des eigenen oder fremden Körpers möglich (geistige Selbst- und Fremdheilung). Diese „höhere" Bioinformatik als *„Ausrichtung der jeweils neu entstehenden Zellen durch liebevolle Intention"* umfaßt, eventuell gestützt auf eine Klasse neuer Geräte, Homöopathie, Radiästhesie und Radionik. Die Geräte werden in einer zukünftigen „Energie-Medizin" zu „Gebets- oder Trainingsinstrumenten" und zu Hilfen, um die soziokulturell bedingten psychologischen Konditionierungen zu überwinden, die der erfolgreichen „Simulatorpraxis" entgegenstehen.

Evolution

Tillers Überlegungen sind weitaus umfassender, als sich hier in Kürze vermitteln läßt. Sie beruhen auf einem transzendenten Menschenbild und versuchen, die existenzielle Frage nach dem Sinn des Daseins zu beantworten. Dieser liegt in der wahrscheinlich bereits im Gang befindlichen, kosmisch gesteuerten „Höherentwicklung" (vergleiche zum Beispiel *Wilber*), die sich als Wachsen in die Kohärenz zunehmend komplexer Systeme beschreiben läßt. Die Bewußtseinserweiterung verwirklicht sich als Annäherung an die höchsten Werte des spirituellen Niveaus in zunehmender Erkenntnis und Verarbeitungskapazität.

MATERIE IST VERFESTIGTER GEDANKE

Erkenntnisse und prägnante Fakten aus der Quantenfeld-Physik bis 2002:

- Menschen sind multidimensionale Wesen;
- *Gennady Shipov* und andere aus dem russischen Raumfahrtprogramm fügen dem Einstein-Modell Torsions-Felder hinzu – zu den Einstein-Gleichungen muß hinzugefügt werden, daß der Raum eine Spiralform und eine Krümmung besitzt;
- Einstein selbst wollte dies in seinen späteren Arbeiten (*Vereinigte-Feld-Theorie*) hinzufügen, wurde dabei aber von seinen Kollegen nicht unterstützt;
- Die Bewegung von Materie und EM-Feldern von einem Punkt zu einem anderen Punkt krümmt den Raum. Eine Rotation von EM-Feldern und Materie erzeugt eine Spirale im Raum-Zeit-Gefüge. Die Verbindung aus Krümmung und Spirale ergibt den Antrieb für neuartige Raumschiffe;
- Quantentheorie – Zusammenbruch des Raum-Zeit-Kontinuums (Einstein);
- „Nicht-schneller als Licht" – Lichtkonstante wird durch die Versuche von *Aspect* 1982 widerlegt;
- Quanten-Effekte sind informational.

Information ist ein Quanteneffekt.

Quanten-Wahrscheinlichkeit (randomness)

- Bohm bezeichnet die unkontrolliert auftretenden Quantenwahrscheinlichkeiten als eine Verletzung des Aktion-Reaktion-Prinzips zwischen Welle und Teilchen.
- Bohr benutzt in seiner Theorie nur die quanteninformationale Welle. Er wirft das Partikel raus. Bohm benutzt weiterhin Teilchen und Welle.

Signal-Örtlichkeit (Örtlichkeit = Punkt in der Räumlichkeit)

- Die Quantenwelle wirkt auf das Teilchen in der Welle, jedoch wirkt das Teilchen nicht auf seine zugeordnete Welle.
- Quanten-Wahrscheinlichkeit verhindert, daß nicht-lokale Signale schneller als Licht sind und in der Zeit rückwärts laufen.

Post-Quanten-Theorie

- Die Quanten-Informations-Welle ist eine mentale Welle.
- Bewußtsein wird in dieser mentalen Welle generiert, wenn das mit ihm verbundene, materielle Gehirn auf die mentale Welle zurückwirkt und die klassischen Informationen aus der materiellen Welt in Quanten-Information der mentalen Welt zurück überträgt.

Biocomputer Information

- Shannon: materielle Bits „C-bits" ≅ Materie
- Bennett: AKA „q-bits" = Quantenbits ≅ Geist
- Postquanten-Theorie: Sarfatti: Q*-bits ≅ Bewußtsein

Materie-Geist Überträger

SETS (single electron transistor) konvertiert c-bits in q-bits (Materie in Quanten-Information) und umgekehrt.

Es benötigt 1.000.000.000.000 SETS um ein bewußtes q*-bit für 1 Sekunde zu kreieren.

Der Moment des Bewußtseins

Nur das Q*-bit ist Bewußtsein. 1 Q*-bit ist aus 1.000.000.000.000 unbewußten mentalen q-bits erschaffen. Dies Zahl wurde aus der Post-Quanten-Theorie hergeleitet und entspricht der experimentellen Zahl im menschlichen Gehirn innerhalb der Mikrotubuli (Penrose/Puthoff). Der Wert dieser Zahl wird durch die Größe des Universums begrenzt. Das ist die Verbindung zum kosmischen Bewußtsein.

Aktions-Reaktions-Hindernisse

Es gibt zwei Hürden: Erstens die Aktions-Hürde für den Geist und seine Einwirkung auf die Materie, und zweitens die Rückwirkung der Materie auf den Geist. Die Rückwirkung der Materie auf den Geist ist eine höhere Hürde als die Aktions-Hürde (Geist auf Materie). Deshalb funktioniert die unkontrollierte Quanten-Wahrscheinlichkeit in der Technik so gut. 40 Hz ist die Kenngröße für die Barriere im Gehirn. Diese Barriere ermöglicht es, daß ein bewußtes Q*-bit entsteht. Ein Q*-bit hat eine Lebensdauer von 1 Sekunde. Unser Bewußtseins-Kontinuum ist ein Q*-bit -Kontinuum.

- Der Crick-Gehirn-Rhythmus

Das Crick-Feld (elektromagnetisch) schwingt mit 40 Hz über dem Schädel-Hohlraum. Dieses Feld besteht aus „soft-virtual-photons" (weiche imaginäre Photonen) und diese Photonen unterscheiden sich von den klassischen Photonen, die mit Lichtgeschwindigkeit reisen. Die Geschwindigkeit dieser imaginären Photonen ist schneller als die klassische Lichtgeschwindigkeit (vgl. Supraleiter). Die „soft-imaginären Photonen" sind ein Bose-Einstein-Kondensat und in einem einzigen Photonen-Zustand kristallisiert „eingefroren" – bei 40 Hz. Ihre Energie beträgt 6.3 Kalorien.

- Paranormale Signal-Nicht-Örtlichkeit

Die 2-Wege Aktion-Reaktionsmechanismen zwischen mentaler Quanteninformationswelle und dem materiellen Gehirn (über die SETS unter zu Hilfenahme des Crick-elektrischen-Feldes in der Post-

Quanten-Theorie) verletzt die normale Quantenwahrscheinlichkeit (Ergebnisse von Libet, Radin, Bierman).

- Normale/Paranormale Gehirne

Gewöhnliches Bewußtsein in einem Gehirn wird durch die nichtörtlichen (non-local = schneller-als-Licht) Signale verursacht, welche die verschiedenen SETS, die über den gesamten Körper verteilt sind, miteinander verbinden. Paranormales Bewußtsein ist derselbe Prozeß, jedoch werden hierbei verschiedene Gehirne und Körper miteinander vernetzt und bilden dabei einen kollektiven Geist. Es besteht bereits die Möglichkeit, bewußte Androiden zu konstruieren, indem wir SETS auf Chips auftragen und sie in Quanten-dots setzen.

Einige elementare Grundlagen

Die Erschaffungsbühne, die „reale Welt", wird besetzt aus der eigenen Wahrnehmung und unserer Beobachtung. Als „Beobachtungsvorgang" reicht offenbar bereits ein inneres Bild, ein Gedanke aus, um diese Bühne zu gestalten. Sofern es sich hierbei um steuernde, beeinflussende Aspekte der Beobachtung handelt, kann die Wirkebene hierfür mit den bestehenden, physikalischen Einflußgrößen beschrieben werden.

Sobald jedoch eine Beobachtung aus einem inneren Bild besteht, welches eine völlige Neuerschaffung – etwas was es bisher nicht gab – erwirkt, stellt sich uns eine wichtige Frage: Woher nimmt die Erschaffungsstruktur ihr „Rohmaterial"? Wodurch sind sämtliche materiellen Strukturen, Atome, biologische Zellen, Sonnen, Galaxien entstanden? Tatsächlich stehen uns hierfür fundierte Antworten zur Verfügung.

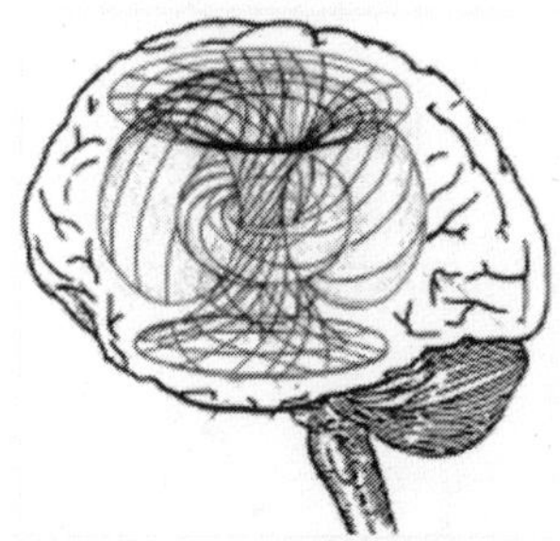

Abb.32: Modelldarstellung eines Gehirns als Wurmloch.

FUNDAMENT DES MATERIELLEN SEINS

- Nullpunktenergie des Vakuums

Der „Quantenäther", die sogenannte „Nullpunktenergie" des Vakuums, wurde 1916 von *Walter Nernst* postuliert und 1925 von *Werner Heisenberg* als Konsequenz seines Unschärfeprinzips erkannt. Heute gilt sie als allgemein akzeptiert, nachdem der englische Nobelpreisträger *Paul Dirac* sie 1927 in seine quantenelektrodynamische Theorie aufnahm. Der „leere Raum" ist das, was übrig bleibt, wenn man aus einem Behälter Materie und Strahlung entfernt. Tatsächlich ist dieses „Vakuum" alles andere als tot und leer.

Nach *Max Planck* besitzt ein physikalisches System selbst am absoluten Temperaturnullpunkt noch eine Restenergie in Form von Schwingungsenergie. Wegen der Unschärferelation können seine Teilchen selbst dann (obwohl sie nach der klassischen Physik absolut bewegungslos sein sollten) nicht zur Ruhe kommen. Auch nach Nernst kann das Vakuum nicht wirklich einen energielosen Zustand erreichen, sondern nur einen Zustand relativ niedrigster Energie. Diese Nullpunktenergie stammt aus sogenannten „Quantenfluktuationen". Wenn wir beispielsweise ein elektrisches Feld haben, das durch eine Ladungsverteilung im Raum entstanden ist, so verschwindet dieses Feld – entgegen der Erwartung –, bei einer Reduktion der Ladungen auf Null nicht völlig. Wie aus dem Nichts entsteht und vergeht weiterhin ein Feld, und diese im Vakuum immer vorhandenen, fluktuierenden, virtuellen (wegen ihrer kurzen Lebensdauer nicht meßbaren) Quantenfelder enthalten immer noch Energie, obwohl die Intensitäten der elektrischen und magnetischen Felder im Durchschnitt Null sind. Die Energie genügt, um für kurze Zeit virtuelle Teilchen, wie beispielsweise Elektronen oder Protonen, entstehen zu lassen, so daß das scheinbar leere Vakuum in Wirklichkeit von „aus dem Nichts" auftauchenden und wieder verschwindenden „Geisterfeldern" und „Geisterteilchen" erfüllt ist. Die im leeren Raum enthaltene Energie wurde verschiedentlich abgeschätzt: nach dem Physiker *John Archibald Wheeler* von der Universität Texas hat ein Kubikzentimeter Vakuum eine Energiedichte von 10^{27} erg/cm^3 mehr Energie, als die gesamte Materie des Universums enthält." Nach einer anderen Rechnung soll ein Kubikmeter leerer Raum etwa das Äquivalent von ¼ Kilowattstunde enthalten. Nach neuesten Schätzungen des französischen Physikers *Jacques P. Vallée* beträgt die Energiedichte des Vakuums mindestens 57.000 Mega-Joules pro Kubikmeter. Die Existenz der „Nullpunktenergie" des Vakuums wurde 1948 durch *Hendrik B. Casimir* bewiesen. 1957 berichteten die Russen *Deriagin* und *Abrikosawa* über eine direkte Messung dieser Energie. Auch die Entstehung von virtuellen Teilchen aus dem Vakuum ist durch *Willis Lamb* („Lamb-Shift" im Wasserstoffatom) 1948 experimentell demonstriert worden. Durch eine Veränderung der Raum-Zeit-Krümmung, wie sie durch gravitationelle oder elektromagnetische Einwirkungen zustande kommt, kann die Energiedichte des Vakuums verändert werden. Auf diese Weise entstehen theoretisch Energie und auch Teilchen „aus dem Nichts". In der unmittelbaren Umgebung jeder Materie ist das Vakuumfeld gegenüber dem leeren Raum verändert. Diese Veränderung um Objekte herum, besonders um Lebewesen, kann nach *Maclay* entweder direkt als Veränderung der Energiedichte, oder dann indirekt an der Streuung des Lichtes wahrgenommen werden. Es ist davon auszugehen, daß das Vakuumfeld möglicherweise auch durch die Aktivität des Bewußtseins beeinflußt wird.

Maclay vermutet, daß dies durch eine Phasenänderung geschieht, so daß die mittlere Intensität des Feldes nicht mehr Null ist. Mit anderen Worten: Aus Vakuumenergie wird Licht erzeugt und damit wird das, was wir als die *Aura* bezeichnen, sichtbar.

- Skalarfelder nach Tom Bearden

Eine andere Erklärung für die Erzeugung von Energie und Materie aus dem „Nichts" liefert uns die Theorie des „skalaren Elektromagnetismus" des amerikanischen Physikers *Thomas E. Bearden*. Bearden versteht sie als Rekonstruktion und Weiterentwicklung von *Nikola*

Teslas Ätherkonzept. Sein „Skalarwellenfeld" ist ein anderer Begriff für *Vakuumfeld*.

Beardens Theorie stellt sich wie folgt dar: Der ständige Fluß der aufblitzenden und wieder verschwindenden virtuellen Teilchen äußert sich im Vakuum als eine Art Druck, der in jedem Punkt des Raums verschieden stark ist: das Skalarpotential des Vakuums, das Wellen von Verdichtungen und Verdünnungen verursacht, die Skalarwellen, die keine Masse besitzen. Die Skalarpotentiale sind fundamentaler als die daraus abgeleiteten Kraftfelder. Das elektrostatische und magnetostatische Potenzial des Vakuums stellt eingefaltete, gefangene Energie dar – es ist so etwas wie ein Akkumulator – in dem eine große Menge potentieller Energie, potentieller Fähigkeit, Arbeit zu leisten, gespeichert ist. Jede normale, vektorielle, elektromagnetische Welle ist aus Skalarwellenkomponenten zusammengesetzt. Skalarwellen können deshalb jederzeit durch geeignete Kopplung in elektromagnetische Wellen, die Arbeit leisten, und in Materie umgewandelt werden. Skalare Potenziale werden in Übereinstimmung zum Quantenäther als lokale Raum-Zeit-Krümmungen, also als Gravitationsfelder aufgefaßt. Damit ist die Skalarwelle, welche die Energiedichte des Vakuums variiert, per definitionem eine Gravitationswelle. Skalarwellen können nach Bearden sowohl Bewußtsein und die Psyche steuern, als auch umgekehrt von ihnen beeinflußt werden. Sie wirken auf den Fluß der Zeit ein und überwinden den Raum.

Tom Bearden ist überzeugt, daß es sich bei der mitogenetischen Strahlung *Gurwitschs* und bei *Popps* Biophotonenfeld um solche Skalarfelder handelt.

- Quantenschaum von Wheeler

Ebenfalls mit der Struktur des Vakuums und ihrem Zusammenhang zur Gravitation befaßt sich die „Quanten-Geometrodynamik" des *John Archibald Wheeler*. Nach der modernen Quantenfeldtheorie entstehen alle Kräfte aus der Krümmung der Raum-Zeit. Materie, elektrische Ladung, Elektromagnetismus und andere Felder sind nur Manifestationen der Krümmung des Raums. Dasselbe gilt, wie auch Bearden ausführt, für das Vakuum und seine Struktur. Wheeler baut die aus lauter mikroskopischen Raumkrümmungen gebildete Raumstruktur als ein Meer von winzigen Bläschen, dem sogenannten „Quantenschaum". Die für unvorstellbar kurze Zeit auftauchenden und wieder verschwindenden Blasen sind jene bereits erwähnten Quantenfluktuationen des Vakuums. Felder und Teilchen sind die Schwingungsmuster in diesem Quantenschaum. Auf der Ebene des Quantenschaums existieren die drei Dimensionen des Raums nicht mehr. Die Oszillationen der Quantenfluktuationen sind so stark, daß das Gewebe von Raum und Zeit zerrissen wird, was zu einer kontinuierlich aufgenommenen und wieder abreißenden Verbindung zwischen weit voneinander entfernten Regionen des Raums führt. Wheelers Bild dafür ist die Existenz von dauernd auftauchenden und wieder verschwindenden „Wurmlöchern", die eine ständig wechselnde Verbindung zwischen Blasen des Quantenschaums schaffen. Die Wurmlöcher spannen offenbar nicht den normalen dreidimensionalen Raum auf, sondern einen „Oberraum". Durch sie wird jeder Punkt des Raums, der in der gewöhnlichen Raum-Zeit ganz bestimmte Distanzen von anderen Punkten besitzt, ständig mit jedem anderen Punkt des Raums verbunden, und zwar auf eine Art, in der räumliche Distanzen und die Zeit, die für eine Verbindung benötigt wird, bedeutungslos werden. Durch ständig erscheinende und wieder verschwindende Wurmlochverbindungen gehen auch Signale, durch die eine unmittelbare, überlichtschnelle Kommunikation zwischen allen Raumregionen entsteht. Diese Signale wirken wie die Nervenimpulse in einem riesigen, kosmischen Gehirn, so daß das Universum auf der Ebene des Oberraums, wie der englische Astrophysiker *Sir James Jeans* einmal sagte, *„wie ein einziger riesiger Gedanke"* erscheint.

- Implizite Ordnung nach Bohm

Eine weitere Variante des „Quantenäthers" ist die „implizite Ordnung" des Einstein-Schülers und führenden Quantentheoretikers *David Bohm*. Nach seiner „holographischen Theorie" existieren in unserer Wirklichkeit zwei Dimensionen, die sich grundlegend voneinander unterscheiden: Die Welt, die wir in der normalen, alltäglichen Wahrnehmung erfahren und mit den Instrumenten der Physik messen können, nennt er die **„explizite Ordnung“**. Sie ist die Dimension, in der alles in einem „entfalteten“ manifesten, objekthaften Zustand vorhanden ist. Es ist die Welt der Objekte im leeren Raum, die sich voneinander und vom Hintergrund abheben. Es ist die *„mechanistische Ordnung, deren wesentlichstes Kennzeichen es ist, daß die Welt aus Einheiten zusammengesetzt gedacht ist, die sich außerhalb voneinander befinden, in dem Sinne, daß sie unabhängig voneinander in verschiedenen Bereichen des Raums und der Zeit existieren und durch Kräfte miteinander interagieren, die ihr eigentliches Wesen unberührt lassen“*.

Die zweite Dimension von Bohms Weltbild ist die sogenannte **„implizite Ordnung“**, die dem Quantenäther, Beardens „Skalarwellenfeld“ und Wheelers „Quantenschaum“ und „Oberraum“ entspricht. Sie befindet sich außerhalb von Raum und Zeit; in ihr gibt es keine in Raum und Zeit festgelegten Objekte, ja überhaupt keine Objekte. In dieser Dimension ist alles in allem anderen enthalten. Es existiert hier nicht in manifester, sondern in „eingefalteter“ Form. Diese Dimension ist holographisch: Jeder Teil, ja jeder Punkt des „Raumes“ enthält die gesamte Information des Ganzen, so, wie in einem Hologramm die Form und die Struktur des ganzen Objektes in jeder Region der photographischen Aufnahme eingefaltet ist. Diese implizite Ordnung ist fundamentaler und umfassender als die explizite Ordnung, die, wie Bohm schreibt, als Spezialfall der impliziten Ordnung betrachtet werden muß. Die Objekte der expliziten Ordnung sind nicht nur eingebettet in sie und durchdrungen von ihr, wie man vom Äther sagt. Auch die Formulierung, daß die implizite Ordnung der Ursprung und die Matrix aller materiellen Erscheinungen darstellt, ist zwar richtig, aber noch nicht ausreichend. Auf dem unendlichen Ozean des „Holomovement“, wie Bohm die implizite Ordnung auch nennt, um auf ihre Dynamik hinzuweisen, sind die manifesten, physikalischen Erscheinungen Kräfte, Felder und Teilchen nur kleine Wellen oder Störungen oder Projektionen der impliziten Ordnung einer höher-dimensionalen Realität.

Die implizite Ordnung erscheint wie ein Fundament, in dem die Objekte der expliziten Ordnung vor ihrer (eventuellen) Manifestation in potentieller, virtueller oder informativer Form als „Keinie" oder modellhafte „Urbilder" ruhen.

Diese Dimension stellt also auch eine Art *morphogenetisches Feld* dar, das als Matrize Materie und Felder in der typischen Gestalt von „Virus", „Strauch", „Katze" oder „Mensch" fokusiert und anordnet. Im **Boden der impliziten Ordnung wurzeln die Objekte aber auch während ihrer Manifestation. Das gilt nicht nur für die „äußeren" Objekte unserer Wahrnehmungswelt, sondern gleichermaßen für die „inneren" Erscheinungen unserer subjektiven Welt, für die Gestalten unseres Denkens, Fühlens und Vorstellens,** denn die implizite Ordnung ist nach Bohm jener Grund, aus dem beides entspringt und der beidem gemeinsam ist. Sowohl Materie wie Bewußtsein ragen wie Eisberge mit ihrem expliziten Teil über die Wasserfläche hinaus und erscheinen uns dort als getrenntes Gegenüber von Wahrnehmendem und Wahrgenommenem.

Im Bereich des weitaus bedeutenderen, impliziten Anteils der Wirklichkeit sind die Dinge und wir selbst auf geheimnisvolle Weise ineinander verwoben.

David Bohm: *„So, wie jeder Moment des Bewußtseins einen gewissen expliziten Inhalt hat, der ein Vordergrund ist, und einen impliziten Inhalt, der ein dazugehöriger Hintergrund ist, so hat auch ein Materieteilchen oder eine Welle als expliziter Teil einer Ganzheit ihre Ergänzung in der impliziten Ordnung."*

- Sechs- beziehungsweise zwölf-dimensionales Weltmodell des **Burkhard Heim**

Noch deutlicher werden die Stufen der Manifestation im sechsdimensionalen Weltmodell des deutschen Physikers *Burkhard Heim*. Auch Heim unterscheidet eine *„materiell-energetische, quantitativ be-*

schreibbare, objektive oder objektivierbare, manifeste Ebene der Außenwelt", die durch drei Raumkoordinaten und eine Zeitkoordinate beschrieben wird und der expliziten Ordnung Bohms entspricht; und eine „virtuelle Ebene", die nicht numerisch festgelegt werden und die *„als psychische Struktur teilweise intern erlebt werden kann"*. Sie entspricht Bohms impliziter Ordnung und umfaßt zwei „imaginäre" Koordinaten: „entelechiale Dimension" und „äonische Dimension". Heim geht damit über den herkömmlichen Einstein/Minkowski'schen Raumbegriff hinaus, der nur die ersten vier dieser Dimensionen umfaßt. Die beiden zusätzlichen Dimensionen erweitern den Raum zu einem sechsdimensionalen „Tensorium", einem virtuellen, nicht mehr faßbaren Raum, in den die gewöhnliche Raum-Zeit eingebettet ist. Im Raum der Einstein-Minkowski-Raum-Zeit spielen sich alle manifesten Ereignisse des materiellen Geschehens ab. Im umfassenderen, sechsdimensionalen Raum hingegen findet jenes Geschehen statt, das erst zu einer solchen Manifestation führt.

Die beiden „zeitartigen" virtuellen Dimensionen stellen jenen fundamentalen Prozeß dar, den Heim „Aktivitäten" nennt. Sie bilden „korrelative Netzwerke" und sind *„potentielle Strukturmuster komplementärer materieller Strukturorganisationen im Raum oder in der Raum-Zeit, deren Aktualisierung oder dem Zeitablauf unterworfene Projektion die Strukturen der physikalischen Welt sind"*. Mit anderen Worten: Im virtuellen sechsdimensionalen Raum, insbesondere im „entelechischen Feld", existieren potentielle Strukturmuster, die durch die sechste Koordinate im uns zugänglichen Raum realisiert, oder wie Heim es nennt, „kondensiert" werden. Sogenannte „Selektoren" sind für die Auswahl derjenigen im entelechischen Feld vorhandenen Schöpfungsmöglichkeiten verantwortlich, welche schließlich aktualisiert werden.

Diese von Heim „Transdynamik" (der „Transbereich" umfaßt die fünfte und sechste Dimension) genannten virtuellen, fundamentalen Prozesse entsprechen dem Bohm'schen „Holomovement" der impliziten Ordnung. Transdynamik wie Holomovement sind fundamentalere Prozesse und stellen eine umfassendere Wirklichkeit dar als die materiellen Prozesse der manifesten Wirklichkeit, die nur deren Projektion sind. Gravitationswellen – nach Heim „Strukturkondensationen" der beiden Transkoordinaten – gehören vollständig zur virtuellen, außerhalb der gewöhnlichen Raum-Zeit liegenden Ebene. Das Gravitationsfeld, das wird aus Heims Einordnung deutlich, muß im wesentlichen als ein Struktur (Informations)-Feld betrachtet werden; ein Grund dafür, daß die Physik, die bisher den Strukturaspekt von Energie und Materie weitgehend vernachlässigt hat, sich schwer mit der Gravitation tut. Gravitationsfeldstörungen bewegen sich nach Heim schneller als Lichtgeschwindigkeit – Tachyonen/Gravitonen sind zwar gequantelt, aber keine Teilchen. Im Gegensatz zu den Photonen ohne Energieladung haben sie imaginären Charakter.

Die Photonen hingegen bestehen nach Heim – der Biophotonen als Folgerung aus seiner Theorie vorausgesagt hat – aus den beiden Transdimensionen plus der Zeitdimension, und sind damit faßbarer. Sie existieren, wie alle elektromagnetischen Felder, zur Gänze in der uns zugänglichen Raum-Zeit. Photonen können sich aber in Gravitonen umwandeln (und umgekehrt). Sie sind zwei verschiedene Strukturformen, die sich durch ihr zeitliches Verhalten unterscheiden.

Wie in den modernen Äthertheorien besteht also auch bei Heim ein enger Zusammenhang zwischen Gravitation und Elektromagnetismus. Die Photonen stellen sozusagen die „irdische Hand" der rätselhaften Gravitation dar, die nach Heim mit der Steuerung der Umsetzung der im virtuellen Bereich enthaltenen Muster in die raum-zeitliche Manifestation zu tun hat.

Die Photonen bilden somit in der Heim'schen Theorie ein aktiv vermittelndes Glied, zwischen den außerhalb der gewöhnlichen Raum-Zeit liegenden potentiellen Organisationsmustern des virtuellen Bereichs und dem meßbaren raum-zeitlichen Bereich der Materie

VIRTUELLE PHOTONEN ALS BASIS

Zusammen mit *Sinitiro Tomonaga*, *Julian Schwinger* und *Freeman Dyson* entwickelte *Richard Feynman* eine neue Theorie der *Quantenelektrodynamik* (*QED*), wie es vor ihnen schon *Paul Dirac* jahrelang versucht hat. Mit einem Vorgehen, welches heute „Renormierung" heißt, haben sie schwierige Passagen in ihren Gleichungen dadurch gelöst, daß anstelle von Unendlichkeiten die effektiv gemessenen Werte (Masse und Ladung) eines Teilchens in die Gleichungen eingesetzt wurden. Dirac hat sich nie mit dieser Renormierung anfreunden können, doch dieser Trick war sehr erfolgreich, konnte doch jetzt das meßtechnisch bestens bekannte Frequenzspektrum des Wasserstoffatoms (LAMB-Verschiebung) berechnet werden. Mit den Ergebnissen von Feynman wurde ersichtlich, daß sich ein Photon in unglaublich kurzer Zeit in ein Elektron-Positron-Paar (Materie-Anti-Materie) teilen und sofort wieder vereinen kann. Diese virtuellen Teilchen entziehen sich direkt jeder Messung, weil sie viel zu kurzlebig sind. Anderseits erzeugen diese Teilchen ein fluktuierendes Feld (eine Art *elektromagnetisches Rauschen*), welches auch Wirkungen auf reelle Ladungen hat. Das Vakuum ist nicht mehr leer, sondern aufgefüllt wie ein See aus virtuellen Ladungen („Dirac-See"). *Hendrik Casimir* leitete aus den Feynman-Gleichungen die sogenannte *Nullpunktstrahlung* ab, und schlug dazu sein bekanntes Experiment vor.

Der materiefreie Raum soll *Minkowski-Struktur* besitzen. Impuls- und Spin-Drehimpulsdichten sind Quellen von metrischen und Torsionsfeldern. **Durch Einführen der Wirkungsfunktion des Dirac-Teilchens, das mit einem Gravitationsfeld wechselwirkt, werden Feldgleichungen hergeleitet,** die nach Eliminierung der Verzerrung in der Dirac-Gleichung auf die nichtlineare Spinor-Gleichung vom Heisenberg-Pauli-Typ führen. Die Dirac-Gleichung beschreibt die Wahrscheinlichkeitsamplitude eines einzelnen Elektrons. Diese Ein-Teilchen-Theorie liefert eine ziemlich gute Vorhersage des Spins und magnetischen Moments des Elektrons und erläutert viel über die Feinstruktur, die in Atomspektren (Spektrallinien) zu beobachten ist. Sie macht außerdem die Vorhersage, daß es unendlich viele Quantenzustände gibt, in denen das Elektron eine negative Energie besitzt, was Dirac (über die bemerkenswerte Hypothese der „Loch-Theorie") dazu veranlaßte, die Existenz der Positronen vorherzusagen, welche sich exakt wie Elektronen mit positiver Ladung verhalten. Diese Vorhersage wurde mit der Entdeckung des Positrons bestätigt.

Der Nobelpreisträger für Physik *Paul Dirac* hat gezeigt, daß im Universum die gesamte Zahl der Teilchen proportional dem Quadrat der Zeit ist. Und *Karl G. Neumann* hat die „Absorption der Gravitation" vorgeschlagen, um die Stabilität des Universum-Modells zu „erhalten". Eine Verwandlung des A zu B verläuft normalerweise zuerst langsam, dann immer schneller. Wenn sich die Hälfte des A zu B verwandelt hat, verläuft der Prozeß am schnellsten. Dann reduziert sich allmählich die Geschwindigkeit der Umwandlung, weil immer weniger A bleibt. So muß auch die Verwandlung des Quantenäthers zu Substanz verlaufen.

Je größer die Masse eines Körpers ist, desto mehr Ätherteilchen absorbiert er und desto schneller wächst er auch.

In der Nähe von Massen ist die Ätherdichte größer als im Raum zwischen Galaxien (genau wie die Atmosphäre!).

Deshalb ändern sich auch alle physikalischen „Konstanten" in der Nähe von Körpern! (Otto Österle). In der vergangenen Zeit haben sich mehrere Forscher mit dem Expansionsmodell der Erde befaßt, darunter der bekannte Physiker *Pasual Jordan* (1966), der die Expansion durch die Hypothese von *Paul Dirac* über die allmähliche Abnahme der Gravitationskonstante zu erklären versuchte. Mehrere überzeugende geologische Beweise der Expansion der Erde hat der Geologe *S. W. Carey* geliefert. Heute ist bekannt, daß die Masse der Erde jährlich um ungefähr zwei Millionen Tonnen pro Sekunde zunimmt. Man kann vermuten, daß das Expansionsmodell in der Zukunft das heutige „Standardmodell" der Plattentektonik ersetzt.

Nun betrachten wir das Problem, welche Folgen die Abnahme des „freien“ Quantenäthers und die dadurch verursachte Veränderung des Raumes hat. Die Dichte des Äthers bestimmt alle Parameter der Elementarteilchen und deshalb auch der Atome und Moleküle. Alle „konstanten“ Parameter dieser Teilchen müssen sich also mit der Zeit verändern. „Alte“ und „neu entstandene“ Teilchen können sich unterscheiden (die von der Quantentheorie postulierte *„absolute Identität der Elementarteilchen“* ist falsch).

Eine dieser „Konstanten“ ist die *Rydberg'sche Konstante*, welche die Wellenlängen des von Sternen und Galaxien – also von Atomen – ausgestrahlten Lichtes bestimmt. Diese Wellen wurden mit der Zeit immer kürzer und somit das Licht immer „blauer“. Von weit entfernten Galaxien kommt zu uns heute „rotes“ Licht, das vor Milliarden Jahren im Raum mit anderen Eigenschaften ausgestrahlt wurde und dessen „Rotverschiebung“ also nicht durch den Doppler-Effekt verursacht wurde (Otto Österle, 1992). **Das „Standardmodell“ des Urknalls ist also falsch, was auch mehrere Fakten und Beobachtungen beweisen.**

Welches Universum-Modell statt Urknall?

Wie schon erwähnt, wandelt sich der Quantenäther mit der Zeit zu Substanz. Es wird im Universum immer weniger „freien“ Quantenäther und immer mehr Substanz geben. Bekanntlich konnte *Paul Dirac* darlegen, daß im Universum die gesamte Zahl der Teilchen proportional dem Quadrat der Zeit ist. Und *Karl G. Neumann* hat die „Absorption der Gravitation“ Vorgeschlagen, um die Stabilität des Universum-Modells zu „erhalten“. Es ist klar, daß die Verwandlungsrate maximal sein wird, wenn die Hälfte des Quantenäthers zu Substanz verwandelt ist.

In welcher Entwicklungsphase befindet sich unser Universum? Man kann vermuten: irgendwo am Anfang der Umwandlung. Es ist bekannt, daß die Gravitationskräfte im Universum durch geheimnisvolle „dunkle“ Materie (durch den Quantenäther!) geprägt sind und daß diese Materie zirka 90% der gesamten Materie des Universums beträgt. Also sind erst 10% des gesamten Quantenäthers zu Substanz verwandelt. Es gibt auch Beweise, daß diese Umwandlung nicht linear verläuft. Die Beobachtung entfernter Galaxien zeigt, daß das Verhältnis der Rotverschiebung zur Entfernung, das heißt, die *Hubble'sche Konstante* nicht beständig ist, sondern von der Entfernung abhängt. Bei sehr entfernten Galaxien ist die Verschiebung für gleiche Abstände geringer als für nähere. Man sagt: *„Der Urknall verlangsamt sich.“* In Wirklichkeit ist das eine Folge der nicht gleichmäßigen Abnahme der Dichte des Quantenäthers. Die maximale bekannte „Rotverschiebung“ weist eine „Verlängerung“ der Wellen um nur zirka 2,17 mal auf, was auch für das geringe Alter unseres Universums sprechen kann (diese Beobachtungen deuten übrigens darauf hin, daß manche Galaxien älter als das Universum selbst wären!).

Die Dichte des Quantenäthers bestimmt alle physikalischen Ereignisse und Parameter, zum Beispiel die der Massen und Ladungen der Elementarteilchen in der Mikrowelt bis zu den Wechselwirkungen von Galaxien. Sie verändert sich aber nicht nur im Laufe der Zeit. Sie ist auch im Raum nicht beständig (genauer gesagt: der Raum ist nicht homogen und nicht isotropisch – Äther ist nämlich Raum), weil zum Beispiel die *Hubble'sche Konstante* in verschiedenen Richtungen des Himmels unterschiedlich ist.

In der Nähe von Massen ist die Ätherdichte größer als im Raum zwischen Galaxien (genau wie die Atmosphäre!). Deshalb ändern sich auch alle physikalischen „Konstanten“ in der Nähe von Körpern: die Lichtgeschwindigkeit, die *Rydberg'sche Konstante*, welche die Rotverschiebung bestimmt. Und das ist die physikalische Ursache der Krümmung des Raumes und des Einstein-Effektes: Rotverschiebung und Beugung des Lichtes in der Nähe von Sternen (Die Relativitätstheorie kann diese Krümmung nicht kausal erklären, weil das Licht sich mit

Lichtgeschwindigkeit ausbreitet und also mit nichts zusammenwirken kann).

Das ist auch die Ursache, warum genaue Uhren in Satelliten eine andere Zeit zeigen als auf der Erdoberfläche. Das muß aber nicht unbedingt bedeuten, daß auf dem Satelliten die Zeit anders verläuft, sondern daß die Uhr falsche Zeit zeigen kann (wie zum Beispiel eine Uhr mit einem eisernen Pendel im Magnetfeld).

WAS IST ZEIT?

Was ist aber Zeit? Für *Isaac Newton* war die Zeit noch absolut. Alle Veränderungen in der Welt breiteten sich unendlich schnell im ganzen Universum aus. *Albert Einstein* hat das „vierdimensionale Raum-Zeit-Kontinuum" erfunden und gezeigt, daß die Zeit und die Masse der Körper von der Geschwindigkeit des Systems abhängen. Bei der Lichtgeschwindigkeit bleibt die Zeit „stehen" und die Masse wird unendlich groß. Wie wir schon mehrmals wiederholt haben, folgt aus dem Kausalitätsprinzip: Jede Null und Unendlichkeit ist Kennzeichen einer falschen Theorie. Erstaunlicherweise hängen die Parameter des Raum-Zeit-Kontinuums von der Zeit nicht ab, weil die Lichtgeschwindigkeit als eine absolute Konstante angenommen wird. **In Wirklichkeit „schiebt" jeder sich bewegende Körper Quantenäther vor sich her und „vergrößert" damit seine Masse, wie zum Beispiel ein Flugzeug die Luft vor sich herschiebt und verdichtet.**

Und wie das Flugzeug die Schallgeschwindigkeit überwinden kann, so kann im Prinzip auch die Lichtgeschwindigkeit überwunden werden. Die Abnahme der Dichte des Quantenäthers mit der Zeit führt zur Abnahme der Lichtgeschwindigkeit und zur Veränderung des „Raum-Zeit-Kontinuums". Die Zeit ist also nicht von der sekundären Lichtgeschwindigkeit bestimmt, sondern von der Veränderungsrate der primären Ätherdichte. Und diese Rate ist, wie schon erwähnt, im Mittelalter des Universums maximal.

Kann man diese Veränderungsrate irgendwie durch unsere gewöhnlichen Zeiteinheiten äußern? Dazu haben wir einige Fakten. Einer davon wurde schon erwähnt: „Junge" Sterne mit gleichen Parametern wie unsere Sonne haben eine Leuchtkraft, die um 40% geringer ist als unsere „junge" Sonne vor 4,6 Milliarden Jahren (Ingersoll 1987). Es ist bekannt, daß die Leuchtkraft durch eine siebente Wurzel von der Gravitationskonstante (das heißt der Dichte des Quantenäthers) abhängt. Die siebente Wurzel von 1,4 ist gleich 1,04924144 oder rund 1,05. Also war die Ätherdichte vor 4,6 Milliarden Jahren um 5% größer als heute. Wenn man als erste Näherung eine lineare Abnahme der Ätherdichte annimmt, kann man die Existenzzeit unseres Universums auf zirka 90 Milliarden Jahre schätzen. Das gehört zu der allgemeinen „pauschalen“ Zeit im Universum. Es gibt aber auch lokale, örtliche Zeiten. Die Dichte des Äthers in der Nähe der Erde nimmt nicht ab wie überall im Universum, sondern sie nimmt immer schneller zu, was durch das Wachstum der Erdkugel verursacht ist. Die absolute Veränderung ist natürlich relativ gering, aber für das Leben auf der Erde ist sie entscheidend. Wir wissen, daß jede nächste Entwicklungsstufe der Lebewesen, oder der menschlichen Gesellschaft, in immer kürzeren Zeitabschnitten abläuft. Wir sehen also, daß die Definition der Zeit heute noch unvollkommen ist.

Um ein ganzheitliches Weltbild aufzubauen, muß man noch eine absolute Vorstellung beseitigen, nämlich die des unendlichen Teilens der Materie. 1896 entdeckte *Henri Bequerel* die Radioaktivität. Durch diese Entdeckung wurde klar, daß das Atom in Wirklichkeit nicht das „Unteilbare“ ist, sondern daß es aus noch kleineren Teilchen besteht. Diese Teilchen sind bekanntlich die Elementarteilchen: Elektron, Proton, Neutron. Diese sind vermutlich auch teilbar und bestehen aus Quarks. Und die Quarks? Ist die Materie unendlich teilbar?

Mit diesem Problem haben sich viele Wissenschaftler beschäftigt. Für *Henri Poincare* war es klar, daß die Wechselwirkung zwischen Korpuskeln nicht im Leer-Raum vor sich gehen kann; sie kann nur durch Substanz, die aus kleineren Korpuskeln besteht, stattfinden. Und diese Korpuskeln können auch nur durch eine Substanz zusammenwirken. Deshalb muß sich die Materie unendlich teilen. *W. Lenin* behauptete, das Elektron sei genauso unerschöpflich wie das Atom. *Olga C. Hilgenberg* meinte auch, daß der Raum zwischen den Ätherteilchen aus Ätherteilchen der nächsten Ordnung besteht und so bis zur Unendlichkeit. *W.A. Azujukowski* (1990) hat ein ähnliches Modell entwickelt.

Erwin Chargaff hat dieses Problem anschaulich dargestellt: Kleine Läuse haben immer noch kleinere Läuse. Das Prinzip *„Nichts Absolutes!“* zeigt, daß die Unendlichkeit in der Natur nicht existieren kann, sie „zerreißt“ die Kausalketten und zerstört die Ganzheitlichkeit der Welt.

Kausalketten können nicht unendlich lang sein, deshalb kann auch die Materie sich nicht unendlich teilen. Sie kann aber auch nicht aus absolut unteilbaren Korpuskeln bestehen. Welcher Ausweg existiert aus dieser Sackgasse?

Ganz allgemein kann man sagen: Es gibt keinen absoluten Raum; Äther *ist* Raum. Deshalb gibt es keine „Klüfte" zwischen seinen Korpuskel-Wellen, die man mit Teilchen „nächster Ordnung" ausfüllen muß. Man kann das auch ausführlicher darstellen. Wie schon erwähnt, können die Ätherwellen und -Wirbel astronomische Dimensionen erreichen. Wenn wir immer weiter in die Mikrowelt „eindringen" – Moleküle, Atome, Elementarteilchen – tauchen wir in der Megawelt (im Weltall) auf. **Die Ätherfäden verbinden buchstäblich diese zwei Welten und bilden einen Kreis!**

Quantenäther ist der Raum, die „primäre Materie". Die Elementarteilchen, wie das ganze Universum mit seinen Kraftfeldern, sind Wirbel, Zwirnsfäden beziehungsweise *Ätherröhrchen* und *Stehende Wellen* des Quantenäthers. Und weil die Ätherröhrchen keine ideal geraden Linien bilden und nicht unendlich, sondern kurzgeschlossen sind, ist der Raum krumm. Der bekannte Physiker *M. A. Markov* (1988) hat die Eigenschaften des krummen Raumes untersucht. Er hat gezeigt: Wenn man im Raum des Universums einen willkürlichen Punkt auswählt und um ihn Sphären mit immer größeren Radien bildet, dann werden die Oberflächen dieser Sphären zuerst immer größer, sie schließen immer mehr Galaxien ein. Dann werden sie aber wieder kleiner und nähern sich Null. Wenn man unser Universum von „außen" sehen könnte, hätte man ein... Elementarteilchen beobachtet! Und dieses „Teilchenuniversum" rotiert, ist nicht absolut abgeschlossen und hat deshalb eine elektrische Ladung und ein Magnet-Spin. Der „Kosmische Schaum" und die „Großen Mauern" aus Galaxien sind gleichzeitig innere Strukturen der Elementarteilchen.

Der Aufbau des Universums entspricht also der Platon'schen Triade: These (unendliches Teilen der Materie), Antithese (Existenz des unteilbaren Atoms), Synthese (Einschließen der Mega- und der Mikrowelt in einen Kreis). 1897 hat *Professor U. G. Morrow* sehr präzisen geodätische Messungen durchgeführt. Er hat aus mechanischen Teilen eine optisch sehr genau justierte, waagerecht gerade Linie mit einer Länge von 6640m aufgebaut und damit festgestellt, daß die Linie des Horizonts nicht unter der Haarlinie des Fernrohres beobachtet wird, sondern oben (Morrow 1899). Dieses wunderbare Ergebnis hielt er für den Beweis, daß die Erdoberfläche nicht konvex, sondern konkav sei, das heißt, die Erde hätte nicht die Form einer Sphäre, sondern einer von innen leeren Schale. Aufgrund dieser Messung wurde sogar ein neues „Hohlweltbild" aufgebaut, welches das gewöhnliche Kopernikanische Modell ersetzen sollte. Die Messungen von *Professor Morrow* basieren auf dem Postulat, der Lichtstrahl sei eine absolut gerade Linie. Wenn man aber annimmt, daß der Raum um die Erde sphärisch krumm ist und waagerechte Linien sich gegen die Erde biegen, bekommt dieses Ergebnis eine logische Erklärung – ohne Notwendigkeit, das heutige Weltbild auf den Kopf zu stellen. Satellitenaufnahmen des Meeresspiegels zeigen außerdem, daß dieser Spiegel nicht ideal ist – es gibt nichts Ideales! –, er hat Hügel und Täler. Die Ursache ist die nicht gleichmäßige Verteilung der Massen in der Erde, das heißt Inhomogenitäten des Gravitationsfeldes (deshalb werden Lote in Schächten nicht genau senkrecht hängen). Vielleicht ist der Lichtstrahl beim Experiment von Professor Morrow auf einen solchen „Meereshügel" gestoßen?

Im sphärisch gekrümmten Raum müssen senkrechte Lichtstrahlen nach oben divergieren (auseinandergehen) und deshalb müssen die Himmelskörper größer aussehen, als sie wirklich sind (es gibt Mitteilungen, die amerikanischen Astronauten hätten den Mond bei ihrer Landung kleiner vorgefunden, als er von der Erde zu sein scheint).

Wenn unser Universum ein Elementarteilchen ist, dann wandelt sich das Problem seines Entstehens zum Problem des Entstehens von Elementarteilchen. Es ist bekannt, daß beim Zusammenstoß von Teilchen neue Teilchen (neue Wirbel des Äthers) entstehen. Und diese neuen Teilchen verändern sich mit der Zeit durch die Umwandlung des in ihnen eingeschlossenen Äthers (Raumes) zu Substanz, bis zum Tode des Universums.

Die Geschwindigkeit dieser Umwandlung ist die Zeit. Je tiefer wir in die Mikrowelt eindringen, desto größere Bewegungsgeschwindigkeiten beobachten wir.

FUNKTION EINES HOLOGRAMMS IM GEHIRN

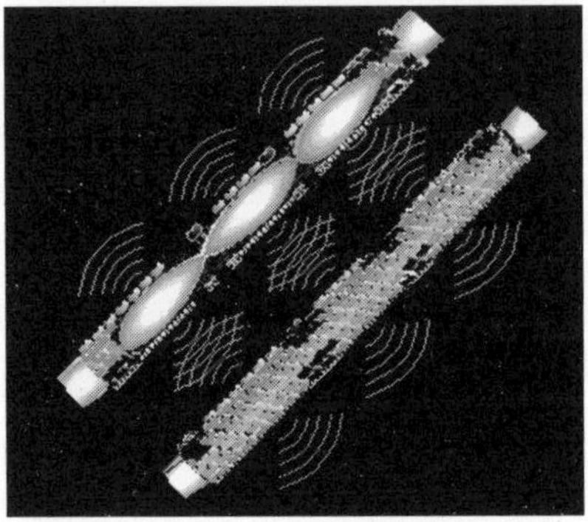

Abb.33:
Funktionsaufbau eines Hologramms durch Mikrotubuli.

Holographie (griechisch *holos*: ganz; *graphein*: schreiben) ist eine Methode zur Erzeugung dreidimensionaler Bilder von Gegenständen. Die Basis für dieses optische Verfahren ist die Erzeugung von kohärentem (zusammenhängendem) Licht mit ausreichender Intensität, was nur mit Hilfe eines Lasers möglich ist. Wenn man einen Gegenstand mit kohärentem Licht bestrahlt, dann entsteht ein Wellenfeld, das sich von dem Feld des Laserlichtes unterscheidet. Wenn die Lichtwellen auf den Gegenstand treffen, können verschiedene optische Phänomene wie zum Beispiel Reflexion, Beugung oder Interferenz ablaufen. In dem auf diese Weise veränderten Wellenfeld steckt dann sozusagen die optische Information, und zwar in Form von Amplituden- und Phasenverteilung. Gerade diese benötigt man, um einen dreidimensionalen Gegenstand vollständig abzubilden.

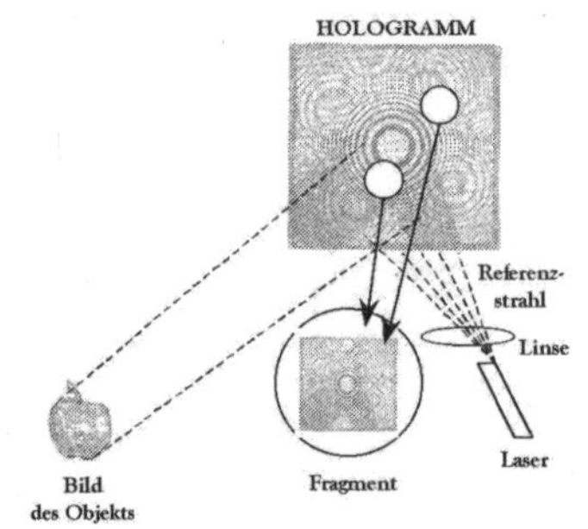

Abb.34:
Funktionsaufbau eines Hologramms.

Einfacher dargestellt: Das Laserlicht „belichtet“ oder „aktiviert“ den Film. In diesem Prozeß werden kodierte Muster, die Frequenzinformationen enthalten, in 3-D-Form umgesetzt. Der wesentlichste Aspekt eines Hologramms ist der, daß jedes Teil und jedes Fragment des Hologramms sich dafür verwenden läßt, das Bild des kompletten Originalobjekts entstehen zu lassen. Jedes Fragment enthält das Ganze. Das Hologramm steht für die ungeteilte Natur des Kosmos.

SUPRALEITFÄHIGKEIT DER MIKROTUBULI

Ergebnisse von *Jack Tuszynski*, *Alex Nip*, *Mitchell Porter* und *Stuart Hameroff* zeigen, daß innerhalb der Proteine die „aromatischen" Aminosäuren (solche mit Elektron-resonanten Ringstrukturen, das heißt Tryptophan, Tyrosin, Histid und Phenylalanin) durch Elektronensprünge (Hopping) oder Elektronen-Tunneln zwischen den Aromatics, die durch einige Nanometer von einander getrennt sind, am Elektronen-Transport beteiligt sind. Die Mikrotubuli scheinen in die Erzeugung von Information eingebunden zu sein und die Elektronen-Bewegungen könnten eine entscheidende Rolle dabei spielen. Während einer Simulation der dem Mikrotubuli untergeordneten Protein-Einheit „Tubulin" wurden die Stammplätze der aromatischen Aminosäuren Tryptophan, Histidin und Tyrosin gefunden. Tryptophane wurden innerhalb ~2 nm mit einem anderen Tryptophan, und Histidine innerhalb von ~2 nm mit einem anderen Histidin zusammengebracht, um mögliche Wege des Elektrons aufzuzeigen. Diese Intra-Protein-Wege wurden wiederum in ein zylindrisches Mikrotubuli-Gitter projeziert, das bestimmte helische Spiralenmuster innerhalb der zylindirschen Mikrotubuli-Gitter aufzeigte. Die Spiralenmuster entsprechen den Verbindungsmustern der an die Mikrotubuli gebundenen Proteine, die wiederum mit der cytoskletalen und zellulären Struktur und Funktion übereinstimmen. Die Leitfähigkeit unter den aromatischen Ringen im Tubulin könnte Zellinformationserzeugung in den Mikrotubuli weiterleiten.

Mikrotubuli mit holografischer Funktion

Die Nervenzelle besitzt einen kernhaltigen Teil der neben Mitochondrien und Pigmenten Membranstapel des endoplasmatischen Retikulums, die so genannten *Nissl-Schollen*, enthält. Über die vom Perikaryon ausgehenden, vielfach verzweigten Fortsätze (Dendriten) werden den Nervenzellen Erregungen zugeleitet. Die Erregungsweiterleitung erfolgt über das Axon, einen langen Fortsatz aus parallelen Mikrotubuli. Jedes Axon ist von einer Membran, dem Axolemm, umgeben. Man unterscheidet marklose und markhaltige Fasern. Letztgenannte sind mit Schwann'schen Zellen umgeben, die an den Ranvier'schen Schnürringen unterbrochen sind. Nach der Anzahl der Fortsätze unterscheidet man unipolare, bipolare und multipolare Nervenzellen. Globuläre Proteine können sich auch zu winzigen, hohlen Röhrchen verbinden, die sowohl als Stützelemente der Zelle dienen als auch als Transportmittel. Jedes dieser Mikrotubuli besteht aus zwei Typen nahezu kugelförmiger Proteine, die sich paarweise zusammenfinden und sich am Ende des Röhrchens anlagern und es so verlängern, wie es nötig ist.

Mikrotubuli stellen auch das Gerüst der Cilien dar. Cilien sind haarähnliche Ausstülpungen von Zellen. Einige Mikroorganismen benutzen sie zur Fortbewegung im Wasser. Globuläre Proteine können sich zu winzigen, hohlen Röhrchen verbinden, die sowohl als Stützelemente der Zelle dienen als auch als Transportmittel. Ort des Primärgeschehens des Tagesbewußtseins sind wahrscheinlich die Mikrotubulisysteme. Alle Zellen haben Mikrotubuli. Sie bilden kilometerlange Hohlröhren, die als Hohlraumresonatoren elektromagnetische Schwingungen leiten können. Durch Anästhetika, also durch Betäubung, werden Mikrotubuli-Leitsysteme außer Gefecht gesetzt – wir verlieren unser Bewußtsein, einschließlich bewußter Erinnerung. Der menschliche Körper erzeugt und sendet ununterbrochen energiereiche Strahlung mit der höchsten Intensität (= höchste Quanten-/Photonenanzahl) im Mikrowellen- und Thermowellenbereich (10^{13} Hz).

Gleichzeitig wird resonante Strahlung von außen eingestrahlt (2. Atmosphärenfenster). Alle Strahlung interferiert miteinander und bildet laufend im Muster sich ändernde Hologramme aus. Die gleichzeitig entstehenden Schwebungsfrequenzen haben neben den Frequenzen der Primärschwingungen ebenfalls physiologische Bedeutung. Die Strahlung entsteht bei Stoffwechselprozessen, Enzymtätigkeiten, energetischen Phosphorylierungen, aber vor allem bei Membrandepolarisation als Ursache von Nerven- und Muskeltätigkeiten. Bei allen Strahlungsaktivitäten sind die im Körper universal vorhandenen Mikrotubuli beteiligt (Hameroff, 1988).

MIKROTUBULI ALS HARDWARE

Die Teilung der ganzen Zelle geht in auffällig koordinierter Weise vor sich. Zunächst teilt sich der Kern, der die Erbsubstanz in Form der Chromosomen enthält. Ein spindelförmiges Fasergebilde, das Mikrotubuli und Mikrofilamente wie Eisenfeilspäne zwischen zwei Magnetpolen formiert, zeigt die Bereitschaft zur Teilung an.

Die Chromosomen ordnen sich in der „Äquatorialebene" in der Mitte der Kernspindel zu einer sternförmigen Figur an, exakt in zwei gleiche Hälften aufgeteilt. Diese beiden Chromatiden wandern anschließend zu den entgegengesetzten Polen der Spindel, völlig synchron und aufeinander abgestimmt. Wie von Geisterhand bewegt, verschwindet nun die Spindel.

VERBINDUNGEN ZUR DNS DURCH SUPRALEITUNG?

Durch seinen hohen Gehalt an Zink und seine Eigenschaft, Zinkionen zu binden und freizugeben, könnte Melanin wichtige Peptide und Proteine aktivieren und deaktivieren – unter ihnen Tubulin und Aktin, aus denen die Mikrotubuli und Mikrofilamente des Zellskelettes bestehen, aber auch verschiedene für Aufbau und Funktion von DNS und RNS wichtige Enzyme. Wenn das Melanin tatsächlich, wie *Barr* beispielsweise vermutet, als organischer Supraleiter bei Raumtemperatur funktioniert, dann könnte es in direkter Supraleitungskommunikation mit der DNS stehen, von der man ja ebenfalls schon lange vermutet, ein solcher Supraleiter zu sein. Supraleitfähigkeit ist eine Eigenschaft, die – falls sich die Kohärenztheorie der Biophotonen als richtig erweist – der DNS (und damit auch anderen angekoppelten Molekülsystemen) zugeschrieben werden müßte. Obwohl eine Vielzahl anderer Biomoleküle, wie hier am Beispiel des Melanins dokumentiert, ähnliche Lichtspei-

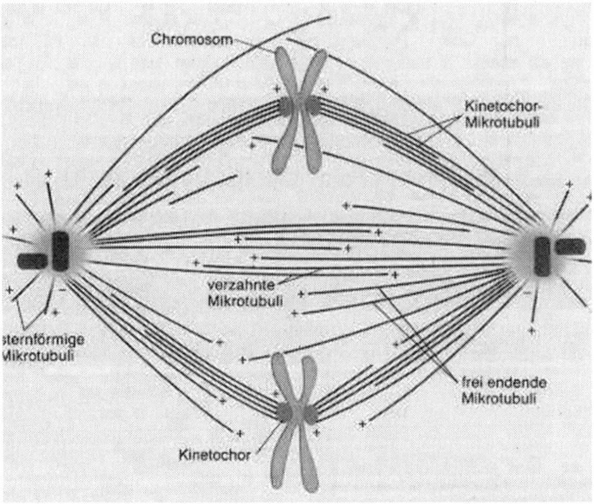

Abb.35:
Die Ausprägung der Mikrotubuli in der DNS.

chereigenschaften hat wie die DNS, bleibt die DNS doch mit großer Wahrscheinlichkeit die zentrale Instanz für die Steuerung der biologischen Prozesse im Organismus über das Biophotonenfeld. Die DNS vermag schon von ihrer Molekülstruktur her wesentlich mehr Information zur Regulation beizutragen als alle anderen Biomoleküle.

Alle Supraleiter sind, wie man seit kurzem weiß, in der Lage, Licht und damit Informationen zu speichern.

Nun gibt es noch ein weiteres mit der DNS und den Wurmlöchern zusammenhängendes Phänomen: Normalerweise sind diese minikleinen Wurmlöcher höchst instabil und halten nur für den allerkleinsten Bruchteil einer Sekunde lang. Unter bestimmten Umständen (Fosar/Bludorf) können sich jedoch auch stabile Wurmlöcher aufbauen und diese bilden ausgeprägte Vakuumdomänen, in denen sich unter anderem Gravitation in Elektrizität verwandeln kann.

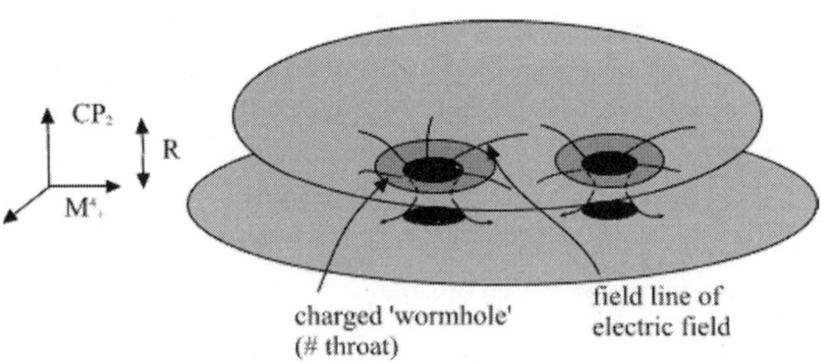

Abb.36:
Wurmloch-Bedingungen innerhalb der DNS.

WURMLOCH INNERHALB NEURONEN

Eric Kandel äußerte sich dahingehend, daß die Neuronen, die durch *Gap-Junctions* (Verzweigungs-Spalten) miteinander verbunden sind, sich wie *„ein einziges gigantisches Neuron“* verhalten. Es sieht so aus, daß Gap-Junctions für die makroskopische Verteilung von Quanten-Zuständen unter den Neuronen (und Glia) von Wichtigkeit sind. Biologisches Electron-Tunneling (Tunneln) kann bis zu einer Entfernung von 5 Nanometern stattfinden. Daher kann die Trennung von 4 Nanometern, die durch Gap-Junctions entsteht, die Tunnelung durch die Gaps (Spalten) ermöglichen und dabei für die Verbreitung des Quanten-Zustands sorgen. In den vergangenen Jahren sind bestimmte intrazelluläre Organellen in Dendriten, die unmittelbar an die Gap-Junctions grenzen, entdeckt worden. Dies sind Membran-Schichten, die ein Mitochondrion abdecken.

Sie werden als „Dendritic Lamellar Bodies“ („Dendritische Lamellen-Körper“) bezeichnet – DLBs (de Zeeuw, 1995). Diese DLBs werden zu kleinen cytoskeletalen Protein-Ketten zusammengefügt, die an den Mikrotubuli verankert werden. Es sieht so aus, **daß den Mitochondrien freie Elektronen für die Tunnelung zur Verfügung stehen** und die DLBs eine Art *Josephson-Junction* (Verzweigung) zwischen den Zellen bilden und damit die Verteilung cytoplasmischer Quantenzustände auf weitreichende Gehirn-Bereiche.

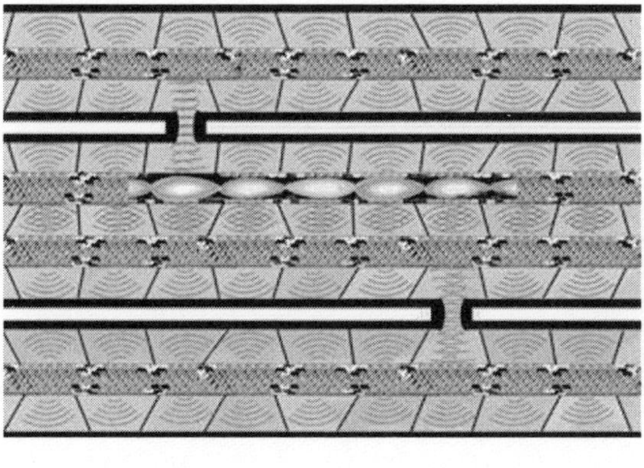

Abb.37:
Dentritic Lamellar Bodies (Dendritische Lamellen-Körper, DLBs) liegen an den gegenüberliegenden Seiten der Gap-Junctions (Verzweigungs-Spalten) in neuronalen Gehirn-Dendriten. Sind sie die Träger der Quanten-Tunnelung, die einen einheitlichen Quanten Zustand unter den Neuronen verteilen?

DAS „WUNDER“ IST BEWEISBAR

1961 untersuchten die ersten Mediziner indische Yogis und fanden so erstmals Alpha-Wellen der Gehirnrinde während Zuständen von Yoga-Ekstase. Die Alpha-Wellen sind typisch für entspannte Ruhe während des Wach-Seins bei geschlossenen Augen. So lag es auch nahe, die Gehirnwellenmuster von Meditierenden näher zu analysieren. Die ersten Untersuchungen stammen von 1973 und sind seither von vielen Forscherteams mit immer neuen, differenzierten Fragestellungen durchgeführt worden. Anders als zuvor entwickelten diese Bewußtseinsforscher dafür jedoch viel aufwendigere Meßgeräte, die mit einem komplexen Computer verbunden wurden. 1977 entwickelte *Paul Levine* die Methode des *Coherence Spectral Array*, des *COSPARs*, um die für die Meditations-typischen Gehirnwellen-Kohärenzen sichtbar zu machen. Dabei legen die Untersucher gleichzeitig immer zwei Elektroden an der Kopfhaut an und leiten dort diejenigen Gehirnwellen ab, die sie miteinander vergleichen wollen. Üblicherweise untersuchen sie die Tätigkeit des Gehirns an zwei verschiedenen, vorher definierten Ableitungsstellen, beispielsweise über derselben Gehirnhälfte jeweils vorne und hinten am Schädel, oder aber auf gleicher Höhe spiegelbildlich über beiden Gehirnhälften.

Das COSPAR-Gerät wandelt die Signale dieser zwei elektrischen Ableitungen mathematisch um, vergleicht sie miteinander und zeichnet sie sodann als grafische Wellen auf. Als Kohärenz definieren Forscher dabei die mathematisch ermittelte Übereinstimmung zwischen den Phasen des EEGs einer bestimmten Frequenz, die an den zwei verschiedenen Stellen der Kopfhaut abgeleitet werden. So macht dieses Gerät Ordnungsmuster von Gehirnwellen in verschiedenen Bereichen der Gehirnrinde sichtbar.

Das Auftreten verschiedener Wellenbereiche kennzeichnet unterschiedliche Funktionen:

Delta-Wellen (0,5-4 Hz):	Regenerationsphase im Tiefschlaf;
Theta-Wellen (5-7 Hz):	traumloser, mitteltiefer Schlaf;

Alpha-Wellen (8-12 Hz):	Entspannung, Meditation, inaktiver Wachzustand bei geschlossenen Augen;
Beta-Wellen (13-30 Hz):	Denken, Aufgaben lösen, geistige Betätigung, Sinnesreize mit offenen Augen.

Zunahme der Gehirnwellen-Kohärenz während der Meditation

Die Abbildungen auf der nachfolgenden Seite zeigen EEG-Ableitungen von Personen mit unterschiedlich langer Meditationspraxis. Jeder „Berg" auf den Grafiken signalisiert eine Übereinstimmung der Gehirnwellen zu 95% über mindestens 10 Sekunden in verschiedenen Frequenzen von 0-25 Hz. In Ruhephasen von Nicht-Meditierenden treten beim Wach-Sein oder Schlafen keine Kohärenzen auf. Bei Meditations-Anfängern zeigen sich sofort Alpha-Wellen (10 Hz), mit zunehmender Praxis Theta-Wellen (6 Hz) und schließlich Kohärenzen in allen Wellenbereichen.

Als *Kohärenz* definieren Forscher dabei die mathematisch ermittelte Übereinstimmung zwischen den Phasen des EEGs einer bestimmten Frequenz, die an den zwei verschiedenen Stellen der Kopfhaut abgeleitet werden.

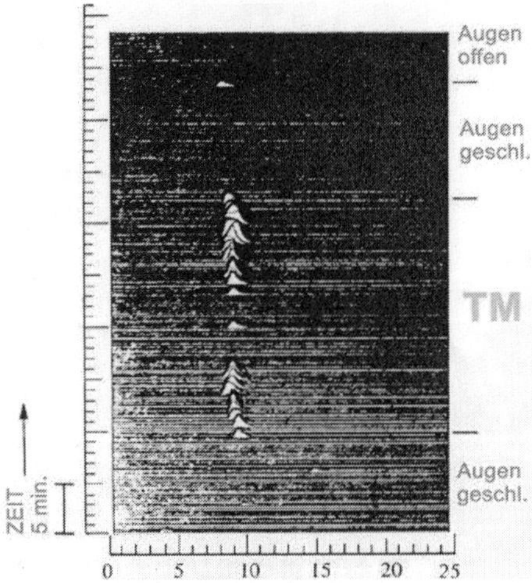

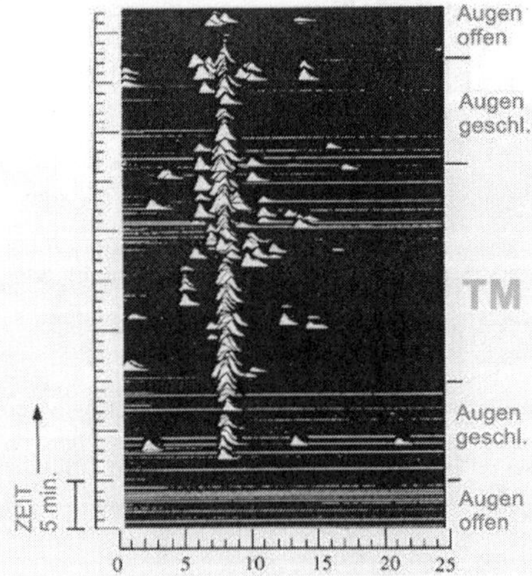

Abb.38 und **39**:
EEG-Messungen während der Meditation zum Zeitpunkt des Beginns und nach 4 Monaten.

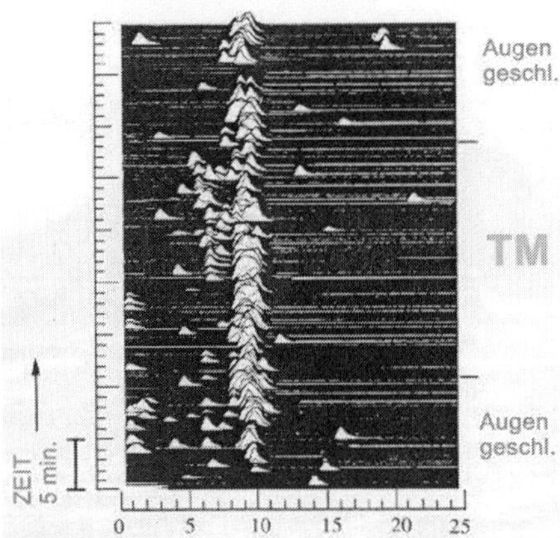

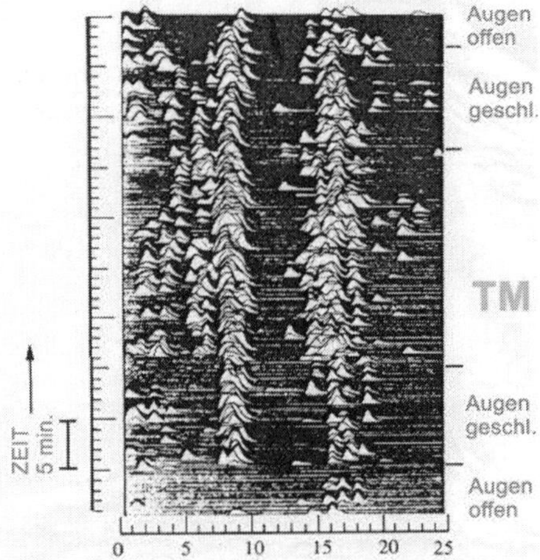

Abb.40 und **41**:
Nach 5 Jahren und 15 Jahren.

Ergebnisse:

Bedeutungsvoll war für die Wissenschaftler nicht nur die Menge und Art der auftretenden Kohärenz, sondern vor allem deren Änderung aufgrund unterschiedlicher geistiger Aktivitäten der Versuchspersonen. Die ersten Kohärenzen bei Meditations-Anfängern treten in der Regel im Alpha-Frequenzbereich (10 Hz) auf und zwar bereits von der ersten Meditation an. Nach einiger Praxis treten dann oft zwei-gipflige Alpha-Kohärenzen auf, was die Wissenschaftler mit einer vertieften Erfahrung erklären.

Wenn Personen die Medititation längere Zeit ausüben, treten Übereinstimmungen zunehmend auch in anderen Frequenzen auf. Häufig sieht man dann schon beim Augenschließen das Alpha-Band; mit Beginn der Meditations-Technik treten zunehmend auch Kohärenzen im Theta- (6 Hz) und Beta-Bereich (20 Hz) auf.

Bei einer jungen Frau, die mit Abstand die längste Meditationspraxis hatte, weil sie vom 10. Lebensjahr an 15 Jahre regelmäßig meditierte, zeigte sich entsprechend die stärkste Kohärenz in allen Frequenzbereichen von 0-25 Hz; selbst das Beta-Band war über die gesamte Meditations-Zeit kohärent ausgeprägt. Die parallel dazu durchgeführte Messung des Atemmusters zeigte, daß diese junge Frau in tiefer Ruhe kaum noch Sauerstoff brauchte – ihre Atmung war äußerst ruhig und flach oder auf dem Monitor kaum noch sichtbar. Das Zusammentreffen dieser beiden Faktoren werteten die Untersucher als ein klares Zeichen einer Transzendenz-Erfahrung. Bei Versuchspersonen, die einschliefen, verschwanden die vorher vorhandenen Kohärenzen vollständig, kehrten bei Wiederaufwachen bzw. Weitermeditieren aber sogleich wieder zurück. Folgeuntersuchungen zeigten direkte Zusammenhänge zwischen dem sogenannten „Yogischen Fliegen“ und der Kohärenz der Neuronen.

Gehirnwellen beim Yogischen Fliegen:

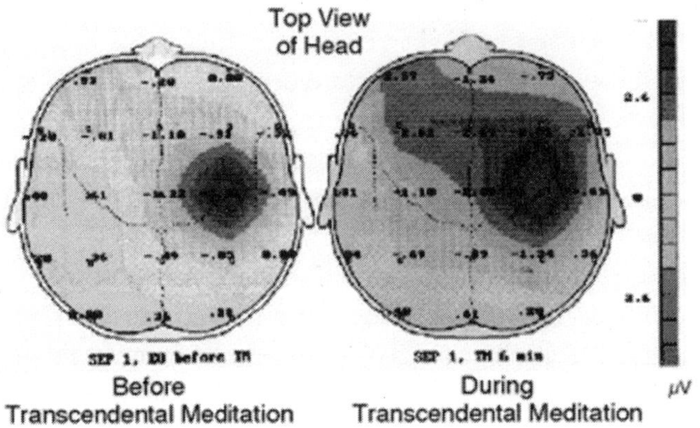

Abb.42: Gehirnaktivitäten in unterschiedlichen Intensitäten – vor und während der Transzendentalen Meditation.

Orme-Johnson und andere Forscher untersuchten später auch die Kohärenzen von Meditierenden, die bereits fortgeschrittende Techniken anwandten. Besonders beeindruckend ist dabei die intensive Entwicklung von Kohärenzen über alle Hirnwellenbereiche während des Yogischen Fliegens. Als Vergleichspersonen dienten Menschen, die nicht meditierten und welche die Bewegungen, die bei der geistigen Technik des Fliegens spontan entstehen, willentlich imitierten. Dabei traten bei ihnen nicht einmal Alpha-Kohärenzen auf. 1994 untersuchte *Nicolai Nicolaevich Lyubimov*, Direktor der Forschungsabteilung für Neurokybernetik des Moskauer Hirnforschungsinstituts, die Hirnaktivität bei Meditierenden. Er fand heraus, daß während der Meditation plötzlich weite Bereiche des Cortex (Hirnrinde), die normalerweise still liegen, auf kleinste akustische Reize (80-100msec) hellwach reagieren. Und was genauso bedeutsam war: Die Ausbreitung dieser feinen Aktivität ging von einer Hirnhälfte aus und erfaßte auch die zweite, die vorher nicht aktiv war, fast gleichermaßen. **Die Meditation belebt und synchronisiert demnach beide Gehirnhälften und verbindet die analytischen Funktionen mit den synthetischen.**

Gehirnfunktion bei kosmischem Bewußtsein

In dieser Untersuchung entwickelten Forscher eine auf verschiedenen Funktionen der Hirnrinde beruhende Integrationsskala. In sie gingen drei Faktoren als umgerechneter z-Wert ein: Erstens die Gehirnwellen-Kohärenz über alle Wellenbereiche in den frontalen EEG-Ableitungsstellen, zweitens die unterschiedlichen Werte von Hirnpotenzialen bei verschiedenen Aufgaben während der Aktivität und drittens die Amplitude der Wellen an allen Ableitungsstellen des Gehirns. Die Regressionslinie durch die individuellen Punkte der einzelnen Testpersonen zeigt an, daß mit wachsender Bewußtseinsentwicklung das Gehirn deutlich meßbare, geordnetere Funktionsweisen annimmt. Ein Maximum an Kohärenz führt beispielsweise zum „Yogic Flying".

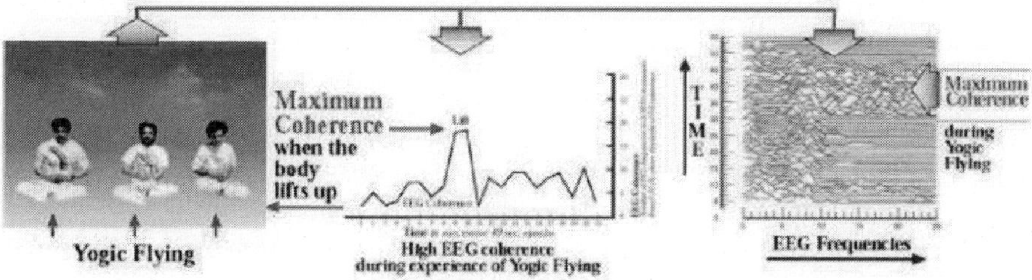

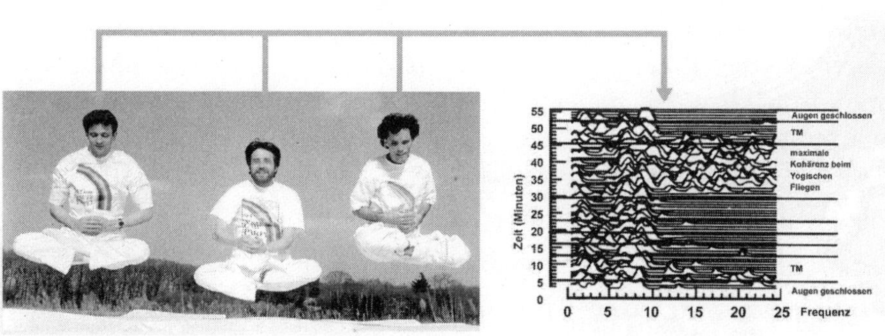

Abb.43 und **44**:
Während des Yogischen Fliegens tritt eine beeindruckende Gehirnwellenkohärenz über alle Frequenzbereiche auf. Dieses Gehirnwellenmuster ist einzigartig und deutet auf eine starke Integration aller Funktionen der Gehirnrinde hin.

Wissenschaftliche Grundlagen

Es gibt zunehmend mehr wissenschaftliche Forschungsarbeiten, die Personen untersuchen, welche die Abwesenheit von Raum, Zeit und körperlicher Wahrnehmung während der Meditation erfahren. So nimmt beispielsweise bei Praktizierenden des „Tibetischen Buddhismus" der cerebrale Blutfluß in den frontalen Bereichen des Gehirns linksseitig zu und rechtsseitig ab, wenn sie den *„Verlust der üblichen Erfahrung von Raum und Zeit"* erfahren. Bei Ausübenden des „Diamont Way Buddhisms" (Ole Nyrdal) erhöht sich die 40-Hz-Amplitude der Gehirnwellen rechts frontotemporal (vorne-seitlich) gemessen, wenn *„sie sich selbst in eine grenzenlose Leere verlieren"*.

Wissenswerte Hintergrundinformation

Durch längere, regelmäßige Praxis der Meditation entwickelt sich kosmisches Bewußtsein, das dadurch gekennzeichnet ist, daß die Erfahrung von Transzendenz auch während der Tages-Aktivität und des Schlafens bestehen bleibt. Inzwischen gibt es viele diese Metitation praktizierende Menschen, die seit einem Jahr oder länger in diesem integrierten Zustand leben. EEG-Untersuchungen zeigten bei Personen, die Transzendenz erfahren, eine erhöhte Alpha-Theta-Aktivität der Gehirnwellen.

Bei Menschen, die während des Schlafes Transzendenz aufrecht erhalten, fanden Forscher einerseits eine höhere Alpha-EEG-Amplitude und -Kohärenz, die gemeinsam ein Anzeichen für Transzendieren im Wachzustand sind. Parallel dazu zeigten sich während Stadium 3 und 4 des Tiefschlafs (oder Delta-Schlafs) dabei Delta-Wellen, die tiefen Schlaf anzeigen.

Des weiteren fanden die Forscher Unterschiede in der sogenannten kontingenten, negativen Variation (CNV, wörtlich: abhängige negative Schwankung). Diese ist ein negatives Hirnwellenpotenzial, das zwischen einem warnenden Reiz (S1) und einem nachfolgenden Stimulus (S2), auf den der Getestete sofort reagieren soll, auftritt.

Ein Beispiel für eine einfache CNV-Aufgabe hierzu: Die Versuchspersonen sehen für 150 msec ein Sternchen auf einem Computerbildschirm (S1) und hören 1,5 sec später einen Dauerton (S2), den sie so schnell wie möglich per Knopfdruck abstellen sollen. Die frühe kontingente, negative Variation innerhalb der ersten 500-800 msec nach dem Sternchen-Warnreiz (S1) zeigt bei allen Personen automatische, orientierende Vorgänge an. Daher unterscheiden sich in der frühen CNV Personen mit häufigen oder seltenen Transzendenz-Erfahrungen nicht voneinander.

Die späte CNV, die innerhalb der 200 msec vor dem dann folgenden Ton (S2) gefunden wird, mißt nun die bereits auf die Handlung vorbereitende Aktivität des Gehirns, da die Personen wissen, daß sie gleich reagieren sollen. Bei Personen mit häufigen Transzendenz-Erfahrungen nahm, bei einfachen Aufgaben, die späte CNV, das vorbereitende Hirnpotenzial vor dem Reiz (S2), zu. Umgekehrt verhielt es sich bei Wahl-Aufgaben. Bei diesen sieht der Getestete ebenfalls sehr kurz beispielsweise eine ein- oder zweistellige Zahl auf dem Computer-Bildschirm, auf die nach kurzem Intervall eine zweiten, jedoch anderer Größe, folgt. Die Personen sollen dann einen Knopf in der linken Hand drücken, wenn die erste Zahl die größere war oder aber einen Knopf in der rechten Hand drücken, wenn die zweite die größere war. Bei diesen Wahl-Aufgaben war interessanterweise die späte CNV bei Personen mit häufigen Transzendenz-Erfahrungen niedriger als bei den Kontrollpersonen. Dies interpretierten die Forscher als ein eher ausgewogenes Erwartungsverhalten, bei dem die Personen entspannt auf den Wahlreiz S2 warteten, bevor sie mit der Reaktion begannen.

Das Ergebnis: Personen mit täglichen Transzendenz-Erfahrungen während der Meditation zeigten signifikant die höchste, kontingente negative Variation bei einfachen Reaktionszeit-Versuchen (Aufblitzen (S1) Ton (S2)), Personen mit häufigen Transzendenz-Erfahrungen (10-20 pro Jahr) die mittlere und Personen ohne Transzendenz-Erfahrungen (<1 pro Jahr) die geringste späte CNV. Ihre am Gehirn ablesbare, vorbereitende Aufmerksamkeit war demnach deutlich die höchste. Bei Reaktionszeit-Versuchen, bei denen zwischen den eigentlichen Stimuli drei störende Zahlen eingeblendet wurden, die der Proband sich merken sollte, war die erste Gruppe am wenigsten ablenkbar, die zweite Gruppe lag in der Mitte, während die Personen ohne Meditations-Erfahrungen sich am stärksten ablenken ließen.

Abgeleitete Ergebnisse und Konsequenzen

Diese Ergebnisse sind von weitreichender Bedeutung. Zum einen stellen sie einen praktischen Bezug zu unseren beschriebenen theoretischen Modellen her. Zum anderen belegen diese Versuchsreihen den Verdacht, daß unser Gehirn in der Lage ist, aktiv in einen physikalischen Schöpfungsprozeß einzugreifen. Die, aus der Physik hinlänglich bekannten Phänomene der Kohärenz können demzufolge auf das menschliche Gehirn übertragen werden! Hierüber hinaus ist zu erkennen, daß wir unter definierten, entspannten Bedingungen, den eingeschränkten (oder gar kaum vorhandenen) Freiheitsgrad des „freien Willens" erhöhen können.

In diesen Zuständen sind wir tatsächlich Schöpfer und Herr unserer eigenen Gedanken und Handlungen!

Heben wir zum Schluß noch einmal die schöpferischen Eigenschaften unseres Gehirns hervor. Der Schlüssel hierzu liegt, ganz offenbar, in der Kohärenz. Die hohe Kohärenz verleiht den Photonen die Fähigkeit, Ordnung zu bilden und Informationen zu übermitteln. Die Kohärenz sorgt dafür, daß ein Informationstransfer und eine Signalverstärkung stattfindet. Die kohärent schwingenden Neuronen sind ein Kriterium für die Verbindung zum Hyperraum. Aus der Neurologie ist bekannt, daß eine Korrelation zwischen den erhöhten Amplituden unserer Neuronen und dem Grad unserer Aufmerksamkeit besteht. Die Tatsache, daß im Gehirn erhöhte Amplituden gemessen werden können, bedeutet, daß hier eine große Anzahl von Neuronen in gleicher Frequenz schwingen. Dieses entspricht einem hohen Maß an Kohärenz. Veränderte Bewußtseinszustände wie Entspannung und Meditation können als eine Art Kohärenz im langwelligen Bereich unseres Biophotonenfeldes aufgefaßt werden. Nachweislich erhöhte sie die Kohärenz der gemessenen Gehirnwellen und führt offenbar zu einer Erweiterung des Bewußtseins. Darüber hinaus ist zu bemerken, daß die hohe Kohärenz den Photonen die Fähigkeit verleiht, Ordnung zu bilden und Informationen zu übermitteln. Die Eigenschaften der gemessenen Gehirnwellen deuten unter anderem auf eine direkte Ankopplung an eine spezielle, nichtmaterielle Ebene hin. **Das, was in der Physik als der *Vakuumraum* bezeichnen wird, ist offenbar die Quelle aller Information an sich. Information, Struktur und Bewußtsein sind eng verknüpft mit der Struktur des Vakuum-Feldes.**

Fritz Albert Popp weist darauf hin, daß sich biologische Systeme dem Vakuum gegenüber anders verhalten müssen als die isolierten, freien Atome in den Modellvorstellungen der Physiker – die Atome befänden sich im Gewebe in einer Hohlraum-Situation, womit der berühmte Casimir-Effekt eine Rolle spiele. Dadurch würden sie nicht mehr mit einem unendlichen Vakuum wechselwirken, sondern das Vakuum werde durch den Hohlraum eingeschränkt. **Der Ablaufprozeß einer Manifestation am Beispiel eines Gedankens beziehungsweise einer Idee könnte somit physiologisch erklärt werden.**

Aus virtuellen Energiephänomenen werden durch Energiezufuhr und Aufpfropfung auf virtuelle Photonen reale Zustände. Die Beeinflussung der Vakuumenergie durch Gedanken, Vorstellungen, Gefühle und Glauben funktioniert über die Grenzen unseres Körpers hinaus.

Ursache für die Fernwirkung ist die „Nichtlokalität“ (nonlocal). Nichtlokalitätseffekte lassen sich mit Feynmans Absorbertheorie erklären. Sie werden besonders effektiv durch Kohärenz (Doppel- oder Mehrphotonen mit jeweils entgegengesetzten Spin-Ausrichtungen, die in der Summe Null ergeben und eine Einheit darstellen). Es ist das Modell der *Verfestigungs-Kaskade* (Realitätsbildung) unter Beteiligung des Bewußtseins. **Durch Kohärenz entstehen Zeitreisen ganz besonderer Art.**

Elektromagnetische Wellen, die von den Neuronen gesendet werden, verhalten sich wie folgt: Eine elektromagnetische Welle hat grundsätzlich zwei Möglichkeiten. Entweder sie läuft in die Vergangenheit, regt dort ein Elektron an und kommt dann als Echowelle in die Gegenwart, also als retardierte Welle; oder sie kommt aus der Zukunft als Echo der retardierten Welle. In beiden Fällen wird unser Elektron aktiv. Das wäre dann spürbar, wenn viele Elektronen in gleicher Weise betroffen sind (was den Zustand der Kohärenz entspricht). Da bei der Aussendung der Welle – gleichgültig ob in die Zukunft oder in die Vergangenheit – und bei Eintreffen der Bestätigung exakt die gleiche Zeit gilt, spielen die zurückgelegten Entfernungen der Welle im Raum nicht die geringste Rolle. **Aus diesem Modell erklären sich unter anderem die Nichtlokalitäts-Experimente nach *Aspect*.** Wenn wir also in der Lage sind, willentlich auf den Kohärenzgrad unserer Neuronen einzuwirken, so liegt uns, außer der beschriebenen Schöpfungseigenschaft in unserer Realität, ein weiterer Aspekt offen. Schon 1968 äußerte der Physiker *Herbert Fröhlich*, ein bekannter Vorreiter der Supraleiterforschung: „*Kohärente Energieschwingungen sind das entscheidende Merkmal lebendiger Systeme.*"

Zwar seien diese Schwingungen quantenmechanischen Ursprungs, könnten sich aber über Regionen ausdehnen, die Millimeter oder gar Zentimeter lang sein könnten. Kohärente Energieschwingungen sind offenbar die Grundlage allen Lebens und das Element, welches Lebendige von toten Dingen unterscheidet.

Leben unterscheidet sich vom Zustand des Todes nur durch Kohärenz der Komponenten eines Systems. Im besonderen ist natürlich auch das Gehirn ein solches kohärentes Quantensystem. So tragen wir also aktiv zu unseren lebenserneuernden Prozessen bei, indem wir uns einen ruhigen und ausgeglichenen Zustand mit einer entsprechenden Vorstellung erschaffen. In der Ruhe liegt bekanntlich die Kraft.

In einem Zustand der Ruhe und einem prägenden inneren Bild trägt diese Kraft zu einer bildentsprechenden Realitätsausprägung bei.

Solange wir jedoch unsere Grenzen in den Bereich der Unmöglichkeit setzen, solange wird sich in unserem Leben nichts tatsächlich Neues vollziehen. Hier nützt sämtliche Meditationstechnik relativ wenig, wenn nicht die eigene Grenze sich in die unbegrenzten Höhen des Allmöglichen verschiebt.

Nicht der Glaube, sondern das verinnerlichte Wissen, die vollkommene Überzeugung, formatiert die inneren Visionen zu einer neuen Realitätsbeschaffenheit. Grenzen werden nur durch unsere Vorstellungen festgelegt.

„Es sind genau die gleichen Strukturen, die es uns ermöglichen, unsere „Wunder" zu erschaffen...

Und so visualisiere ich mir eine Welt, in welcher die Menschen ihre grenzenlosen Möglichkeiten freudvoll nutzen und in ekstasischer Liebe in allen Variationen ausleben.

Morpheus

GLOSSARIUM
(wissenschaftliche Erklärungen)

Antimaterie und Negative Energie

Prinzipiell lassen sich Wurmlöcher, die genügend groß und auch entsprechend stabil sind, auch ohne Schwarze Löcher „konstruieren".

Das Zauberwort hierzu heißt *negative Energie* oder *Masse*, auch bekannt als *exotische Materie.* Die uns geläufige Materie weist durchweg positive Energie auf und verursacht deshalb eine positive Krümmung der Raum-Zeit. Auch Antimaterie weist positive Energie auf. Für ein Wurmloch braucht man aber eine Region mit *negativer Krümmung, also Materie mit negativer Energie*, denn diese entspricht einer abstoßenden Gravitation.

Was aber ist nun diese *negative Energie*, und wie kann man sie gewinnen? Hier kommt uns die Unschärferelation der Quantenmechanik zu Hilfe: Im subatomaren Bereich brodelt es heftig! Es entstehen ständig sogenannte *virtuelle, entgegengesetzt geladene Teilchenpaare*, die sich alsbald gegenseitig wieder vernichten, und das selbst im absoluten Vakuum! Die Energie zu ihrer Bildung leihen sie sich einfach aus dem Vakuum und geben sie bei ihrer Vernichtung wieder zurück. Die Energiedichte eines jeden Feldes, egal, ob elektrisch, magnetisch oder gravitativ, ist nach der *Heisenberg'schen Unschärferelation* selbst Schwankungen unterworfen. Zu einem bestimmten Zeitpunkt kann sie in den negativen Bereich gelangen. Sie wird aber durch erhöhte Werte der positiven Dichte ausgeglichen. Und zwar wird der negative Puls überkompensiert, und das um so mehr, je größer die Zeitintervalle zwischen den Pulsen sind. Diesen Effekt nennt man *Quantenzins* – die negative Energie ist quasi ein Darlehen, das mit Zinsen zurückgezahlt werden muß. Je länger die Darlehensdauer (größere Zeitintervalle) und je größer die Darlehensmenge (die negative Energie), um so höher ist der Zins (der positive Puls). Zudem ist bei ansteigenden Darlehensbeträgen die Laufzeit immer kürzer.

Antiteilchen

Zu jedem Teilchen der „normalen" Materie existiert ein Antiteilchen. Teilchen und Antiteilchen sind nahezu identisch. Sie besitzen gleiche Masse und Spin, tragen aber eine entgegengesetzte Ladung. Wenn ein Teilchen und sein entsprechendes Antiteilchen aufeinandertreffen, so vernichten sie einander und es entsteht elektromagnetische Strahlung. Bisher wurde nur wenig Antimaterie im Kosmos beobachtet, und es ist unklar, warum die Natur eine von zwei möglichen Formen der Materie bevorzugt. Allerdings können die Antiteilchen heute von den Physikern mit Beschleunigern künstlich erzeugt werden. Das Antiteilchen des Elektrons bezeichnet man als Positron. Es wurde 1932 durch *Anderson* bei der Durchsicht von Nebelkammeraufnahmen entdeckt, wobei seine Existenz durch die relativistische Quantentheorie bereits vorausgesagt worden war. Eine moderne Interpretation nach Feynman besagt, daß *„das Positron auch als ein Elektron angesehen werden kann, das in der Zeit rückwärts reist"*.

Bose-Einstein-Kondensat

Bose-Einstein-Kondensat ist ein neu (1995) entdeckter Zustand der Materie, bei nur einem Milliardstel Grad Kelvin über dem absoluten Nullpunkt. Schon von *Einstein* und *Bose* vorhergesagt, verwandelt sich dabei Materie in eine Welle und entwickelt Eigenschaften, die bisher nur von Photonen (Lichtquanten) bekannt waren. Es wird in der modernen Physik beschrieben, wie superkalte Moleküle mit dem Quantenvakuum in Verbindung stehen und Informationen unserer Welt als Kräuselungen im Hyper-Raum gespeichert werden. Die Evolution ist also das Resultat eines Informationsaustausches zwischen Quantenvakuum und Materie. Die Eigenschaften der Bose-Kondensation, wie dieses Phänomen auch genannt wird, stellen auch die Voraussetzungen für die Anbindung an den Hyper-Raum dar.

Casimir-Effekt

Felder mit negativer Energiedichte lassen sich im Labor erzeugen. Benutzt wird hierzu der sogenannte *Casimir-Effekt*, benannt nach seinem Entdecker, dem niederländischen Physiker *Hendrik B. G. Casimir*. Er zeigte bereits 1948, daß sich zwei ungeladene Metallplatten in sehr engem Abstand in einem Vakuum anziehen. Ursache hierfür sind die Vakuumfluktuationen. Auch im perfektesten Vakuum entstehen ständig virtuelle Teilchenpaare aus Materie und Antimaterie, welche die Energie zu ihrer Entstehung vom Vakuum „ausleihen" und sie nach sehr kurzer Zeit wieder zurückgeben, indem sie sich gegenseitig vernichten (annihilieren). Man kann virtuelle Teilchen nicht beobachten, denn jede Beobachtung würde sie sofort zu reellen Teilchen werden lassen. Einen indirekten Beweis für ihre Existenz liefern sie aber, indem sie beispielsweise Wasserstoffatome etwas hin- und herstoßen, was zu einer meßbaren, winzigen Verschiebung ihres niedrigsten Energieniveaus führt. Allein im Moment ihrer Entstehung hat das Vakuum bereits eine negative Energiedichte, weil es einen kleinen Anteil seiner Energie an die Teilchen entliehen hat. Die virtuellen Teilchen kann man auch nach dem Welle-Teilchen-Dualismus als Welle auffassen. Nun passen aber nicht alle Wellenlängen zwischen beide Metallplatten, sondern nur stets ein ganzzahliges Vielfaches bestimmter Wellenlängen, während außen alle möglichen Fluktuationen beziehungsweise Wellenlängen existieren dürfen. Im Endeffekt drücken somit von außen mehr Wellen gegen die Platten als im Zwischenraum ausgeglichen wird. Es entsteht hier somit ein Feld mit negativer Energiedichte. Das Anziehen der Platten ist damit auch ein weiterer Beweis für die Existenz der virtuellen Teilchen. Der Casimir-Effekt ist winzig: Zum Beispiel beträgt der Quantendruck bei einem Abstand der Platten von einem Millionstel Millimeter nur rund ein Zehntausendstel des Luftdrucks. Wenn man die Platten einander nähert, passen noch weniger Wellen in den Spalt, und die negative Energiedichte steigt weiter – zieht man sie auseinander, verschwindet der Effekt.

DNS im Sinne der Quantendynamik

Heute weiß kaum jemand, daß das Verständnis der lebenden Moleküle (DNS), zum Beispiel in der Gentechnologie, erst durch die Quantenmechanik erklärt werden kann. Um zu verstehen, wie wir Gene aufbauen oder umbauen können, müssen wir verstanden haben, warum Atome sich nur in ganz bestimmten Abständen und mit chemischen Bindungen von bestimmter Stärke zusammenschließen. Dieses Verständnis ist das Geschenk der Quantenphysik an die Chemie und die Molekularbiologie.

Einstein-Rosen-Brücke

In den dreißiger Jahren wurden spezifische Lösungen der Einstein'schen Feldgleichungen entdeckt, die eine Art von Durchtunnelung der Raum-Zeit beschreiben. Diese Tunnel wurden zuerst von *Albert Einstein* und seinem Mitarbeiter *Nathan Rosen* bei der sogenannten *Schwarzschildlösung* der Gleichungen der *Allgemeinen Relativitätstheorie* gefunden. Die Schwarzschildlösung beschreibt die Verhältnisse in der Umgebung eines Schwarzen Lochs und zeigt, daß im Inneren des Schwarzen Lochs eine Verbindung zu einem anderen Raum-Zeit-Gebiet existiert. Man bezeichnet solch eine Verbindung als *Wurmloch* oder auch als *Einstein-Rosen-Brücke*. Die Schwarzschildlösung zeigt jedoch, daß eine Kommunikation über eine solche Brücke nicht möglich ist, da das Wurmloch nicht lange genug geöffnet ist, um mit weniger als Lichtgeschwindigkeit durchquert zu werden. Wenn ein Schwarzes Loch jedoch Ladung besitzt oder rotiert, sind die Verhältnisse komplizierter – es lassen sich relativistische Modelle aufstellen, die Transport von Masse und Information über eine Einstein-Rosen-Brücke im Prinzip zulassen. In diesem Zusammenhang gibt es aktuelle Überlegungen der Physiker, ob Wurmlöcher Zeitreisen in die Vergangenheit ermöglichen.

Elektromagnetische Wellen

Diese sind als potentielle Kraftfelder oder Strahler zu verstehen und entstehen primär aus einer Wirbelbildung (Vortex/Spin). Diese elektromagnetischen Wellen sind zuerst Wahrscheinlichkeitswellen, also noch keine Realität. Keine dieser Wahrscheinlichkeitswellen überlagert eine andere, sondern jede Welle führt ihr Wahrscheinlichkeits-Eigenleben. Dahingegen überlagern sich die potentiellen Kraftfelder aller Wellen zu Interferenz-Feldern mit neuer elektromagnetischer Individualität. Alle elektromagnetischen Wellen mit ihrer Energie und potentiellen Kraftwirkung sind letztlich Informationsträger für die bereits existierende Materie. Informationsaufnahme entsteht, wenn die Bauteile der Materie abgestimmte Antennen (also resonanzfähige Strukturen) besitzen. In dem Augenblick, in dem die e-m-Wahrscheinlichkeitswelle auf Resonanzstrukturen trifft, geschieht etwas Entscheidendes: Auf Kosten der Welle werden jetzt Photonen (Quanten) gebildet. Sobald diese Photonen übertragen werden, kollabiert die Welle. Sie kollabiert im ganzen Raum, im ganzen Kosmos, falls sie sich nicht weit genug ausbreiten kann.

Elementarstruktur des materiellen Seins

Die Austauschteilchen der schwachen Wechselwirkung, die virtuellen ***Vektorbosonen*** (Spin 1) sind elektrisch geladen, es handelt sich also um Ladungsaustauschreaktionen. Zudem sind sie sehr schwer (experimentell nachgewiesen am CERN 1983, Nobelpreis 1984).

Die ***Bosonen*** koppeln an die Differenz aus Vektor- und Axialvektorstrom, weshalb man auch von der *V-A-Theorie der schwachen Wechselwirkung* spricht. Für dieses Verhalten existiert bislang keine wirklich tiefe Begründung, es ist vielmehr im Einklang mit dem Experiment so gefunden worden. Neben Vektorströmen tauchen hier zum ersten Mal auch sogenannte *Axialvektorströme* auf.

Ereignis

Einen Punkt im Kontinuum der Raum-Zeit nennt man *Ereignis* oder *Weltpunkt*. Ein Ereignis ist mit einem bestimmten Ort und einer bestimmten Zeit verknüpft. In der mathematischen Beschreibung der Raum-Zeit werden einem Ereignis vier reelle Parameter zugeordnet: drei räumliche Koordinaten x, y, z und eine Zeitkoordinate t. Der Abstand zwischen zwei Ereignissen der Raum-Zeit bleibt in der Relativitätstheorie eine absolute Größe.

Ereignishorizont

Ein Objekt, das sich verdichtet, erhöht seine Oberflächenschwerkraft und damit die Fluchtgeschwindigkeit. Es existiert eine kritische Distanz, bei der die Fluchtgeschwindigkeit größer wird als die Lichtgeschwindigkeit. Diese spezielle Grenze der Komprimierung eines Masseobjektes wird auch als *Schwarzschildradius* bezeichnet. Wenn ein Körper auf die Größe seines Schwarzschildradius schrumpft (oder darüber hinaus), so kann er keine Strahlung, Materie oder Information mehr verlieren. Die Grenze, die den Schwarzschildradius markiert, wird als *Ereignishorizont* bezeichnet. Der Ereignishorizont schließt das Objekt vom Rest des Universums unumkehrbar ab, und es wird zum *Schwarzen Loch*. Das Schwarze Loch hat eine einbahnstraßenartige Oberfläche. Die physikalischen Bedingungen jenseits des Ereignishorizontes sind nur noch über Modellrechnungen ableitbar. Der Schwarzschildradius für einen Körper mit Sonnenmasse beträgt ungefähr 3 km. Es wird vermutet, daß Schwarze Löcher in unserem Universum als Endstadien im Prozeß der Sternentwicklung auftreten.

Exotische Materie

Die Öffnung eines Wurmlochs sollte sich „glatt" mit der umgebenden Raum-Zeit verbinden, damit der Durchgang stabil bleibt. Wie von den Physikern *Morris*, *Thorne* und *Yurtsever* gezeigt werden konnte, besitzt das Material, das benötigt wird, um das Wurmloch offenzuhalten, in bestimmten Bezugsrahmen eine negative Energiedichte. Eine Materie dieser Art (oder auch Feld) wird „exotisch" genannt. Die kalifornischen Physiker nahmen dabei Bezug auf ein Experiment des holländischen Physikers *Casimir*, der schon 1948 negative Energiedichten zwischen zwei geladenen Kondensatorplatten untersucht hatte. Sie berechneten, daß ein Feld dieser Art das Wurmloch offenhalten kann, so daß ein drohender Zusammenbruch verhindert wird.

Gehirn und Neuronen als Sender und Empfänger

Bei der Verarbeitung von Sinneseindrücken nutzt das Gehirn Schwingungsveränderungen der elektrischen Nervenimpulse offenbar ähnlich wie ein Radioempfänger oder -sender. Israelische Forscher am

Weizman-Institut (*Professor Ehud Ahissar*) stellten fest, daß auch das Nervensystem (Neuronen) die Frequenz elektrischer Impulse zur Informationsübermittlung nutzt. Fangen Sinneszellen (bestimmte Neuronen) Reize auf, werden diese zuerst zum Thalamus geleitet. Der verteilt sie wiederum an die entsprechenden Verarbeitungszentren in der Großhirnrinde. Dort werden die einzelnen Reize dann zu einem umfassenden Sinneseindruck zusammengefügt. Doch die Leitungen zwischen den Gehirnregionen funktionieren nicht nur in eine Richtung. Auch andere Gehirnareale senden ihrerseits Impulse an den Thalamus, die von dort aus in die Umwelt abgestrahlt werden. Von entscheidender Bedeutung sind hierbei Frequenzen, die im 10-Hz-Bereich (Alpha) liegen, also der Grundresonanz-Frequenz der Erde ähnlich sind.

Geschlossene Zeitschleife (CTC)

Die Relativitätstheorie verlangt, daß die Weltlinien, auf denen sich die Masseteilchen bewegen, zeitartig sind. Moderne Forschungen ergaben, daß massive Objekte (in Übereinstimmung mit der Theorie) Weltlinien, also Raum und Zeit, verbiegen können. Theoretisch wäre es denkbar, daß diese Raum-Zeit-Verdrehungen so stark sind, daß eine Weltlinie in sich zurückgebogen wird und eine geschlossene Schleife bildet. Lokal würden auf der Weltlinie die Eigenschaften von Raum und Zeit erhalten bleiben, aber es würden sich merkwürdige Korridore in die Vergangenheit öffnen. Wenn sich ein Masseteilchen auf dieser Schleife immer vorwärts in der Zeit bewegt, dann wird es nach einer endlichen Eigenzeit in seiner eigenen Vergangenheit auftauchen. Solch ein theoretisches Konstrukt nennt man eine *geschlossene Zeitkurve* oder *Zeitschleife* oder auch eine *CTC (Closed Timelike Curve)*.

Heisenberg'sche Unschärferelation

Eine Folgerung aus den Grundgesetzen der Quantenmechanik ist, daß bestimmte Produkte physikalischer Größen grundsätzlich eine Unbestimmtheit aufweisen. Dieses Unbestimmtheitsprinzip wurde erstmals 1927 von *Werner Heisenberg* formuliert und gilt im Bereich der atomaren Größenordnungen. Diese Unschärfe in der Mikrowelt kann nicht als Folge einer Meßungenauigkeit aufgefaßt werden, sondern ist eine prinzipielle Eigenschaft. Alle Elementarteilchen unterliegen diesem Unbestimmtheitsprinzip. So ist es zum Beispiel nicht möglich, gleichzeitig die genauen Werte für Ort und Geschwindigkeit eines Elementarteilchens zu bestimmen. Es läßt sich zeigen, daß die Impulsunbestimmtheit dp eines Elementarteilchens und seine Ortsunbestimmtheit dx der Beziehung $dp * dx \sim h$ gehorchen müssen. Die konstante Größe h wird als Planck'sches Wirkungsquantum bezeichnet und hat den Wert $h = 6.6.261 * 10^{-34}\,Js$.

Kausalität

Kausalität ist das Verhältnis, in dem Wirkung und Ursache zueinander stehen. Die Physik versucht bei Ereignissen den Zusammenhang zwischen Wirkungen und Ursachen systematisch darzustellen. Durch physikalische Gesetze werden zukünftige Ereignisse auf zeitlich früher liegende zurückgeführt, und aus vorhandenen Daten werden zukünftige Zustände vorausberechnet. Das heißt, die Ursache liegt zeitlich immer früher als die Wirkung. Die kausale Struktur der relativistischen Raum-Zeit unterscheidet sich grundlegend von der klassischen, Newton'schen Raum-Zeit. In der Newton'schen Physik nahm man an, daß alle zeitlich früher liegenden Ereignisse im Prinzip alle zukünftigen Ereignisse beeinflussen konnten. Dazu mußte man aber eine unendlich schnelle Ausbreitung der Wirkungen postulieren (Fernwirkungstheorie). Mit der Relativitätstheorie, die für jede Form der Signalausbreitung eine obere Grenze setzte (die Lichtgeschwindigkeit), erkannte man, daß es keinen unbeschränkten Kausalzusammenhang geben kann. Für jedes Ereignis E der Gegenwart teilt der zu E gehörige Lichtkegel den Raum in drei Bereiche ein:

1. Im Zukunftskegel liegen alle die Ereignisse, die von E durch elektromagnetische Wechselwirkungen beeinflußt werden können.
2. Im Vergangenheitskegel liegen alle Ereignisse, die E hätten beeinflussen können.
3. Alle anderen Ereignisse bilden den dritten Bereich außerhalb, das „Anderswo".

Die relativistische Bedingung, daß reale Weltlinien niemals den Lichtkegel verlassen können, sichert die Kausalstruktur unserer vierdimensionalen Raum-Zeit.

Moleküle und Gefühle

Wir haben nur die Chance, Körper, Psyche und Geist zu verstehen, wenn wir den Mechanismus des Zusammenspiels von Atomkernen, Elektronen und den dahinterstehenden Energien und Kräften entdekken. Das setzt voraus, daß wir den Fachbereich der *Quantenelektrodynamik (QED)* für diese Beschreibung zugrunde legen. QED gilt als die exakteste und erfolgreichste wissenschaftliche Theorie, für die Feynman, Schwinger und Tomo Nago 1965 den Nobelpreis erhielten. Hieraus geht hervor, daß das gesamte Universum, die ganze Erdenwelt, die gesamte Natur und unser ganzes Leben unter anderem auf der unentwegt ablaufenden Wiederholung von nur drei elementaren Vorgängen beruhen:

1. der elektromagnetischen Welle, welche die Bewegungen des Elektrons kennzeichnet;
2. der elektromagnetischen Welle, welche die Bewegung des Photons kennzeichnet, und
3. der Wechselwirkung dieser beiden Wellen.

Alle sich ungleichförmig bewegenden Elektronen und alle elektrisch nicht neutralen, also alle geladenen Teilstrukturen oder Körper sind Sender elektromagnetischer Felder mit Kraftwirkung. Ein völliges Stillstehen gibt es nicht. Das bedeutet: Alle Moleküle und Körper haben eine *Quantenenergie*. Jedes Atom und jedes Molekül kennzeichnet sich durch charakteristische Quantenenergie aus, ähnlich eines Fingerabdrucks. Alle Bio-Regulatoren wie Hormone, Anti-Gene oder Substrate der Enzyme haben elektrische Eigenladungen (fingerprints), die sich meistens als Di-Pole darstellen. Gleichzeitig haben alle diese Moleküle eine mechanische Eigenschwingung. Beide zusammen genommen (Di-Pol-Moment und Vibration) fungieren als Sender von elektromagnetischen Wellen. Ihre Partner – wie Rezeptoren, Antikörper und Enzyme – fungieren wiederum als spezifische Empfänger dieser Wellen. Das heißt, daß der Empfang von Informationen als codierte Energie dabei über Resonanz geschieht. So entsteht Realität!

Paralleluniversum

In einer modernen Interpretation der *Quantentheorie* (*Viele-Welten-Theorie*) wird eine hypothetische Erweiterung unseres Universums angenommen. Unser aktueller Kosmos ist Teil eines umfassenden Multiversums, das aus einer ungeheuren Anzahl von separaten, unterschiedlichen oder auch parallelen Universen besteht. Direkte Wechselwirkungen (zum Beispiel der Austausch von Materie) zwischen diesen Universen sind nicht zulässig.

Photon

Es ist das kleinste Paket des elektromagnetischen Feldes. Es ist das Austauschteilchen der elektromagnetischen Wechselwirkung (von den Radiowellen über das sichtbare Licht bis hin zur Gammastrahlung). Als Elementarteilchen besitzt das Photon keine Ruhemasse, da es sich konstant mit Lichtgeschwindigkeit fortbewegt. Licht kann als ein Strom von Photonen aufgefaßt werden, von denen jedes die Energie $E = h v$ besitzt. Jedem Photon kann in Übereinstimmung mit dem Welle-Teilchen-Dualismus eine Wellenlänge und eine Frequenz zugeordnet werden. Dabei gilt: Je höher die Frequenz, desto kürzer ist die Wellenlänge und desto energiereicher ist die Strahlung.

Planck'sche Länge

Sie ist eine Längeneinheit, die mit den Gesetzen der Quantengravitation verknüpft ist. Sie errechnet sich aus den Grundkonstanten der Physik und hat den Wert $1_p = 1{,}62 * 10^{-33}$ cm. In dieser Größenordnung hört der Raum auf, wie wir ihn kennen. Unterhalb der Planck'schen Länge wird der Raum zum sogenannten *Quantenschaum* und unterliegt gewaltigen Quantenfluktuationen.

Planck'sche Zeit

Das ist die Zeit, die das Licht braucht, um die Planck'sche Länge zurückzulegen. Wenn man die Planck'sche Länge durch die Lichtgeschwindigkeit teilt, so erhält man ungefähr $t_p = 6{,}3 * 10^{-43}\ s$. Die Planckzeit ist mit den Gesetzen der Quantengravitation verknüpft. Wenn zwei Ereignisse durch ein Zeitintervall getrennt sind, das kürzer als die Planck'sche Zeit ist, dann läßt sich nicht mehr feststellen, welches Ereignis früher oder später stattgefunden hat. Die Kausalordnung geht in der Welt der Planck'schen Dimensionen verloren.

Quantengravitation

Die beiden anerkannten Grundpfeiler und fundamentalen Theorien der Physik sind die *Allgemeine Relativitätstheorie* und die *Quantenmechanik*. Bei der Quantengravitation handelt es sich um ein Programm, das diese beiden Theorienzweige vereinheitlichen will. Angestrebt wird eine umfassende Theorie bezüglich der Gravitation, die auch Quanteneffekte einbezieht.

Quantenschaum

Schaumartige Struktur des Raumes, die sich nach den Gesetzen der Quantengravitation unterhalb der Planck'schen Länge ausbildet. Er erscheint topologisch betrachtet als dynamisch vielfach zusammenhängend. Winzige Henkel, Öffnungen und Wurmlöcher durchbrechen die glatte Struktur des Normalraumes und verbinden sich zu einem komplexen Gebilde, in dem Quantenfluktuationen dominieren.

Raum-Zeit

Alle Ereignisse, ebenso wie alle Massen, existieren in Raum und Zeit. Einem Ereignis kann man vier Koordinaten zuordnen, drei Raumkoordinaten x, y, z und eine Zeitkoordinate t. Diese Koordinaten bilden einen Ereignispunkt in einem vierdimensionalen Kontinuum. Die Raum-Zeit ist die Gesamtheit aller Ereignispunkte. Weltlinien, die sich aus Ereignispunkten zusammensetzen, beschreiben Ereignisse und Bewegungen von Körpern. Da die Lichtgeschwindigkeit die größtmögliche

Kommunikationsgeschwindigkeit ist, liegen die Weltlinien innerhalb der relativistischen Lichtkegel, die der Raum-Zeit eine besondere Struktur verleihen.

Raum-Zeit-Krümmung

Die Existenz von Gravitationsfeldern bedingt in unserem Universum eine von Ort zu Ort wechselnde geometrische Struktur des Raumes, die Raumkrümmung. In der Nachbarschaft von massereichen Körpern wird der Raum so verändert, daß elektromagnetische Strahlung und Materieteilchen gekrümmten Bahnen folgen (Geodäten).

Untersucht man die Struktur des Universums als Ganzes, dann ergeben sich drei theoretisch mögliche Fälle:

1. **Raumkrümmung Null:**
   Die Struktur des Raumes entspricht dem unendlichen, euklidischen, flachen Raum, in dem die kürzeste Verbindung zwischen zwei Punkten eine gerade Linie ist.
2. **Raumkrümmung negativ:**
   Es handelt sich um einen gekrümmten, unendlich offenen, hyperbolischen Raum (Lobatschewski'sche Geometrie).
3. **Raumkrümmung positiv:**
   In diesem Fall erhalten wir einen Raum, der ohne Rand in sich geschlossen ist, wie die Oberfläche einer Kugel (Riemann'sche Geometrie). Zur Zeit ist nicht hinreichend geklärt, welcher Fall für unser aktuelles Universum zutrifft.

Resonanz

Resonanz ist Schwingung, und zwar eine zeitlich sich wiederholende Änderung einer oder mehrerer physikalischer Größen um einen Mittelwert. Häufig haben Schwingungen periodische Zustandsänderungen der jeweiligen physikalischen Systeme zur Folge. Bekannte Beispiele hierfür sind neben vielen anderen Schwingungen Saiten, Pendel, Luft und Flüssigkeiten. Außerdem zählen beispielsweise auch Schwingungen im Schwingkreis und die Schwingungen im elektrischen und magnetischen Feld dazu (siehe Elektrizität, Elektronik und Magnetismus). Bei der Pendelschwingung handelt es sich um eine wiederholte Hin- und Herbewegung mit Durchgang durch die Gleichgewichtslage (auch *neutrale Position* genannt). Eine einzelne Bewegung von einer Extremposition zur anderen (eine Amplitude) und zurück – mit zweimaligem Durchgang durch die neutrale Position – bezeichnet man als *Zyklus*, wobei die Anzahl der Zyklen pro Sekunde oder Hertz (Hz) die Frequenz der Schwingung wiedergibt. Ein schwingfähiges System schwingt dann mit der sogenannten Eigenfrequenz, wenn man dieses System zu Schwingungen anregt und anschließend sich selbst überläßt.

Zur Veranschaulichung dieses Phänomens betrachten wir uns einen Versuch von *Professor Meyl*: Erst bei Resonanz zwischen Sender und Empfänger geht beim Empfänger eine Kontroll-Lampe an als Zeichen dafür, daß die gesendete Energie auch ankommt. Geht man im Experiment aus der perfekten Resonanz beziehungsweise Eigenresonanz heraus, indem man die Frequenz ändert, geht beim Empfänger die Kontroll-Lampe aus. Nur bei perfekter Resonanz (Nikola Tesla) – wobei Resonanz als Synchronismus von Sender, Empfänger und den vermittelten Teilchen zu verstehen ist — kommt hundert Prozent Sendeleistung beim Empfänger an, während andere, die nicht in Resonanz gehen, selbst wenn sie dem Sender näher sind, überhaupt nichts abbekommen (Meyl); erst im Resonanzfall findet ein Datenaustausch (Kommunikation) statt. Die Feldlinien, die dabei vom Sender, also einem Pol, abgegeben werden, können vom Empfänger (dem anderen Pol) ohne Energieverlust nur bei umgekehrter Phase eingesammelt werden. Bei gleichphasigem Schwingen kann der Empfänger die Signale nicht empfangen. Erst bei perfekter Resonanz zeigt nach Meyl die Teslastrahlung eine schwingende elektromagnetische Wechselwirkung, das heißt:

- Die Tesla-Strahlung ist ebenfalls eine elektromagnetische Welle, wenn auch eine longitudinale, und
- bei resonant schwingenden Polen erfolgt die gegenseitige Anziehung genauso wie bei ungleichnamigen statischen Polen.

Schumann-Resonanz-Frequenz (Erdfrequenz)

Diese Frequenz entspricht nach ihrem Entdecker *Prof. Dr. W. O. Schumann* (TU München, 1938) der Erdresonanz-Frequenz. Diese Erdresonanz-Frequenz ergibt sich aus dem Verhältnis der Lichtgeschwindigkeit zum Umfang der Erde und entspricht 7,83 Hz. Diese 7,83 Hz entsprechen in auffälliger Weise dem Frequenzmuster des menschlichen Gehirns im Alpha-Bereich (Übergangszustand zwischen Schlaf- und Wachzustand bzw. in Meditation). Die seit einigen Jahren zunehmende Erhöhung dieser Schumann-Resonanz-Frequenz erklärt sich durch zwei Einflußgrößen, die einerseits künstlichen Ursprungs sind (HAARP) und andererseits einen naturgemäßen Prozeß erklären lassen. Diese naturgemäße Einflußebene stellt unsere Sonne dar.

Schwarzes Loch

Ein stellares *Schwarzes Loch* ist ein Raumgebiet, in dem ein Stern kollabiert ist. Ein Sternzusammenbruch findet in der Regel dann statt, wenn sich sein nuklearer Ofen erschöpft hat. Die Gravitationskraft zieht die Masse des Sterns in sich zusammen. Wenn sich die Masse in diesem Prozeß auf ein Gebiet reduziert, das kleiner als der sogenannte Schwarzschildradius ist, dann beherrscht die Gravitation alle anderen Kräfte und schnürt dieses Raumgebiet vom äußeren Universum ab. Die Gravitationskraft wächst im Inneren des Schwarzen Lochs auf unendliche Werte. Nicht einmal die Photonen des Lichts können den Anziehungsbereich eines Schwarzen Lochs verlassen. Das Zentrum eines Schwarzen Lochs, das sich jeder physikalischen Interpretation entzieht, wird als singulär bezeichnet. Durch die Singularität verliert jede physikalische Theorie ihre Bedeutung. Zur Zeit sind Schwarze Löcher noch hypothetisch, doch besitzen die Astronomen einige Indizien. Es werden einige kosmische Objekte analysiert, deren Beobachtungsdaten auf Schwarze Löcher hinweisen.

Singularität

Es ist ein Punkt im Kontinuum der Raum-Zeit, in dem die physikalischen Gesetze keine Gültigkeit mehr besitzen. Wenn anerkannte Standardtheorien in diesem Punkt unendliche Werte für Dichte, Masse und Gravitationskräfte voraussagen, geben sie indirekt zu, daß keine sinnvollen und empirisch überprüfbaren Aussagen möglich sind. Zum Beispiel wird der *Big Bang* auch als Anfangssingularität unseres Universums bezeichnet. Die Frage, was vor dem *Big Bang* geschehen ist, können die Physiker nicht sinnvoll beantworten. Das singuläre Geschehen im Ursprung setzt für jede Theorie eine unüberwindbare Schranke.

Stehende Welle

Eine *Stehende Welle* setzt sich immer aus zwei interferierenden Wellen gleicher Frequenz und Amplitude zusammen. Meist erhält man *Stehende Wellen* bei einer Reflektion an einer Wand, wobei sich die Welle mit der reflektierten Welle überlagert. Eine *Stehende Welle* zeichnet sich besonders dadurch aus, daß bei ihr keine Energieübertragung mehr stattfindet, wie es bei einer fortschreitenden Welle der Fall wäre. Die Energie wird vielmehr gespeichert. Das menschliche Gehirn, mit seinen 10^{10} Neuronen (Nervenzellen), welche sich in zwei Hemisphären aufteilen, ist unter holografischen Aspekten zu betrachten. Um dem Prinzip des Hologramms zu entsprechen, sollten sogenannte *Stehende Wellen* aufgebaut sein. *Stehende Wellen* sind dem Gesetz der Kohärenz zuzuordnen. Die synchron schwingenden Neuronen bilden eine sogenannte *Stehende Welle*. Über ein aufgebautes Hologramm des Gehirns bestehen direkte Interaktionsmöglichkeiten mit dem Umfeld, dem ganzen Universum! Von der Physik wissen wir, daß unter Bedingungen einer *Stehenden Welle* eine Informationsübertragung quasi zeitgleich erfolgt, da innerhalb dieser Welle alles mit allem verbunden ist.

Strings

Strings sind fadenförmige, kosmische Relikte aus der Anfangsphase des Universums. Ihr Durchmesser (zirka 10^{-30} cm) ist kleiner als der eines Atomkerns, und sie erstrecken sich über riesige kosmische Distanzen. Strings entstehen nicht aus Materie, sondern sind Störungen des Vakuums. Sie sind mit Energie aufgeladener leerer Raum, entstanden in den turbulenten Phasenübergängen des frühen Universums. Es wird angenommen, daß sie als gravitative Samen bei der Ausbildung von Galaxien eine wichtige Rolle spielen.

Superposition

Unter Superpositon versteht man generell eine Überlagerung.

- In der Quantenphysik bedeutet *Superposition* (Quantensuperposition) die Überlagerung von zwei oder mehreren Zuständen eines Objekts. Aufgrund der Heisenberg'schen Unschärferelation können die Zustände einer aktuellen Superposition nicht gleichzeitig beobachtet werden. Die Quantensuperposition wird für die theoretische Konzeption von Quantencomputern herangezogen.
- In der Informationstheorie bedeutet *Superposition* die Überlagerung von Informationen auf einem physischen Informationsträger. Dadurch wird eine maximale Informationsdichte erreicht.
- In der Genetik versteht man unter *Superposition* die Codierung mehrerer Eiweiße durch denselben DNS-Abschnitt bei Eukaryoten. Diese Superposition genetischer Information in Form von *Introns* und *Exons* wird durch das alternative Splicing der mRNS im Rahmen der Proteinbiosynthese aufgelöst.

Supraleiter

Unter *Supraleitung* versteht man kurz zusammengefaßt einen makroskopischen Quantenzustand von Elektronenpaaren, die über Photonen miteinander gekoppelt sind. Charakteristisch für einen Supraleiter sind folgende Eigenschaften:

- Ideale Leitfähigkeit und
- idealer Diamagnet.

Die Phänomene der Supraleitfähigkeit sind bei weitem noch nicht vollständig aufgedeckt. So wurde zum Beispiel die Fähigkeit von Supraleitern, Licht speichern zu können, erst in jüngster Zeit entdeckt. Das klingt vielleicht überraschend, doch man sollte sich deutlich vor Augen halten, daß Licht, obwohl uns allen vertraut, nichts eigentlich Greifbares ist. Licht ist reine elektromagnetische Energie, unterteilt in kleine Quanten, sogenannte *Photonen*, die – wie der Name schon sagt – ständig mit Lichtgeschwindigkeit unterwegs sind. Man kann Photonen zwar durch bestimmte Teilchenreaktionen vernichten, das heißt, ihre Energie vollständig auf andere Materie übertragen, ein Photon „einzusperren", gelang jedoch bislang nicht. Am Rowland-Forschungsinstitut in Cambridge, USA, stellte nun die Harvard-Physikerin *Lene Vestergaard Hau* fest, daß sich Laserlicht beim Durchqueren von Natrium-Atomen bei fast -270 Grad auf eine Geschwindigkeit von etwa 60 Kilometer pro Stunde abbremsen läßt. Grundvoraussetzung für diesen Bremseffekt ist, daß das Medium in einen sehr exotischen Aggregatzustand übergehen muß, ein sogenanntes *Bose-Einstein-Kondensat*, was ebenfalls die Fähigkeit zur Supraleitung mit einschließt. Wie wir ferner aus den Forschungen von *Fritz Albert Popp* wissen, ist die DNS zugleich Antenne, Supraleiter und Licht-Informationsspeicher. Die Geschwindigkeit dieser imaginären Photonen ist schneller als die klassische Lichtgeschwindigkeit.

Vakuumsfluktuation

Unter einem Vakuum versteht man einen Bereich der Raum-Zeit, in dem weder Teilchen noch Felder vorhanden sind. Im Vakuum entstehen (bedingt durch die Heisenberg'sche Unschärferelation) zufällige und spontane Energieschwankungen, indem sich benachbarte Raumgebiete gegenseitig Energie ausleihen und wieder zurückgeben. Dadurch entstehen zwangsläufig Oszillationen eines physikalischen Feldes. Zum Beispiel bilden sich spontan virtuelle Photonen, die Träger der elektromagnetischen Vakuumsfluktuationen. In entsprechender Weise verkörpern virtuelle Gravitonen den Teilchenaspekt der Gravitationswellen.

Viele-Welten-Theorie

Dies ist eine 1957 von dem Physiker *Hugh Everett* vorgeschlagene Deutung der Quantenmechanik. Diese Deutung zielt darauf ab, das viel diskutierte Meßproblem der Quantenmechanik zu lösen. Es handelt sich dabei um den sogenannten *Zusammenbruch der Wellenfunktion*. Wenn man eine Messung durchführen will, um eine physikalische Größe zu bestimmen, befindet sich das System vor der Messung in einem

Zustand, in dem alle Lösungen für das zeitliche Verhalten des physikalischen Systems enthalten sind. Das System wird durch die Schrödinger-Wellenfunktion vollständig beschrieben. Dabei ist die Quantisierung der physikalischen Größen automatisch Bestandteil der Lösungen. Die Wellenfunktion bricht bei der Messung zusammen, da nur eines der vielen wahrscheinlichen Resultate gemessen und realisiert wird. Die vorherrschende Kopenhagener Deutung der Quantenmechanik besagt, daß die Wellenfunktion, in der alle Möglichkeiten enthalten sind, keine Realität an sich darstellt. Das Quadrat des Absolutbetrags der Wellenfunktion läßt sich aber anschaulich beschreiben: Es gibt die Wahrscheinlichkeit des Teilchens oder des Teilchensystems an, daß es sich in einem bestimmten Raumgebiet aufhält. Über die Eigenschaften von Teilchen werden in der Kopenhagener Deutung nur Wahrscheinlichkeitsaussagen gemacht. In der Deutung der Viele-Welten-Theorie versucht man nun, alle anderen Meß-Ereignisse, die beim Zusammenbruch der Wellenfunktion als Ballast ausscheiden, in die Realität zu holen. Jedes mögliche Meß-Ereignis existiert tatsächlich, nur jeweils in einem eigenen Universum. Jede Wahlmöglichkeit des Systems spaltet das Universum in voneinander unabhängige Zweige auf. Der Meß-Prozeß stellt daher keine Wahl zwischen Meß-Ereignissen dar, sondern eine Wahl zwischen Universen. Alle Möglichkeiten der Wellenfunktion werden in einem Superuniversum paralleler Welten realisiert. Zur Zeit wird die Viele-Welten-Theorie von der Mehrzahl der aktiven Physiker abgelehnt. Die Idee einer unermeßlichen Vielfalt von parallelen Universen, die für uns physikalisch unerreichbar sind, wird von vielen Physikern als unnötiger Begriffsballast verworfen.

Virtuelle Teilchen

Das sind Elementarteilchen, die spontan und extrem kurzfristig im Vakuum entstehen. Sie verdanken ihre Existenz der *Heisenberg'schen Unschärferelation*. Die Teilchen entstehen paarweise und „borgen" sich Energie aus den benachbarten Raumgebieten. Die Unschärferelation verlangt, daß sie ihre Energie schnell wieder zurückgeben, so daß sie nicht eingefangen werden können. Die „geborgte" Energie wird zurückbezahlt, und die Teilchen vernichten sich. Virtuelle Teilchen lassen sich daher als Resultat von Vakuumsfluktuationen auffassen.

Weißes Loch

Ein *Weißes Loch* ist das hypothetische Gegenstück eines *Schwarzen Lochs*. Während in einem Schwarzen Loch die Materie unaufhaltsam in die Singularität kollabiert, strömt aus der Singularität des Weißen Lochs unablässig Materie in den umgebenden Raum.

Welle-Teilchen-Dualismus

Es ist die Beschreibung subatomarer Phänomene als Wellen und als Teilchen. Seit dem 17. Jahrhundert herrschte unter den Physikern Streit darüber, ob das Licht als *Welle* oder als *transportable Masse* (Teilchen) anzusehen ist. Auf der einen Seite stand *Newton*, der die Teilchenhypothese vertrat, auf der anderen Seite *Huyghens*, der das Licht als Wellenbewegung deutete. Im 18. und 19. Jahrhundert schien sich mit den erfolgreichen Interferenz- und Beugungsversuchen des Lichts zunächst die Auffassung Huyghens durchzusetzen, bis Einstein 1905 in seiner Erklärung des photoelektrischen Effekts nachwies, daß sich Licht auch als diskreter Strom von Photonen äußern kann. Photonen bezeichnen die partikelhaften Träger der elektromagnetischen Wechselwirkung. Als um 1920 gezeigt wurde (de Broglie u.a.), daß man umgekehrt auch Elektronen eine Wellenlänge zuordnen kann, wurde der Welle-Teilchen-Dualismus als Beschreibung subatomarer Phänomene endgültig anerkannt. *Niels Bohr* formulierte die Idee der Komplementarität. Ein bestimmtes Geschehen, zum Beispiel Licht, kann nicht nur auf der Basis einer einzigen Vorstellung allein beschrieben werden, sondern es existiert eine dazu komplementäre Beschreibung. Welle und Teilchen sind im Bereich der atomaren Größenordnungen gleichberechtigte Beschreibungsweisen. Die beiden komplementären Beschreibungen schließen sich allerdings bei der Interpretation eines Experiments gegenseitig aus.

Wurmloch

Ein Wurmloch ist eine tunnelförmige Verbindung zwischen zwei weit entfernt voneinander liegenden Raumpunkten. Es stellt eine Art Abkürzung in der gekrümmten Raum-Zeit dar, indem es die Krümmung einfach umgeht. Nach der Relativitätstheorie kann man Licht zwar nicht überholen, aber mit einem Wurmloch läßt es sich austricksen.

Zeitdehnung

Die Relativitätstheorie behauptet, daß bewegte Uhren langsamer gehen als ruhende, wenn man sie vom ruhenden System aus betrachtet, das heißt, für den bewegten Beobachter verlangsamt sich der Zeitverlauf. Ist im System S die Dauer der Ereignisse gleich dt, so beträgt sie im bewegten System S^* – entsprechend der Lorentztransformation $dt^* = dt\, SQRT(1 - v^2/c^2)$.

Zum Beispiel blieb 1971 ein Flugzeug mit einer extrem genauen Cs-Atomuhr 15 Stunden lang in der Luft. Die durchschnittliche Geschwindigkeit des Flugzeugs betrug zirka 1.200 km/h, das sind etwa 0.001% von *c*. Nach 15 Stunden wurde eine Zeitverschiebung von 0.00000047 Sekunden gegenüber einer identischen, am Boden befindlichen Uhr gemessen. Das ist genau die Größe der zu erwartenden Zeitdehnung.

LITERATUR- UND QUELLENVERZEICHNIS

(1) Aharonov, Y. und Vaidman, *Eigenschaften eines Quantensystems während des Zeitabstands zwischen zwei Maßen*, 1990

(2) Akhiezer, A. I. und Berestetskii, V. B., *Elements of Quantum Electrodynamics, London*, Oldbourne Press. 1962

(3) Albert David Z., *David Bohms Quantentheorie*, Spektrum der Wissenschaft, Juli 1994

(4) Alvager, T. und Kreisler, M. N., *Quest for faster-than-light particles*, Phys. Rev. 171, 1968

(5) Kluwer Assis, A. K. T. und Graneau, P., *Nonlocal Forces of Inertia in Cosmology*, Found. of Physics, 26, 271. 1996

(6) Arendes, Lothar, *Ansätze zur physikalischen Untersuchung des Leib-Seele-Problems*, 1996;
http://home.t-online.de/home/Lothar.Arendes/index.htm

(7) Aspect, A. und Gragier P., *Experiments on Einstein-Podolsky-Rosen type correlations with pairs of visible photons*, in: Quantum theory of measurement. Eds. Wheeler J.A., Zurek W.H. Princeton University Press, 1983

(8) Attolini, M. R.; Galli, M. und Castagnoli, G. C., *On the Rz-sunspot relative number variations*, Solar Physics, 95, 1985

(9) Bai, T. und Sturrock, P. A., *The 154-day and related periodicities of solar activity as subharmonics of a fundamental period*, Nature 350, 141-143. 1991

(10) Bauer, E., *Theoretical Biology*, Moscow-Leningrad, IEM, in Russian (1967, in Hungarian).

(11) Bauer, E. und Borsdyko, S., *Mutations and the Structure of Living Matter*, Biodynamica, No. 14, 1-8. 1936

(12) Bayles, Jerry, *Electrogravitational Mechanics*, www.electrogravity.com

(13) Bearden, T.E., *Gravitobilogy – „The New Biophysics“*, Tesla-Book-Company, Box 121873, Chula Vista, CA 91912, 1991.

(14) Beck, F. und Eccles, J.C., *Quantum aspects of brain activity and the role of consciousness*, Proc. Natl. Acad. Sci. USA 89(23):11357-11361. 1992

(15) Becker, Robert O., *The Effect of Magnetic Fields upon the Central Nervous System*, Biological Effects of Magnetic Fields, Vol. 2, pp. 207-214.

(16) Bloc Immanuel, Hänsch Theodor W., Esslinger Tilman, *Wenn Materie Quantenwellen schlägt*, Spektrum der Wissenschaft, Juli 2000

(17) Bogen, Joseph E., *The Other Side of the Brain: An Appositional Mind*, in

Robert Ornstein (ed.), *The Nature of Human Consciousness*, San Francisco, W. H. Freeman, 1973
(18) Bohm, D., *Physics and the Ultimate Significance of Time*, ed. by D. R. Griffin, State Univ. of New York Press, 1986
(19) Boyer, T. H., *Classical Statistical Thermodynamics and Electromagnetic Zero Point Radiation*, Phys. Rev. Vol. 186, 1304-1318. 1969
(20) Breithaupt, H., *Biological Rhythms and Communications, in Electromagnetic Bio-Information*, eds. 1989
Burr, H. S. und Northrop, E. S. C., *The Electrodynamic Theory of Life*, Quart. Rev. Biol. 10, 322. 1935
(21) Calvet, Carlos, *Hyperraum – Die Beherrschung von Raum und Zeit*, Argo-Verlag, 2002
(22) Cassidy, David C., *Werner Heisenberg und die Quantenrevolution*, Spektrum der Wissenschaft, Juli 1992
(23) Chiao Raymond Y.; Kwiat Paul G. und Steinberg Aephraim M., *Quantenphänomene schneller als Licht?*, Spektrum der Wissenschaft, Oktober 1993
(24) Chalmers, D., *Facing up to the problem of consiousness*. In: *Toward a Science of Consciousness – The First Tucson Discussions and Debates*, S.R. Hameroff, A. Kaszniak und A.C. Scott (eds.), MIT Press, Cambridge, MA. 1996
(25) Chalmers, D., *Toward a Theory of Consciousness*, Springer-Verlag, Berlin 1996
(26) Charon, Jean E., *Der Geist der Materie*, Ullstein, 1988
(27) Charon, Jean E., *Theorie de la Relativite complexe*, Albin Michel, 1977
(28) Conley, Charles C., *Effects of Near-Zero Magnetic Fields on Biological Systems*, Biological Effects of Magnetic Fields, Vol.2.
(29) Cramer J. G., *Transactional Deutung der Quantenmechanikerberichte moderner Physik*, 1986
(30) Crick, F. & Koch, C., *Towards a neurobiological theory of consciousness*, Seminars Neurosci., 2, 263-275, 1990
(31) Cramer J. G., *The transactional interpretation of quantum mechanics*. Rev. Morden Physics, 58, 647-688, 1986
(32) Davies, Paul, *Mehrfachwelten*, Diederichs 1981
(33) Dicke R.H., *Coherence in spontaneous radiation processes*, Phys.Rev. **93**, 99, 1954
(34) Dirac P., *The principles of quantum mechanics*, Claredon press, Oxford, 1958

(35) Deutsch, David und Lockwood, Michael, *Quantenphysik der Zeitreise*, Spektrum der Wissenschaft, November 1994
(36) Dubrov, Alexander P., *Biogravitation et Psychotronique*, Impact, Science et Societe, UNESCO XXIV, Nr. 4.1974
(37) Dull, T. und Dull, B., *Über die abhangigkeit des Gesundheitszustandes von plötzlichen Eruptionen auf der Sonne und die Existenz einer 27 tägigen Periode in den Sterbefällen*, Virchows Archiv, No. 293, 1934. This study is summarized in Michel Gauquelin, The Scientific Basis of Astrology, New York, Stein and Day, 1969
(38) Dulnev G.N., *Registration of phenomena of psychokinesis by means of magnetic devices*
(39) *Physicist in parapsychology*, Essays, Hatrol, Moscow, 2002
(40) Dzang Kangeng Yu.V., *Bioelectromagnetic fields as a material carrier of biogenetic information*, Aura-Z, 1993
(41) Eberlein C., *Sonoluminescence as quantum vacuum radiation*, Phys. Rev. Lett. 3842, 1996
(42) Eckhorn, R.; Bauer, R.; Jordan, W.; Brosch, M.; Kruse, W.; Munk, M. und Reitboeck, H. J., *Coherent oscillations: a mechanism of feature linking in the visual cortex?*, Biol. Cybern., 60, 121-130, 1988
(43) Einstein A., *Collection of works*, Nauka, Moscow (in Russian), 1965
(44) Einstein A.; Podolsky B. und Rosen N. Phys., Rev. 47, 777-787, 1935
(45) Eccles, John C., *How the Self Controls its Brain*, Springer-Verlag, Berlin,1994
(46) Eccles, John C., *Persönliche Mitteilung*, Internationale Tagung der Temple-Universität, Bermudas 1992
(47) Eccles, John C., *Facing Reality*, New York, Springer-Verlag, 1970
(48) Elitzur, *Time and consciousness: „The uneasy bearing of relativity theory on the mind-body problem*, in: *Toward a Science of Consciousness - The First Tucson Discussions and Debates*, S.R. Hameroff; A. Kaszniak und A.C. Scott (eds.), MIT Press, Cambridge, MA. 1996
(49) DeAquino, Fran., *Gravitational Spacecraft*, www.elo.com.br/~deaquino/
(50) Delgado, Jose, *Die experimentelle Gehirnforschung und die Verhaltensweise*, Endeavour Jg. 69, 1967
(51) Derbyshire, Stuart, *Mind over matter*, examines the latest debate about what shapes human consciousness, October 1994 www.junius.co.uk/LM/LM72/LM72_Books.html
(52) Esfeld, Michael, *Der Holismus der Quantenphysik*, Philosophia Naturalis 36,1999

(53) Everett, H., *Relative state formulation of quantum mechanics*, in *Quantum Theory and Measurement*, J.A. Wheeler und W.H. Zurek (eds.), Princeton University Press

(54) Englert, Berthold; Georg, O.; Scully, Marlan und Walther, Herbert, *Komplementarität und Welle-Teilchen-Dualismus*, Spektrum der Wissenschaft, Februar 1995

(55) Everett, Hugh, *The Many-Worlds Interpretation of Quantum-Mechanics*, Princeton, N.J., University Press 1973

(56) Feinberg, G., *Possibility of faster-than-light particles*, Phys. Rev. 159, 1089, 1967

(57) Feynmann, Richard P., *Sechs physikalische Fingerübungen*, Piper 1995

(58) Feynmann, Richard P., *QED – Die seltsame Theorie des Lichts und der Materie*, Piper, 1997

(59) Feynman, R. P., *Space-time approach to quantum electrodynamics*, Phys. Rev. 76, 769, 1949,

(60) Feynman, R. P., *Theory of Fundamental Processes*, 1961

(61) Feynman, R. P., Leighton, R. B., Sands, M., *The Feynman Lectures on Physics*, 1963

(62) Feynman, R. P., *QED – the strange theory of light and matter*, Penguin Books, 1985

(63) Fleming, G. und Butterfield, J., *Is there superluminal causation in quantum theory?*, International Conference on Bells Theory and the Foundation of Modern Physics, World Scientific, 203-207, 1992

(64) Fredericks K., *The photographic detection of tachyons in human body radiation*, Journal of Nonlocality und Remote Mental Interaction, 2002

(65) Freedman, D. Z.; Schramm, D. N. und Tubbs, D. L., *The weak neutral current and its effect in stellar collapse*, Ann. Rev. Nucl. Sci. 27, 167-207, 1977

(66) Friedman, Howard; Becker, Robert O. und Bachman, Charles, *Geomagnetic Parameters and Psychiatric Hospital Admissions*, Nature, 200, November 16, 1963

(67) Friedman, Howard; Becker, Robert O. und Bachman, Charles H., *Psychiatric Ward Behavior and Geophysical Parameters*, Nature, 205, March 13, 1965

(68) Friedman, Howard; Becker, Robert O. und Bachman, Charles H., *Effect of Magnetic Fields on Reaction Time Performance*, Nature, 213, March 4, 1967

(69) Fröhlich, H., *Long-range coherence and energy storage in biological systems*, Int. J. Quantum Chem. 2:641-9, 1968
(70) Fröhlich, H., *Long range coherence and the actions of enzymes*, Nature 228:1093, 1970
(71) Fröhlich, H., *The extraordinary dielectric properties of biological materials and the action of enzymes*, Proc. Natl. Acad. Sci. 72:4211-4215, 1975
(72) Frolov, Alexabder V., *Resonance Effects*, www.patrak.com/ine/NEN4-8-6.html
(73) Gariaev P., Birstein B., Iaroshenko A., Marcer P., Tertishny G., Leonova K., Kaempf U., *The DNA-wave biocomputer*, International J. Computing Anticipatory Systems. Ed. by D. Dubois, 2001
(74) Gariaev P.P., Tertishny G.G., Iarochenko A.M., Maximenko V.V., Leonova E.A., *The spectroscopy of biophotons in non-local genetic regulation*, Journal of Nonlocality and Remote Mental Interaction, 2002; www.emergentmind.org/gariaevI3.htm
(75) Goswami, A., *The Self-Aware Universe: How Consciousness Creates the Material World*, Tarcher/Putnam, New York, 1993
(76) Gutzwiller, Martin C., *Quantenchaos*, Spektrum der Wissenschaft, März 1992
(77) Gurvich, A.G., *Selected works*, 1977
(78) Grandpierre, Attila, in *Theoretical problems in Stellar Stability and Oscillations*, eds. A. Noels und M. Gabriel, 48, 1984
(79) Grandpierre, Attila, *The Universe as a Living System*, in Forras 1988, No. 2 (in Hungarian) 1988
(80) Grandpierre, Attila, *How is working the Sun?*, Solar Physics, Vol. 128, p. 3, 1990
(81) Grandpierre, Attila, *A pulsating.-ejecting solar core model and the solar neutrino problem*, Astronomy and Astrophysics, Vol. 308, 199, 1996
(82) Grandpierre, Attila, *The Physics of Collective Consciousness*, World Futures, Vol. 1997
(83) Greiner, W., *Theoretische Physik*, Bd. 6: Relativistische Quantenmechanik: Wellengleichungen, Frankfurt a. M, 1987
(84) Grof, Stanislav, *Topographie des Unbewußten*, Klett-Cotta 1978
(85) Gurwitsch Conference, Moscow, Sept. 28.-Oct. 4. *Non Equilibrium and Coherent Systems in Biophysics*, Biology and Biotechnology
(86) Haken, H., *Synopsis and Introduction*, in: E. Basar, H. Flohr, H. Haken & A.J. Mandell (Hg.), *Synergetics of the Brain*, 3-25, Berlin, 1983
(87) Haken, H., *Synergetik – Eine Einführung*, Berlin, 1990

(88) Haken, H. und Haken-Krell, M., *Erfolgsgeheimnisse der Wahrnehmung*, Stuttgart, 1992

(89) Hameroff, Stuart und Penrose, Roger, *Conscious Events as Orchestrated Space-Time Selections*, www.u.arizona.edu/~hameroff/conscov.html

(90) Hameroff, S.R.; Dayhoff, J.E.; Lahoz-Beltra, R.; Samsonovich, A. und Rasmußen, S., *Conformational automata in the cytoskeleton: models for molecular computation*, IEEE Computer (October Special Issue on Molecular Computing) 30-39, 1992

(91) Hameroff, S.R. und Penrose, R., *Orchestrated reduction of quantum coherence in brain microtubules: A model for consciousness*, Neural Network World 5 (5) 793-804, 1995

(92) Hameroff, S.R. und Penrose, R., *Orchestrated reduction of quantum coherence in brain microtubules: A model for consciousness*, in: *Toward a Science of Consciousness – The First Tucson Discussions and Debates*, S.R. Hameroff; A. Kaszniak und A.C. Scott (eds.), MIT Press, Cambridge, MA, 1996

(93) Haroche, Serge und Raimond, Jean-Michel, *Hohlraum-Quantenelektrodynamik*, Spektrum der Wissenschaft, Juni 1993

(94) Heim, Burkhard, *Postmortale Zustände*, Resch-Verlag, 1980

(95) Held, Werner, *Quantentheorie der Information*, 2001, http://64.233.183.104/search?q=3Dcache:oPTWWmsW37MJ:people.freenet.de/sol=eil7/1%2B2a.doc+werner-held&hl=3Dde&lr=3Dlang_de

(96) Held, Werner, *Die 1 und die 2. Beobachtung als Übergang vom EinsSein in die Dualität in informationstheoretischen und systemtheoretischen Ansätzen*, ...people.freenet.de/soleil7/1+2a.doc=20

(97) Herrmann, Dieter B., *Antimaterie – Auf der Suche nach der Gegenwelt*, C.H.Beck, 1999

(98) Hey, Tony und Walters, Patrick, *Quantenuniversum – Die Welt der Wellen und Teilchen*, Spektrum der Wissenschaft, 1990

(99) Holler, Johannes, *Das neue Gehirn*, Bruno Martin, 1985

(100) Horgan, John, *Quantenphilosophie*, Spektrum der Wissenschaft, September 1992

(101) Hovis, R. Corby und Kragh, Helge, *Paul Dirac und das Schöne in der Physik*, Spektrum der Wissenschaft, Juli 1993

(102) Hoyle, Fred, *Astronomy and Cosmology – A modern course*, W. H. Freeman and Company, San Francisco, 1975

(103) Hoyle, Fred, *The Intelligent Universe Kortvelyessy*, 1983

(104) Huxley, Aldous, *Die Pforten der Wahrnehmung*, Piper 1956

(105) Jibu, M.; Hagan, S.; Hameroff, S.R.; Pribram, K.H. und Yasue, K., *Quantum optical coherence in cytoskeletal microtubules: implications for brain function*, BioSystems 32:195-209, 1994
(106) Jibu, M.; Yasue, K. und Hagan, S., *Water laser as cellular vision*, submitted, 1995
(107) Karolhazy, F.; Frenkel, A. und Lukacs, B.; *On the possible role of gravity on the reduction of the wave function*, In Quantum Concepts in Space and Time, R. Penrose und C.J. Isham (eds.), Oxford University Press, 1986
(108) Korotaev, S.M.; Serdyuk V.O. und Sorokin M.O., *Experimental verification of Kozyrev's interaction of natural processes*, Galilean Electrodynamics, 2000
(109) Korotkov, K.G., *Registration of biofield influence on a gas-discharge detector*, in dem Buch *Physicist in parapsychology*, Essays, „Hatrol", Moscow, 2002
(110) Kaivarainen, A., *Hierarchic theory of matter, general for liquids and solids: ice, water and phase transitions*, American Institute of Physics Conference Proceedings, 2001
(111) Kaivarainen, A., *Bivacuum, sub-elementary particles and dynamic model of corpuscle-wave Duality*, CASYS: International Journal of Computing Anticipatory Systems, 2001
(112) Kaivarainen, A., *New Hierarchic theory of water and its role in biosystems. The quantum Psi Problem*, Proceedings of the International conference: *Energy and informational transfer in biological systems: How physics could enrich biological understanding*, F. Musumeci, L.S. Brishik, M.W. Ho (editors), World Scientific, 2003
(113) Kaivarainen, A., *New Hierarchic theory of water and its role in biosystems. Bivacuum mediated time effects, electromagnetic, gravitational & mental interactions*, http://www.karelia.ru/~alexk/new_articles/index.html, und in *Electronic library of Temporology Institute* (Moscow University), http://www.chronos.msu.ru/relectropublications.html, 2003
(114) Kaivarainen, A., *Unified Theory of Bivacuum, Particles Duality, Fields & Time*, New Bivacuum-Mediated Nonlocal Interaction. In the archives of Los-Alamos, Quantum Physics Research. NOVA Science, ed F. Columbus and V. Krasnoholvets, 2004
(115) Kaku, Michio, *Hyperraum – Eine Reise durch Zeittunnel und Paralleluniversen*, Rowohlt-Science, 2002

(116) Kaznatcheev, V. und Trofimov, A., *Die Wirkungen morphogenetischer Felder in einem Modellraum*, International Institut of Cosmic Anthropoecology, Moscau, 1999
(117) Kholodov, Yurij A., *Electromagnetic Fields and the Brain*, Impact: of Science on Society, 24(4), October 1974, 291-297. Kholodov is one of the Soviet researchers in the area of biomagnetic interactions. This issue of Impact, published by UNESCO, was devoted to the international developments in the „parasciences".
(118) Kholodov, Yuri, *The Brain and the Magnetic Field*, Journal of Paraphysics, 6(4), 1972
(119) Kim, H.; Jensen, C.G. und Rebhund, L.I., *The binding of MAP2 and tau on brain microtubules in vitro*. In pp 218-239. Dynamic Aspects of Microtubule Biology, D. Soifer (ed.), Ann. NY Acad. Sci. 466, 1986
(120) Kirshivink, Joseph L.; Kobayashi-Kirshivink, Atsuko und Woodford, Barbera J., *Magnetite Biomineralization in the Human Brain*, Proceedings of the National Academy of Science, 89 7683-7687, 1992
(121) Kivelson, Steven; Lee Dung-Hai und Zhang Shou-Cheng, *Quanten-Hall-Effekt und Supraleitung*, Spektrum der Wissenschaft, Mai 1996
(122) Koegler, R. R.; Hicks, S. M.; Rogers L. und Barger, J. H., *A Preliminary Study in the Use of Electrosleep Therapy in Clinical Psychiatry*, in Norman L. Wulfson (ed.), *The Nervous System and Electric Currents*, New York, Plenum Press, 1970
(123) Korotaev, S.M.; Serdyuk, V.O.; Sorokin, M.O. und Abramov, J.M., *Geophysical manifestation of interaction of the processes through the active properties of time*, Physics and Chemistry of the Earth, 1999
(124) Kotov, V. A., *The 160 minutes oscillations*, Solar Physics, 100, 1985
(125) Kotov, V. A., *From solar oscillations to restrictions on standard cosmology*, 4th SOHO Workshop, Helioseismology, 1995
(126) Kozyrev, N.A., *Selected Works*, Leningrad (auf Russisch) 1991
(127) Krolhzy, F.; Frenkel, A. und Lukacs, B., *On the possible role of gravity on the reduction of the wave function*, In Quantum Concepts in Space and Time, R. Penrose und C.J. Isham (eds.), Oxford University Press, 1986
(128) Krueger, A. P. und Kotaka, S., *The Effects of Air Ions on Brain Levels of Serotonin in Mice*, International Journal of Biometeorology, 13(1), 1969
(129) Kudo, T.; Tada, K.; Takeda, M. und Nishimura, T., *Learning impairment and microtubule-associated protein 2*, (MAP2) decrease in gerbils under chronic cerebral hypoperfusion, Stroke 21:1205-1209, 1990

(130) Kügler, Peter, *Quantentheorie, Bewußtsein und Willensfreiheit*, www.aurora-magazin.at/wissenschaft/phil_kuegler_druck.htm
(131) Küppers, Bernd-Olaf, *Der Ursprung biologischer Information*, 2. Auflage, München 1990
(132) Kwiat, Paul; Weinfurter, Harald und Zeilinger, Anton, *Wechselwirkungsfreie Quantenmessung*, Spektrum der Wissenschaft, Januar 1997
(133) Lambeck, K., *The Variable Rotation of the Earth*, Cambridge University Press, 1980
Lausch, Erwin, *Manipulation – Der Griff nach dem Gehirn – Methoden, Resultate, Konsequenzen der Gehirnforschung*, Rowohlt 1974
(134) Libet, Benjamin, *Sekundenphänomen*, www.hia.com/hia/pcr/wolf/libet.html
(135) Libet, B.; Wright, E.W. Jr.; Feinstein, B. und Pearl, D.K., *Subjective referral of the timing for a conscious sensory experience*, Brain 102:193-224, 1979
(136) Lilly, John, *The Scientist and The Deep Self* und *Im Zentrum des Zyklons*" und *The Scientist*, auf Deutsch: *Der Scientist*, Basel, Sphinx 1984
(137) Lipkind, M., *Definition of Consciousness*, Integrative Biophysics (F.A. Popp und L. Beloussov, eds.), Kluwer Academic Publishers, Dordrecht-Boston-London, 2002
(138) Lloyd, Seth, *Quantencomputer*, Spektrum der Wissenschaft, Dezember 1995
(139) Löbsack, Theo, *Die manipulierte Seele*, DTV 1981
(140) v. Holst, E., *Vom Wirkungsgefüge der Triebe*, Die Naturwissenschaften Jg. 47, 1960
(141) Longo, Angela, *To Sleep; Perchance to Dream? –A Neurochemical Study of the States of Sleep*, unpublished paper, 1971
(142) Lyre, Holger, Homepage mit verschiedenen Texten und Erläuterungen zur Ur-Theorie ist zu finden unter: www.ruhr-uni-bochum.de/philosophy/staff/lyre.htm
(143) Lyre, Holger, *Die Quantentheorie der Information*, Springer Akademischer Verlag, Berlin 1998
(144) Mach, E., *Analyse der Empfindungen*, Jena, 1903
(145) von der Malsburg, C., *The Correlation Theory of Brain Function*, Internal Report of Max-Planck-Institute for Biophysical Chemistry, Göttingen, Dept. Neurobiology, 81-2, Göttingen, 1981
(146) Marshall, I.N., *Consciousness and Bose-Einstein condensates*, New Ideas in Psychology 7:73 83, 1989

(147) Mender, D., *The Myth of Neuropsychiatry: A Look at Paradoxes, Physics, and the Human Brain*, New York, 1994
(148) Metzinger, Thomas, *Conscious Experience*, www.zynet.co.uk/imprint/ce.html
(149) Müller, Hartmut, *Global Scaling*, raum&zeit
(150) Murch, G. M. und Woodworth, G. L., *Wahrnehmung*, Stuttgart, 1977
(151) von Neumann, J., *Mathematische Grundlagen der Quantenmechanik*, Berlin, 1986
(152) Murphy, Todd, *The Production of Consciousness out of States of Consciousness*, www.jps.net/brainsci
(153) Naranjo, Claudio, *Die Reise zum Ich*, Fischer 1979
(154) Niedermeyer, E. und Lopes da Silva, F., *Electroencephalography: Basic Principles, Clinical Applications and Related Fields*, Baltimore-München, 1987
(155) Norden, Bengt. und Ramel, Claes., *Interaction Mechanisms of Low-Lewel Electromagnetic Fields in Living Systems*, Oxford Science Publications, 1992
(156) Norretranders, Tor, *Spüre die Welt – Die Wissenschaft des Bewußtseins*, Science Sachbuch, Rowohlt 2000
(157) Ornstein, Robert, *Die Psychologie des Bewußtseins*, Fischer 1976
(158) Penfield, W. und Roberts, L., *Speech and Brain-Mechanisms*, Princeton, 1959
(159) Pearce, Joseph Chilton, *The Biology of Transcendence*, Park Street Press, 2002
(160) Pearle, P., *Combining stochastic dynamical state vector reduction with spontaneous localization*, Phys. Rev. D. 13:857-868, 1989
(161) Pearle, P. und Squires, E., *Bound-state excitation, nucleon decay experiments and models of wave-function collapse*, Phys. Rev. Letts. 73(1):1-5, 1994
(162) Peggy Phoenix Dubro und David P. Lapierre, *Potenziale der inneren Kraft*, Koha Verlag, 2002
(163) Penfield, Wilder, *Mystery of the Mind*, Princeton, Princeton University Press, 1975
(164) Penrose, Roger, *Schatten des Verstandes*, Oxfordpress, 1994
(165) Penrose, R., *Quantum theory and reality*. In 300 Years of Gravity S.W. Hawking und W. Israel (eds.), Cambridge University Press, 1987
(166) Penrose, R., *The Emperor's New Mind*, Oxford Press, U.K. 1989

(167) Penrose, R., *Gravity and quantum mechanics* – in General Relativity and Gravitation. Proceedings of the Thirteenth International Conference on General Relativity and Gravitation held at Cordoba, Argentina 28 June-4 July 1992. Part 1: Plenary Lectures (eds. R.J. Gleiser, C.N. Kozameh und O.M. Moreschi) Institute of Physics Publications, Bristol, 1993

(168) Penrose, R., *Shadows of the Mind*, Oxford Press, Oxford, U.K. 1994

(169) Penrose, R., *On gravity's role in quantum state reduction*, 1995

(170) Penrose, R. und Hameroff, S.R., *What gaps?*, Journal of Consciousness Studies 2(2):99-112

(171) Persinger, Michael A., *The Paranormal: Part I – The Patterns*, New York, MSS Information, 1974.

(172) Persinger, Michael A., *Psi Phenomena and Temporal Lobe Activity: The Geomagnetic Factor*, in L. A. Henkel & R. E. Berger (eds.), Research in Parapsychology 1988, Metuchen, NJ, Scarecrow Press, 1989

(173) Persinger, Michael und Schaut, G. B., *Geomagnetic Factors in Subjective Telepathic, Precognitive and Post-Mortem Experiences*, Journal of the American Society for Psychical Research, 82, 1988

(174) Persinger, Michael, *ELF Waves and ESP*, New Horizons, 1(5), January 1975

(175) Peters, J., *Einführung in die Allgemeine Informationstheorie*, Springer, Berlin-Heidelberg 1967

(176) Poponin, V., *The DNA phantom effect: direct measurement of a new field in the vacuum substructure*, J. Nanobiology, accepted, 1998

(177) Popp, F.A., *Summer School about Consciousness*, Academy of Consciousness Studies, Princeton University, June 26-July 9, 1994

(178) Popp, F.A., *Evolution as the Expansion of Coherent States*, The Interrelationship Between Mind and Matter (B.Rubik ed.), Center of Frontier Sciences, Temple University, Philadelphia, Marketing Graphics, Southampton, PA, 1992

(179) Popp, F.A. und Zhang, J.J., *Mechanism of interaction between electromagnetic fields and living organisms*, Science in China (Series C), 43, 2000

(180) Popp, F.A., *Leben als Sinnsuche*, Elemente des Lebens (H.-P. Dürr, F.A. Popp und W. Schommers (Hrsg.)), Die graue Edition, Kusterdingen 2000

(181) Popp, F.A. und Yan, Y., *Delayed luminescence of biological systems in terms of coherent states*, Phys. Lett. A 293, 2002

(182) Popper, Karl R., und Eccles, John C., *The Self and Its Brain*, London,

Routledge und Kegan Paul, 1983
(183) Posdzech, Olaf, *Protosimplex*, Burkhard Heim, http://people.blinx.de/behemoth/protosimplex/protosimplex_d.htm
(184) Presman, A. S., *Electromagnetic Fields and Life*, trans. by F. L. Sinclair, ed. by F. A. Brown. New York, Plenum Press, 1970
(185) Puschkin, Veniamin, *Bestehen Zusammenhänge zwischen Biogravitation und Psychokinese?* Vorabdruck aus „Ideen des exakten Wissens" in: Zeitschrift für Parapsychologie und Grenzgebiete der Psychologie, 1974
(186) Rafelski, J. und Müller, B., *Die Struktur des Vakuums: Ein Dialog über das Nichts*, Frankfurt a. M, 1985
(187) Rakovic, Dejan, *Prospects for Conscious Brain-Like Computers: Biophysikal Faculty of Electrical Engineering*, Belgrade University P.O.Box 816, 11001 Belgrade, Yugoslavia, mailto:rakovic@buef31.etf.bg.ac.yu
(188) Rasmußen, S.; Karampurwala, H.; Vaidyanath, R.; Jensen, K.S. und Hameroff, S., *Computational connectionism within neurons: A model of cytoskeletal automata subserving neural networks*, Physica D 42:428-449, 1990
(189) Rein, G., *The topology of consciousness*, in TUCSON III conference on consciousness, 1998
(190) Roth, Gerhald, *Fühlen, Denken, Handeln*, Suhrkamp, 2001
(191) Russell, Bertrand, *Mind and Matter*, in „Portraits From Memory", New York, Simon and Schuster, 1956
(192) Ruth, B., in *Electromagnetic Bio-Information*, eds. F.-A. Popp et al., 2nd Edition, Urban and Schwarzenberg, 128-143, 1989
(193) Sarfatti, Jack, *Theory of Brain Quantum Mechanics an Superstrings* by D.V. Nanopoulos of the Center for Theoretical Physics, Department of Physics Texas A&M University, www.hia.com/pcr/nanopoul.html
(194) Sarfatti, Jacob (Jack), Ph.D., Progress in Post-Quanten Theory, www.qedcorp.com/pcr/index.html, 7.08.1999.
(195) Sassaroli, E.S., Srivatava,Y, Swain, J. und Widom, E., *Macroscopic Quantum Coherence*, World Scientific, Singapore-New Jersey, 1998
(196) Schneider, J., *Time, the mind/body problem and the semiotic state vector collapse in quantum mechanics*, Abstract No. 749,2001
(197) Schrödinger, E., *Mind and Matter*, Cambridge, at the University Press, p. 37, 1958
(198) Schutter, Erik, *Modelling the cerebellar Purkinje Cell*, De Division of Biology, California Institute of Technology, Pasadena, CA 91125, USA. Published in Progress in Brain Research 102: 417-431.1994

http://kuifje.bbf.uia.ac.be/TNB/TNB_pub9.html
(199) Senkowski, Ernst, *Mentale Unterdrückung des Radioempfangs*, Transkommunikation: www.rodiehr.de/a_24_itk_g_43.htm
(200) Senkowski, Ernst, *Instrumentelle Transkommunikation*, ISBN 3-89501-254-8
(201) Sheldrake, Rupert, *Morphogenetische Felder*, www.sheldrake.org
(202) Shimony, A., *The reality of the quantum world*, Scientific American, 258(1), 1988
(203) Shnoll, S.E., *The form of the macroscopic fluctuation spectra depends on the Earth rotation*, Biophysics, 1995
(204) Shnoll, S.E.; Zenchenko, T.A.; Zenchenko, K.I.; Pozharskii, V.A.; Kolombet V.A. und Kondradov A.A., *Regular variation of the fine structure of statistical distributions as a consequence of cosmophysical agents*, Uspekhi Fizicheskikh Nauk, Russische Akademie der Wissenschaften 2000
(205) Sidorov, L., *The Imprinting and Transmission of Mentally-Directed Bioinformation*, JNLRMI 1(1) January 2002, www.emergentmind.org/sidorov_II.htm
(206) Sinha, K.P.; E.C.G. Sudarshan und J.P. Vigier, *Superfluid Vacuum Carrying Real Einstein-deBroglie Waves*, Phys. Lett. Vol. 114A, 298-300, 1986
(207) Smith, T., *Compton Radius Vortex*, www.innerx.net/personal/tsmith/TShome.html
(208) Sperry, R.W., *The Great Cerebral Commissure*, Scientific American, 210, p. 42, 1964
(209) Sperry, R.W., *Das Holistische des Mentalen*, 1976
(210) Sperry, R.W., *Mental Phenomena as Causal Determinants in Brain Function*, in G. G. Globus, G. Maxwell & I. Savodnik (eds.), Consciousness and the Brain. New York, Plenum, 1976
(211) Stapp, H.P., *Mind, matter and quantum mechanics*, New York, Springer-Verlag, 1982
(212) Stapp, H.P., *Quantum propensities and the brain-mind connection*, Foundations of Physics, Vol. 21, 12, p. 1451, 1991
(213) Stapp H.P., *Why classical mechanics cannot naturally accommodate conciousness but quantum mechanics can?*, Psyche, May 1995, 2(5), 1995
(214) Strzempa-Depre, Michael, *Die Physik der Erleuchtung*, Goldmann, 1988
(215) Susskind, Leonard, *Vernichten Schwarze Löcher Information?*, Spektrum der Wissenschaft, Juni 1997

(216) Szent-Györgyi, A., *Introduction to a Submolecular Biology*, Acad. Press, New York/London, 1960
(217) Tart, Charles T., *On Being Stoned: A Psychological Study of Marijuana Intoxication*, Science and Behavior Books, 1971
(218) Tegmark, Max, Spektrum der Wissenschaft, August 2003
(219) Tegmark, Max und Wheeler, John Archibald, *100 Jahre Quantentheorie*, Spektrum der Wissenschaft, April 2001
(220) THE MONROE INSTITUTE OF APPLIED SCIENCES: *The Hemi-Sync Process*, Bulletin, Faber/Virginia 22938 USA, Box 175
(221) Tiller, W.A.; Dibble W.E.,Jr. und Kohane, M.J., *Conscious Acts of Creation: The emergence of a new physics*, Pavior Publishing, Walnut Creek, CA, USA, 2001
(222) Tiller, William A., *Science and Human Transformation – Subtle Energies, Intentionality and Consciousnes*, Pavior Publishing, Walnut Creek, CA, 1997
(223) Vigil, Estrada Juan und Masperi, Luis, *Dynamic Cosmological Constant and Relations among Pseudo Goldstone Bosons*, hep-ph/9710522, 29 Oct 1997
(224) Von Campenhausen, C., *Die Sinne des Menschen*, Bd I: Einführung in die Psychophysik der Wahrnehmung, Stuttgart, 1981
(225) Von Ludwiger, Illobrand, *Heim'sche einheitliche Quantenfeldtheorie*, Resch-Verlag 1981
(226) Vos, M.H.; Rappaport, J.; Lambry J. Ch.; Breton, J. und Martin, J.L., *Visualization of coherent nuclear motion in a membrane protein by femtosecond laser spectroscopy*, Nature 363:320-325
(227) Vujièin, P., *States of consciousness in esoteric practice*, in D. Rakovic and D. Koruga, eds., Consciousness: Scientific Challenge of the 21st Century, 1995
(228) Wagner, Waltraud, *Geist, Energie und Form*, Tattva Viveka, Ausgabe Nr.14
(229) Walleczek, J., *Magnetokinetic effects on radical pairs: a possible paradigm for understanding sub-kT magnetic field interactions with biological systems*, in Biological Effects of Environmental Electromagnetic Fields. M. Blank (ed) Advances in Chemistry No 250 American Chemical society Books Washington D.C., 1995
(230) Warnke, Ulrich, *Die geheime Macht der Psyche*, Popular Academic Verlags-Gesellschaft, 1998

(231) Warnke, Ulrich, *Gehirn-Magie*, Popular Academic Verlags-Gesellschaft, 1997
(232) Waser, André, *Der Äther in der Naturwissenschaft* www.safeswiss.org/infobereich/publikationen/waser/aetherindernatur=wissenschaft.htm
(233) Wasserburg, G. J.; Busso, M. und Gallino, R., *Abundances of actinides and shortlived nonactinides in the interstellar medium – diverse supernova sources for the r-process*, Astrophys. J. 466, L109, 1996
(234) Wassiliew, L. L., *Experimentelle Untersuchungen zur Mentalsuggestion*, 1965
(235) Wheeler, John Archibald, *Einsteins Vision*, Springer 1968
(236) Wheeler, J. A. und Feynman, R. P., *Interaction with the absorber as the mechanism of radiation*, Rev. Mod. Phys. 17, 157, 1945
(237) Whitehead A. N., *Process and Reality*, corrected edition, edited by D.R. Griffin and D. W. Sherburne, the Free Press, New York, 1978
(238) Wigner E. P., *Remarks on the mind-body question*, in: The Scientist Speculates, I. J. Good, ed., W. Heinemann, London, pp. 284-302, 1961
(239) Wigner E. P., *Symmetries and Reflections*, Indiana University Press, Bloomington, 1967
(240) Wilber, Ken, *The Atman Project*, Quest, Wheaton, IL, 1980
(241) Yam, Philip, *Das zähe Leben von Schrödingers Katze*, Spektrum der Wissenschaft, November 1997
(242) Wheeler, J.A., *Assessment of Everett's „relative state" formulation of quantum theory"*, Revs. Mod. Phys., 29:463-465, 1957
(243) Wheeler, J.A.; *Information, physics, quantum: The search for links*, in (W. Zurek, ed.) Complexity, Entropy, and the Physics of Information. Addison-Wesley, 1990
(244) Wilson, Robert Anton, *Cosmic Trigger*, 1986
(245) Wolf, Johannes E., *Quantum Metaphysics* http://home.sprynet.com/sprynet/jowolf
(246) Zazerskiy, Alexander, *From the Field Model of the Electron to the Unifield Theory*, www.ltn.lv/~elefzaze
(247) Zioutas, K., *On the living matter sensitivity to dark matter*, CERN-PPE, 1991
(248) Zioutas, K., *Bioluminescence as a Signature for Dark Matter Reactions*, in Current Development in Biophysics, eds., 1992
(249) Zioutas, K., *Evidence of dark matter from biological observations*, Phys. Lett. B 242, 257, 1990

Um sich im Internet weiter über Burkhard Heim zu informieren, so bieten sich folgende Webseiten an:

- *Protosimplex* - Die Ideen von Burkhard Heim
  http://people.blinx.de/behemoth/protosimplex/protosimplex_d.htm

- IGW – Institut für Grenzgebiete der Wissenschaft
  Burkhard Heim, Einheitliche Beschreibung der Welt und weiteres
  http://news.uibk.ac.at/c/cb/cb26/081.html

- DATADIWAN – Werner Held
  Burkhard Heim, *Elementarstrukturen der Materie*, www.datadiwan.de/heim

Zusätzliche Literatur zur Quantentheorie:

- von Heisenberg, Werner, *Quantentheorie und Philosophie*, Vorlesungen und Aufsätze; Herausgeber Jürgen Busche, Reclam, Universal-Bibliothek Nr.9948 72g, ISBN 3-15-009948-X

- Bearden, Tom E., *Giant Negentropy in the Common Dipole*, Proc. IC-2000, St. Petersburg, Russia, 2000

- Penrose, Roger und Hameroff, Stuart, *What ‚Gaps'?*
  Journal of Consciousness Studies 2, 99-112, 1995

- Eccles, John C., *Wie das Selbst sein Gehirn steuert*,
  München, Piper 1994

- Libet, Benjamin; Gleason, Curtis A.; Wright, Elwood W. und Pearl, Dennis K., *Time of Conscious Intention to Act in Relation to Onset of Cerebral Activity (Readiness-Potenzial)*, 1983 Brain 106, 623-642

- Tiller, William A., *Science and Human Transformation*, Subtle Energies, Intentionality and Consciousness; Pavior-Publishing, Walnut Creek, California, 1997.

- Casimir, Hendrik, *Introductory results in quantum electrodynamics*, Physics (19), 1953, P. 846- 849

- Heim, Burkhard, *Einheitliche Beschreibung der Materiellen Welt – Informatorische Zusammenfassung von Elementarstrukturen der Materie*, Band 1 und Band 2, Resch Innsbruck, ISBN 3-85382-048-4

- Stapp, Henry, *Mind, Matter and Quantum Mechanics Series*, The Frontiers Collection, P. 2nd ed., 2004, XII, 297 p., ISBN 3-540-40761-8

- Dröscher, W. und Heim, B., *Strukturen der physikalischen Welt und ihrer nichtmateriellen Seite*, 1996, Resch Verlag, Innsbruck

- Schindewolf, Otto H., *Basic Questions in Paleontology: Geologic Time, Organic Evolution, and Biological Systematics*, 1993, ISBN 0-226-73 835-3, 1. Auflage in deutscher Sprache 1950

- Travis F.; Teece, J.J. und Guttman, J., *Cortical plasticity, contingent negative variation, and transcendent experiences during practice of the Transcendental Meditation technique*

BILDQUELLEN

(1) Privatarchiv
(2) T. E. Bearden, *Mechanism for Long-Term Cumulative Biological Effects of EM Fields and Radiation*
(3) www.consciousness.arizona.edu/hameroff/Pen-Ham/anesthesia/General%20Pharmacology.htm
(4) KOHA-Verlag, *Potenziale der Kraft*, David P.Lapierre
(5) Privatarchiv
(6) Privatarchiv
(7) www.biophotonen-online.de/News/20020611.htm
(8) The Art of MboC, 1995 Garland Publishing, Inc.
(9) *Postmortale Zustände*, Burkhard Heim und *Die erweiterte einheitliche Quantenfeldtheorie* von Burkhard Heim, Wolfgang Ludwig, Resch 2000, ISBN 3-85382-063-8
(10) KOHA-Verlag, *Potenziale der Kraft*, David P.Lapierre
(11) W. A. Tiller, A Lattice Model of Space, Phoenix (1978)
W. A. Tiller, *Conscious Acts of Creation: The Emergence of a New Physics*, The On-line, International Journal of Healing and Caring, 3 (2003) No.1.
(12) W.A. Tiller, *Science and Human Transformation: Subtle Energies, Intentionality and Consciousness* (Pavior-Publishing, Walnut Creek, CA, 1997).
(13) *NEUROSCIENCE*, Cellular and sub-neural processes
(14) E. Müller, Pennsylvania State-University
(15) *Instrumentelle Transkommunikation* von Ernst Senkowski
(16) NASA-Archiv, NASA-News, Hubble-Teleskop (SOHO), 2002
(17) www.angelseven.de
(18) www.torkado.de/torkadoBeispiele.htm
(19) J.L.Naudin, http://naudin.free.fr/html/vtxsph.htm
(20) Heart Math Institute, Boulder Creek, California, www.tiller.org
(21) University of Utah Computer Department, www.tiller.org
(22) University of Utah Computer Department, www.tiller.org
(23) KOHA-Verlag, *Potenziale der Kraft*, David P. Lapierre
(24) Privatarchiv
(25) Privatarchiv
(26) KOHA-Verlag

(27) Privatarchiv
(28) Privatarchiv
(29) www.quantumconsciousniss.org/pres
(30) www.quantumconsciousniss.org/pres
(31) KOHA-Verlag
(32) The Art of MboC, 1995 Garland Publishing, Inc.
(33) Daniel Winter und Stuart Hameroff
www.soulinvitation.com/compressin
(34) Mati Pitkänen www.physics.helsinki.fi/~matpitka/index.html
(35) Mati Pitkänen www.physics.helsinki.fi/~matpitka/index.html
(36) www.quantumconsciousness.org/penrose-hameroff/moreneutral.html
(37) www.meditation.de
(38) www.meditation.de
(39) www.meditation.de
(40) www.meditation.de
(41) www.meditation.de
(42) www.meditation.de
(43) www.meditation.de

MATRIX-CODE

Morpheus

Weißt du, was eine Wirklichkeit ist? Weißt du, was *deine* Wirklichkeit ist? Ist das, was du gerade erlebst, denkst und fühlst, die Wirklichkeit, oder ist alles nur Teil eines Programms, das sich *Matrix* nennt und das uns diese Wirklichkeit nur vorgaukelt? Wenn du die Chance hättest, mit Morpheus persönlich zu sprechen, welche Fragen würdest du ihm dann stellen?

Ich bin bereit, mein Wissen mit dir zu teilen, nur spreche ich diesmal die Sprache der Wissenschaft, um dir ein tieferes Verständnis von den Geheimnissen der *Matrix* zu vermitteln. Vielleicht bin ich dir sogar einmal auf dieser Erde begegnet, du hättest mich allerdings kaum erkannt. Denn ich kann viele Formen annehmen.

Was ist, wenn ich dir beweisen würde, daß deine Realität und deine Entscheidungen von etwas bestimmt werden, was sich deiner Wahrnehmung bisher entzieht? Daß es zwischen Film und Realität größere Zusammenhänge gibt, als du dir erträumt beziehungsweise befürchtet hast?

Ich empfehle dir, den Inhalt dieses Buches kritisch zu lesen, und sei dir bewußt, daß die Wirklichkeit das ist, was wirkt – ganz gleich, auf welcher Ebene deines Bewußtseins, ob intellektuell, physisch in deinem Körper, emotional in deinen Gefühlen oder auf den tiefsten Ebenen deiner Seele. Laß dir einen guten Rat geben: Achte auf deinen Instinkt...

Nur durch die Befreiung deines Geistes kann dir – wie Neo – tatsächlich der Ausstieg aus der *Matrix* gelingen. Den Geist zu befreien, bedeutet, sich klar zu machen – also zu wissen und nicht zu glauben –, daß der Geist alles kann.

Lies dieses Buch, und sei dir bewußt, daß deine Gedanken, die du während des Lesens denkst, und deine Gefühle, die du während des Lesens fühlst, deine persönliche *Matrix* aufbauen, deine Realität, deine Wirklichkeit. Laß dir durch dieses Buch zeigen, woraus die *Matrix* besteht und wie du aus den Begrenzungen der *Matrix* aussteigen kannst. So stehst jetzt auch du vor der Entscheidung zwischen der roten und der blauen Pille.

Ich bin gespannt, welche Wahl du nun getroffen hast. Wenn du es willst, hältst du die **Bedienungsanleitung zum Ausstieg** aus der *Matrix* in Händen. Aber sei dir auch bewußt, daß sie nur *ein* Weg ist. Prüfe, ob dies dein Weg ist, und wenn ja: bist du für mich ein Eingeweihter... und eine wirklich phantastische Reise wartet auf dich.

ISBN 3-9501801-5-X • 21,00 Euro

DIE KINDER DES NEUEN JAHRTAUSENDS

Jan Udo Holey

Mediale Kinder verändern die Welt!

Der dreizehnjährige Lorenz sieht seinen verstorbenen Großvater, spricht mit ihm und gibt dessen Hinweise aus dem Jenseits an andere weiter. Kevin kommt ins Bett der Eltern gekrochen und erzählt, daß *„der große Engel wieder am Bett stand"*. Peter ist neun und kann nicht nur die Aura um Lebewesen sehen, sondern auch die Gedanken anderer Menschen lesen. Vladimir liest aus verschlossenen Büchern und sein Bruder Sergej verbiegt Löffel durch Gedankenkraft.

Ausnahmen, meinen Sie, ein Kind unter tausend, das solche Begabungen hat? Nein, keinesfalls! Wie der Autor in diesem, durch viele Fallbeispiele belebten Buch aufzeigt, schlummern in allen Kindern solche und viele andere Talente, die jedoch überwiegend durch falsche Religions- und Erziehungssysteme, aber auch durch Unachtsamkeit oder fehlende Kenntnis der Eltern übersehen oder gar verdrängt werden. Und das spannendste an dieser Tatsache ist, daß nicht nur die Anzahl der medial geborenen Kinder enorm steigt, sondern sich auch ihre Fähigkeiten verstärken. Was hat es damit auf sich?

Lauschen wir den spannenden und faszinierenden Berichten medialer Kinder aus aller Welt, darunter

- die hellsichtig-medialen Kinder, die in Kontakt mit der geistigen Welt – mit dem ‚Jenseits' - stehen,
- die Kinder, die sich an ihr letztes Leben erinnern können,
- die *Indigo-Kinder*, die durch ihr hyperaktives Verhalten, ihre extreme Art, sich nicht anzupassen, und ihren hohen IQ auffallen,
- die supermedialen chinesischen Kinder, die nicht nur in der Lage sind, mit den Ohren oder den Händen zu lesen, sondern auch Gegenstände aus dem „Nichts" zu materialisieren, und
- die Kinder, die eine neue – bisher als *„mutiert"* bezeichnete – DNS aufweisen und daher nicht nur gegen infiziertes Blut resisitent, sondern selbst gegen Krebszellen immun sind.

ISBN 3-9807106-4-5 • 23,30 Euro

DEN GÖTTERN AUF DER SPUR

Stefan Erdmann

Gentechnik vor 400.000 Jahren

Waren wir bisher der Meinung, daß die Frage nach der Entstehung des Menschen längst geklärt sei? Wenn ja, werden wir durch dieses Werk eines besseren belehrt. Stefan Erdmann hat auf seinen Expeditionen durch sechs Kontinente, schwerpunktmäßig jedoch durch den afrikanischen, Entdeckungen gemacht, die sehr überzeugend darlegen, daß die ersten Kulturbringer der Menschheit einst *von den Sternen* kamen und genetisch in die Entwicklung auf der Erde eingegriffen hatten.

Auf seiner Suche nach Anhaltspunkten, die diese These unterstützen würden, hatte er Gebiete Afrikas besucht, die nie zuvor ein Weißer betreten hatte, traf dabei auf Menschen, von denen bisher kein Mensch wußte, daß sie überhaupt existierten, besuchte verborgene Täler, von denen bisher nur Mythen berichteten und stieß dabei immer wieder auf Hinweise, die einen Eingriff von *außen* bestätigten.

Auch wenn wir solch einer Annahme bisher noch skeptisch gegenüber eingestellt gewesen sein sollten, wird sich das nach der Lektüre dieses Buches geändert haben. Wie ein roter Faden ziehen sich Berichte über diese „Besucher" durch die Geschichte der Menschheit und wir werden dabei unweigerlich mit der Frage konfrontiert, ob der Mensch wirklich die Krone der Schöpfung ist, wie es das Alte Testament lehrt, oder nur ein evolutionärer Fremdling, der sein Auftauchen der Laune einer Gruppe von „Göttern" zu verdanken hat?

Begeben wir uns mit dem Autor auf eine faszinierende und teilweise fantastisch anmutende Spurensuche durch die verschiedenen Kulturen dieses Planeten und erfahren dabei von Ereignissen, die der klassischen Archäologie nicht nur unangenehm werden, sondern diese teilweise gänzlich über den Haufen werfen. Seien wir auf die Überraschungen gespannt, die wir mit Stefan Erdmann auf seiner Zeireise durch die Menschheitsgeschichte erleben werden und folgen wir ihm auf den Spuren der Götter.